FREUD
Conflito e Cultura

FREUD
Conflito e Cultura

Ensaios sobre sua vida, obra e legado

Organizado por Michael S. Roth

Em associação com
The Library of Congress

Tradução:
Vera Ribeiro
psicanalista

Jorge Zahar Editor
Rio de Janeiro

Para Jeremy, Max e Sophie

Título original:
Freud, Conflict and Culture

Tradução autorizada da primeira edição norte-americana
publicada em 1998, por Alfred A. Knopf,
de Nova York, Estados Unidos

Jorge Zahar Editor Ltda.
rua México 31 sobreloja
20031-144 Rio de Janeiro, RJ
tel.: (21) 240-0226/fax: (21) 262-5123
e-mail: jze@zahar.com.br
site: www.zahar.com.br

Capa: Carol Sá e Sérgio Campante

CIP-Brasil. Catalogação-na-fonte
Sindicato Nacional dos Editores de Livros, RJ.

F942 Freud: conflito e cultura: ensaios sobre sua vida, obra e legado/organização de Michael S. Roth em associação com The Library of Congress; tradução, Vera Ribeiro. — Rio de Janeiro: Jorge Zahar Ed., 2000

Tradução de: Freud, conflict and culture
Inclui bibliografia
ISBN 85-7110-564-2

1. Freud, Sigmund, 1856-1939. 2. Psicanálise. 3. Psicanálise — História. I. Roth, Michael S., 1957-. II. The Library of Congress.

CDD 150.1952
00-0943 CDU 159.964.2

SUMÁRIO

PARTE III

Assimilação e Disseminação

PARTE IV

Heranças Contestadas

PREFÁCIO

James H. Billington
Superintendente da Biblioteca do Congresso

Ainda é abundante, nos círculos médicos, literários e acadêmicos, a controvérsia sobre Sigmund Freud e sua obra. No entanto, poucos discordariam de que seu principal legado — o movimento psicanalítico — teve um enorme impacto na cultura ocidental do século XX. Nos mais de cinqüenta anos decorridos desde o recebimento do primeiro material freudiano, a Biblioteca do Congresso reuniu uma coleção ímpar de peças e informações sobre Freud, da qual uma seleta é exibida na exposição *Sigmund Freud: Conflito e Cultura*.

O acervo da Biblioteca, que hoje totaliza mais de 112 milhões de itens de formatos diversos, inclui uma quantidade considerável de dados que são úteis na pesquisa sobre a história do movimento psicanalítico. A Coleção Sigmund Freud teve início em 1942, quando o renomado analista David Baumgardt fez uma pequena doação de material freudiano. Ampliou-se consideravelmente depois que a Biblioteca chegou a um acordo, em 1951, com os Sigmund Freud Archives, na cidade de Nova York. Os Arquivos — na época dirigidos pelo Dr. Kurt R. Eissler, e hoje dirigidos pelo Dr. Harold P. Blum — começaram a passar à Biblioteca algumas cartas e outros manuscritos, cópias de textos, fotocópias, depoimentos orais, entrevistas, fotografias e material impresso. No final de 1984, eles totalizavam mais de 30.000 itens.

O outro grande doador a contribuir para a Coleção Sigmund Freud foi a filha do psicanalista, a falecida Anna Freud, que resolveu, em 1970, entregar à Biblioteca os papéis pessoais de seu pai e os seus — correspondência e material de família, em sua maioria. Freud havia desejado que seus papéis pessoais fossem destruídos, mas nem sua viúva, Martha, nem sua filha sentiram-se em condições de atender a esse pedido. Quando da morte de Anna, em 1982, uma profusão de materiais importantes começou a chegar à Biblioteca. Certa vez, ela dissera a nossos curadores: "Doei [os papéis] à Biblioteca do Congresso porque a biblioteca de vocês é a maior do mundo, e eu sabia que estariam seguros nela."

Os curadores da Biblioteca, por sua própria iniciativa, também começaram a acumular dados freudianos, além de outras informações correlatas que ampliaram nosso arquivo psicanalítico, aos poucos organizando por formato esse conjunto crescente de peças. Atualmente, a Divisão de Livros Raros e Coleções Especiais guarda publicações iniciais e muito raras de Freud, além de livros de sua biblioteca particular. As muitas fotografias de Freud, adquiridas ao longo dos anos, encontram-se na Divisão de Gravuras e Fotografias. Cerca de 350 fitas com gravações originais de entrevistas do Dr. Eissler com pessoas que conheceram Freud encontram-se na Divisão de Cinema, Rádio e Registros Fonográficos, juntamente com "filmes caseiros" de Freud, seus colegas e sua família, feitos durante as décadas de 1920 e 1930.

A maior parte do material freudiano — cerca de 50.000 peças — encontra-se na Divisão de Manuscritos. Ela inclui a correspondência de Freud, em especial uma longa série de cartas da juventude a seu amigo Eduard Silberstein, iniciada em 1871; aproximadamente 1.500 cartas trocadas com sua noiva, Martha Bernays; suas já famosas cartas a Wilhelm Fliess durante o desenvolvimento da psicanálise; alguns de seus diários, e muito mais. Durante os anos 80, a Biblioteca obteve muitos outros dados sobre o movimento psicanalítico, inclusive papéis de figuras notáveis como Alfred Adler e a princesa Marie Bonaparte. Algumas das peças vieram com restrições de acesso, porém, no ano 2000, a maior parte da Coleção Sigmund Freud estará aberta à consulta dos pesquisadores.

Este livro é um importante complemento à exposição *Sigmund Freud: Conflito e Cultura*. Aqui, Michael S. Roth, curador da exposição, e outros dezoito ensaístas examinam a vida, a obra e o legado de Freud, bem como a repercussão que obtêm na opinião pública. Assim, os ensaios desta coletânea funcionam como uma espécie de comentário ou narrativa ampliados, fornecendo maiores detalhes sobre o conteúdo da exposição. Tenho a esperança de que este livro não apenas contribua para os conhecimentos atuais (e ilumine o intenso debate) que cercam a obra de Freud, mas sirva também para motivar uma nova geração de pesquisadores a explorar a Coleção Freud da Biblioteca, em prol de um estudo contínuo sobre o impacto que tiveram a psicanálise e o pensamento freudiano, em termos mais gerais, em nossa sociedade.

FREUD

Conflito e Cultura

INTRODUÇÃO

Michael S. Roth

O que dá ensejo a este volume é a exposição *Sigmund Freud: Conflito e Cultura*, montada pela Biblioteca do Congresso, de Washington. Examinando o impacto decisivo da obra de Freud na cultura do século XX, a exposição compõe-se de três partes principais: "Anos de formação", "O indivíduo" e "Do indivíduo à sociedade". Ela começa pelos anos de formação de Freud, na Viena do fim do século XIX, ressaltando os pontos de contato entre seu desenvolvimento intelectual e alguns importantes acontecimentos políticos e culturais. No Setor II, somos apresentados aos conceitos fundamentais da teoria psicanalítica e vemos como Freud utilizou esses conceitos no tratamento de alguns de seus pacientes mais importantes. A busca de desejos encobertos, em conflito uns com os outros e com a realidade, é enfatizada como uma faceta fundamental da investigação psicanalítica que se tornou parte de nossa cultura comum. A "cura pela fala" é um modelo do investimento moderno no processo de entrar em harmonia com o passado. O Setor III mostra como Freud empregou suas idéias sobre a psicologia individual humana na tarefa de entender o funcionamento dinâmico e conflitante entre sociedade e cultura. Aí são explorados sua teoria sobre a origem violenta da civilização e seu entendimento da função da religião, da arte e da ciência na sociedade contemporânea. O Setor III também nos mostra a disseminação das idéias de Freud através da formação de psicanalistas profissionais e a aplicação delas a uma multiplicidade de campos culturais, desde a arte até as ciências. A exposição articula as heranças contestadas de Freud, dando ao visitante uma idéia de como as questões que ele explorou continuam vitais para nós, ainda que suas descobertas e sua metodologia venham sofrendo uma intensa pressão da crítica. Nossas noções de identidade, memória, sexualidade e sentido, em termos mais gerais, foram moldadas em relação — e, com freqüência, em oposição — ao trabalho de Freud. Nem a exposição nem este livro procuram provar que essa influência foi positiva ou negativa; antes, ambos tentam explicar a abordagem freudiana da descoberta do sentido através da investigação dos desejos encobertos e conflitantes. Ao percorrer a exposição pode-se constatar todo o alcance que tiveram as idéias psicanalíticas, muito embora nos apercebemos de que essas idéias foram submetidas a críticas profundas, desde a época de Freud até a nossa.

No fim da vida, Freud se viu confrontado com algumas das crises mais intensas do século XX, crises que impulsionaram a Europa rumo à violência da Segunda Guerra Mundial. Do ponto de vista psicanalítico, elas poderiam ser entendidas como explosões de pulsões recalcadas, de conflitos por muito tempo dissimulados pelas construções da civilização. Decorridos mais de cinqüenta anos, a sexualidade e a agressão continuam no centro de nossas preocupações, tanto no plano individual quanto no social. Freud não deu receitas para lidarmos com o poder assombroso de ambas, mas, ao nos chamar a atenção para o papel que desempenham em nossa vida particular e pública, nos forneceu uma linguagem para abordarmos algumas de nossas preocupações mais prementes.

Esta introdução faz um esboço dos temas dos três setores principais da exposição. Muitos desses temas foram retomados pelos ensaios deste volume, que estão agrupados em quatro partes. Os ensaios biográficos e históricos da Parte I examinam os vínculos entre a vida de Freud, sua obra e o contexto histórico. Os ensaios da Parte II abordam algumas das questões mais espinhosas de seu pensamento — aquelas que dizem respeito a quem somos, como seres políticos, morais e intelectuais. A Parte III examina alguns dos caminhos percorridos pelas idéias psicanalíticas e alguns dos interessantes colaboradores e críticos que se aliaram a idéias já transformadas em doutrinas e instituições, ou que uniram forças contra elas. A Parte IV enfoca algumas das principais controvérsias que cercam a psicanálise como teoria e como terapia. Embora as idéias de Freud sejam muito disseminadas na cultura contemporânea, não há um consenso sobre qualquer de seus importantes conceitos ou sua aplicação.

Setor I: Os Anos de Formação

A exposição começa pela apresentação da história da família de Freud, seus primeiros anos de vida na cidadezinha moraviana de Freiberg (que hoje faz parte da República Tcheca), e seu período de formação em Viena. Em vez de apresentar uma cronologia detalhada da infância e juventude de Freud, essa parte ressalta alguns marcos cruciais de sua vida pessoal e profissional, dando-nos uma idéia do jovem Freud, em Viena, em seu empenho de constituir família e de construir uma reputação profissional. Vemos como sua formação científica em neurologia levou-o a estudar com Jean-Martin Charcot, no Hospital da Salpêtrière, em Paris, onde iniciou seu trabalho decisivo com a histeria e a hipnose. Com esses temas, Freud distanciou-se ainda mais de sua formação neurológica (discutida no ensaio de Oliver Sacks) e se aproximou de uma psicologia interpretativa, procurando decifrar o sentido dos sintomas histéricos e de outros atos humanos (como os sonhos e os lapsos da fala) que pareciam ficar fora do controle racional consciente.

A despeito dessa falta de controle, Freud estava convencido de que tais ocorrências eram significativas, e concentrou seus esforços no desenvolvimento de técnicas que pudessem determinar o que elas significavam. A exposição também indaga até que ponto Freud continuou tributário de sua formação científica específica num campo que passava por mudanças rápidas, e até que ponto seus métodos de interpretação estiveram ligados a seu contexto imediato na Viena *fin-de-siècle*.

Setor II: O Indivíduo

A. Terapia

Acompanhando a trajetória da hipnose à psicanálise, vemos como Freud passou, hesitantemente, das instruções dadas aos pacientes (mediante a sugestão hipnótica), no intuito de que parassem de ter sintomas, à criação de condições em que lhes fosse possível apreender o sentido desses sintomas. Através do caso de Bertha Pappenheim (conhecida como Anna O., a famosa paciente de um colega de Freud, Josef Breuer), podemos perceber o movimento que vai da hipnose à *associação livre*, que viria a se transformar num esteio crucial da abordagem psicanalítica do tratamento clínico. Anna O. deu a seu tratamento o nome de "tratamento pela fala", pois era ao descrever suas experiências traumáticas e seus sentimentos ao médico que ela parecia sentir algum alívio. Embora o tratamento de Anna O. não tenha obtido, nem de longe, o sucesso que Breuer e Freud lhe atribuíram, a Bertha Pappenheim real acabou superando as dificuldades psicológicas que a incapacitavam e se tornou uma das fundadoras da assistência social e do movimento feminista judaico na Alemanha. Se o caso de Anna O. marcou a transição da hipnose para o tratamento pela fala, resta-nos ainda saber que papel a sugestão continuou a desempenhar na preservação ou no alívio dos sintomas. Em outras palavras, terá o psicanalista continuado a se servir dos poderes de sugestão do hipnotizador enquanto se afastava das instruções diretas ao paciente? Se a sugestão é utilizada de maneiras sutis, a fim de direcionar o paciente para a imitação de uma personalidade "sadia", será isso um sinal de cura ou da profundidade da doença? O problema da sugestão permanece relevante em várias formas atuais de psicoterapia, na medida em que estas mantêm um compromisso com a idéia de que o paciente é responsável pelas mudanças de sua personalidade. Nesta coletânea, John Forrester, Harold P. Blum, Hannah S. Decker e Adolf Grünbaum interessam-se, todos eles, pela questão da sugestão, embora suas diversas maneiras de lidar com esse tema possam ser entendidas como um indício da complexidade de um problema do trabalho clínico que também toca no cerne de nossos valores, em termos do que significa ser um indivíduo livre e responsável.

Após essa panorâmica sobre o desenvolvimento da prática clínica de Freud, a exposição apresenta excertos de dois dos casos clínicos mais elaborados de Freud: o "Homem dos Ratos" e o "Homem dos Lobos". O primeiro foi a história de um jovem advogado, Ernst Lanzer, atormentado por intensas obsessões com ratos, torturas e castigos. Suas obsessões foram atribuídas à sua profunda ambivalência em relação à sexualidade e a seu pai. Os atos e idéias obsessivos expressavam essa ambivalência, ao mesmo tempo que a obscureciam. Sergei Pankejeff, que aliás celebrizou-se em vida como "o Homem dos Lobos", sofria de compulsões e medos debilitantes, que Freud entendeu como resultado de um malogro de seu desenvolvimento sexual em idade muito tenra. As técnicas da *interpretação* são enfatizadas nessa parte da exposição, de modo a mostrar como Freud buscava encontrar sentido nos sintomas e associações bizarros de seus analisandos. Lanzer morreu na Primeira Guerra Mundial, e os problemas psicológicos de Pankejeff persistiram durante toda a sua vida. O Homem dos Lobos continuou a ser um objeto de fascínio para os analistas interessados nas técnicas freudianas; as interpretações variaram, mas nenhuma delas, ao que parece, conduziu à cura. Nessa parte, vemos como Freud elaborou suas anotações clínicas na versão publicada do caso, tentando usar o trabalho terapêutico para consubstanciar o desenvolvimento de suas teorias. Como terão Freud e seus pacientes vindo a acreditar que as interpretações dele acertavam no alvo, e como podemos julgá-las, retrospectivamente?

Os últimos pacientes incluídos no setor "Terapia" são Dora (Ida Bauer) e H.D. (Hilda Doolittle). Esses casos demarcaram efetivamente a trajetória psicanalítica de Freud, com Dora no início do século e H.D. no fim de sua vida, sendo uma boa ilustração das noções de *transferência* e *contratransferência*, noções estas exploradas no ensaio de Decker. Freud pretendia interpretar objetivamente os sintomas "histéricos" de Dora, mas, em vez disso, acabou insistindo em que eles deviam ter o sentido exigido por sua teoria das raízes sexuais da histeria. O resultado, como ele admitiu, foi um caso mal costurado, no qual o médico tentou convencer uma moça de que ela de fato desejava as atenções de um homem mais velho, que estava tentando seduzi-la. Como salientaram os estudiosos feministas, Freud percebeu o conflito no psiquismo de Dora, mas não foi capaz de reconhecer os custos psíquicos do conflito entre homens e mulheres na sociedade. Dora rejeitou a tentativa freudiana de dar um sentido a sua experiência e seus sentimentos e abandonou abruptamente a análise.

Já no fim da vida, Freud tratou da poeta Hilda Doolittle, que com ele partilhava a paixão pelas antigüidades e pela investigação das profundezas da personalidade. Se o caso Dora terminou com amargura, as sessões com H.D. despertaram poderosos sentimentos positivos entre o analista e a paciente, como esta deixou claro em seu livro *Um tributo a Freud*. Os dois casos ilustram a importância que têm os investimentos afetivos do analista e do analisando para suas interações. Esses investimentos podem fazer descarrilhar o tratamento, ou permitir que ele supere imensas dificuldades. Nesse ponto, porém, a exposição deixa o visitante com um problema em aberto: como saber se uma interpretação é correta na terapia, considerando-se que ela só pode ser aceita ou rejeitada com base nos investimentos afetivos do médico e do paciente? Eis o problema da sugestão, que já se evidenciava na terapia por hipnose e que continua a marcar todas as tentativas de compreender o que se passa entre analista e analisando e, quem sabe, entre qualquer dupla de pessoas engajada em algum tipo de comunicação contínua.

B. Teoria

O setor "Teoria" começa pela teoria dos *sonhos*, "a via régia para o conhecimento do inconsciente", como os chamava Freud. Ali vemos como o intérprete procura descobrir o sentido do sonho, desvelando o desejo encoberto que o motiva: "Por trás de todo sonho existe um desejo." O método freudiano de interpretação dos sonhos, assim como dos chistes, dos lapsos da fala e dos sintomas, consistiu em mostrar que eles eram indícios de desejos conflitantes e ocultos. Essa visão era e continua a ser controvertida. Para Freud, os desejos poderosos sempre dão margem a conflitos, e a teoria da formação do sonho procura explicar como esses conflitos encontram uma forma de liberação numa bizarra expressão noturna. Os sonhos pedem interpretação porque os desejos poderosos que os motivam são disfarçados, obscurecidos pelo modo como se expressam. Que força mantém encobertos esses desejos?

Essa pergunta leva aos conceitos de *recalcamento* e *inconsciente*. O "recalcamento" é a força que nos impede de tomar consciência dos desejos conflitantes, de impulsos que minariam a idéia que fazemos de nós mesmos e de nosso lugar no mundo. Esses desejos ingovernáveis tornam-se inacessíveis a nosso pensar, e "inconsciente" é o nome que Freud deu a esse campo de inacessibilidade. Nossos desejos recalcados só nos aparecem, segundo a psicanálise, sob o disfarce dos sonhos, sintomas e outros atos incoerentes e aparentemente não controlados. A exposição apresenta algumas das diversas tentativas freudianas de mapear esses diferentes aspectos da mente em termos espaciais. Essa estrutura psíquica proposta dá margem a uma pergunta: quais são esses tipos de desejos, tão poderosos e perturbadores, que têm de ser expulsos de nossa vida consciente?

A resposta encontra-se nas forças poderosas da *sexualidade* e da *agressividade* humanas. A teoria freudiana do desenvolvimento sexual do indivíduo toca no âmago de sua concepção da vida humana como movida por conflitos. As pulsões sexuais entram em conflito umas com as outras, com as convenções sociais e, o que é mais fundamental, com a realidade. Conservam-se potentes e insatisfeitas, expressando-se indistintamente numa multiplicidade de sinais e sintomas obscuros. Desejamos aquilo que não podemos ter ou que sentimos haver perdido, e os desejos insatisfeitos encontram válvulas de escape das maneiras mais surpreendentes. Depois da Primeira Guerra Mundial, Freud prestou uma atenção cada vez maior ao fenômeno da agressividade e, em *Mais-além do princípio do prazer* (1921), especulou que a pulsão de morte era tão importante quanto a pulsão de vida em nossa constituição psíquica. Apontou como o conflito fundamental de nossa vida aquele que se dá entre Eros e Tânatos — o amor e a morte —, um conflito perpetuamente sem solução, que encontra vários desfechos em nossa vida cotidiana e nos grandes acontecimentos mundiais.

Nesse setor encontramos alguns dos mais importantes manuscritos de Freud sobre os temas da sexualidade e da agressividade, bem como representações de Édipo e outras figuras correlatas. A psicanálise freudiana tornou-se famosa (ou infame) por sua insistência no mito edipiano como modelo do conflito que está no cerne de nossa vida individual e grupal. Freud julgou haver descoberto um paradigma universal para compreender de que modo os desejos conflitantes moldam a vida de cada um. No presente volume, os ensaios de Ilse Grubrich-Simitis e José Brunner examinam seu modo de utilizar esse mito como um veículo para refletir sobre as camadas fundamentais da vida social. No entanto, já na época em que estava elaborando esse modelo, surgiram questões acerca do material comprobatório que lhe serviu de base, de sua pertinência em relação às mulheres e de sua ligação com as origens biográficas e históricas específicas da psicanálise.

C. Área do consultório/Gabinete de estudos

Esse setor da exposição exibe objetos do consultório e gabinete de estudos de Freud, dando aos visitantes uma idéia dos espaços em que ele tratava dos pacientes e elaborava suas idéias por escrito. Maquetes do icônico divã psicanalítico e da escrivaninha em que Freud trabalhava têm destaque especial. Como explica o ensaio de Patrick J. Mahony neste volume, a dedicação de Freud ao trabalho foi profunda e contínua, durante todos os anos de sua longa carreira. Ele via o trabalho como uma expressão do conflito psíquico, mas uma expressão que reduzia a dor desse conflito a níveis toleráveis. Ajudar os pacientes a alcançarem ou redescobrirem a capacidade de amar e trabalhar era a idéia freudiana básica de um tratamento psicopatológico. O amor e o trabalho não eliminavam o conflito, mas eram sinais de que ele podia ser produtivo e até prazeroso. Essa instalação da exposição dá-nos uma idéia de alguns dos espaços em que o amor e o trabalho se cruzavam na prática psicanalítica de Freud.

Setor III: Do Indivíduo à Sociedade

O grande setor seguinte da exposição passa do indivíduo para a sociedade. Primeiramente, examinamos a expansão da psicanálise e a reação crítica a essa expansão. Em seguida, examinamos a ampliação das áreas de investigação de Freud, das teorias da psique individual para as teorias da civilização, avançando da arqueologia do passado para um exame das superfícies da vida social contemporânea. Esse setor da exposição, "Do indivíduo à sociedade", compõe-se de três partes: "Expansão e crítica", "Teorias da sociedade" e "Crises".

A. Expansão e crítica

Esse setor concerne ao desenvolvimento da psicanálise como profissão e à circulação das idéias freudianas numa multiplicidade de campos culturais. À medida que se ampliou a esfera de investigação de Freud, passando a incluir as questões fundamentais da vida moral e política, seus seguidores aplicaram suas teorias sobre o conflito, o desejo e o inconsciente em novas áreas. Para muitos intelectuais e artistas, essas idéias pareciam oferecer novas possibilidades de compreensão das realizações e fracassos da sociedade moderna. Embora tenha havido entusiastas que viram a psicanálise como um meio de cumprir o antigo mandamento do "Conhece-te a ti mesmo", também houve críticos que encararam essa nova empreitada como mais uma recaída no engano ou na ilusão. Nesse setor, a exposição retraça a expansão da psicanálise como inspiração de novos estilos de pensamento e acompanha seu desenvolvimento como instituição profissional, desde os primórdios da Sociedade Psicológica das Quartas-Feiras, em Viena, até o florescimento da International Psychoanalytical Association e a viagem crucial de Freud aos Estados Unidos, em 1909. Os ensaios de Edith Kurzweil e Robert Coles, neste livro, dizem respeito às diferentes vias de disseminação das idéias de Freud na América.

A exposição também enfatiza como, através da evolução da psicanálise, as idéias de Freud foram acaloradamente contestadas, e como, à medida que procurava consolidar suas teorias em instituições e na ortodoxia teórica, ele foi rotulando pensadores eminentes (como Alfred Adler e Carl Jung) de dissidentes, ou mesmo hereges. Com a expansão e difusão da psicanálise para os campos da medicina (especialmente nos Estados Unidos), da arte e da cultura popular, as críticas às idéias e práticas de Freud também se intensificaram. Frente a essas críticas, Freud preocupou-se em criar e controlar seu legado intelectual. Tentou fazê-lo através de seus escritos sobre as origens de suas idéias e do movimento que havia fundado. Nas décadas que se seguiram à sua morte, muitos dos pressupostos fundamentais de Freud foram questionados pela pesquisa neurobiológica, pela psicologia clínica e pela psiquiatria, do mesmo modo que seu raciocínio e uso de dados tinham sido contestados por filósofos, historiadores e críticos literários. Se o trabalho de Freud continua a provocar embates construtivos nas ciências, nas artes e nas humanidades, ele raramente o faz sem uma dimensão crítica. Há dois aspectos principais na crítica à psicanálise freudiana: o ceticismo biográfico/histórico em relação aos relatos freudianos de seus casos e a suas interpretações, e a argumentação filosófica/científica contra a lógica e a estrutura de suas teorias. Essas duas dimensões constituem o eixo principal da seção deste volume que leva o título de "Heranças contestadas".

Apesar das críticas a alguns de seus conceitos básicos e formas de explicação, o modelo psicanalítico da cultura, como expressão do conflito inconsciente, tornou-se uma força poderosa na compreensão popular e acadêmica do século XX. As idéias de Freud inspiraram pesquisas que vão da medicina às humanidades, da psicologia às ciências sociais. Com freqüência, suas teorias sofreram enormes modificações, mas o desafio de reconhecer os sinais do recalcamento e do desejo continuou a ser um poderoso impulsionador da pesquisa, da especulação e da criatividade. As idéias de Freud ainda estão no cerne de alguns de nossos debates mais importantes: desde as lembranças recalcadas e os maus-tratos à criança até a situação da interpretação nas ciências, desde o lugar do sexo e da violência em nossa cultura até a relação entre a mente e o corpo.

B. Teorias da sociedade

A primeira parte das "Teorias da sociedade" é dedicada às especulações de Freud sobre as origens da organização social humana. Ele teorizou que nossas sociedades criaram mecanismos — análogos aos mecanismos psicológicos que inibem a satisfação de nossos desejos mais profundos — para garantir formas de regulamentação e repressão sociais. Na base da vida humana organizada em comum encontra-se a proibição do incesto, e Freud especula que esse tabu teve sua gênese na culpa proveniente do assassinato de um poderoso patriarca. Depois que o pai tirânico é morto, os filhos continuam a seguir seus ditames. A culpa, a competição e o medo garantem a obediência, mesmo quando o pai não está presente para fazer vigorarem suas leis. No modelo psicanalítico, a revolução violenta não resolve o conflito, apenas o desloca para níveis diferentes. Nesse setor, a exposição exibe os principais manuscritos freudianos que versam sobre essas questões, além das fontes da antropologia e do neo-darwinismo em que Freud se baseou. Também são exibidos alguns objetos de sua coleção de artefatos pré-históricos. O arcaico, para Freud, não é algo que se supere, seja no plano individual seja no social, mas algo que continua a ser uma parte vital — e, muitas vezes, perturbadora — da vida, em qualquer nível de desenvolvimento. A ênfase no arcaico como ativo, numa história que continua viva dentro de nós, é tão importante na abordagem psicanalítica da vida social quanto o foi em sua abordagem do indivíduo. Como se manifesta esse passado ativo no nível social? Dado o seu entendimento dos sintomas como expressões do conflito e suas especulações sobre as origens violentas da sociedade, situadas na competição sexual masculina, como via Freud o desenvolvimento das sofisticadas construções culturais que as sociedades acabaram produzindo?

Essa pergunta marca a transição para a parte seguinte desse setor sobre as teorias da sociedade, "O problema da cultura", que tenta deixar claro que Freud entendia as produções culturais como expressões de conflitos psicológicos básicos, como análogos sociais dos sonhos e sintomas do indivíduo. A religião, a arte e a ciência, pela perspectiva da psicanálise, são produto de pulsões às quais é negada uma satisfação sexual ou agressiva mais direta. Essa visão fica clara na crítica depreciativa que Freud faz ao infantilismo da religião, em sua interpretação das obras de arte como tentativas indiretas (sublimadas) de satisfação e em sua relativa confiança em que o esforço científico pudesse chegar a uma acomodação razoável do desejo no mundo. Mais tarde, os psicanalistas viriam muitas vezes a escrever com mais apreço sobre as satisfações "de compromisso" dessas construções culturais, enfatizando-lhes a contribuição positiva para o que eles imaginaram ser uma vida individual ou social equilibrada. A idéia freudiana de um conflito essencial no âmago da cultura, entretanto, fundamentou todos os seus textos nesse campo e constituiu a base de seu pessimismo generalizado quanto aos efeitos negativos dos poderosos desejos insatisfeitos. Se a religião, a arte e a ciência não conseguem aliviar os conflitos que se encontram no cerne da condição humana, quais são as conseqüências desse fracasso? Se nossas formas de vida social não conseguem atender a nossas necessidades psicológicas básicas, o que acontece com os desejos não realizados na sociedade? São essas as indagações vitais sobre a relação entre nossa civilização e nossos impulsos mais profundos, e aqueles que escreveram na esteira de Freud voltaram-se para formas mais genéricas de estudo da cultura, na tentativa de abordá-las.

C. Crises

Uma das razões de as perspectivas psicanalíticas se haverem afigurado particularmente pertinentes para uma multiplicidade de pensadores, durante todo o século XX, é que o aparente progresso foi pontuado por forças arcaicas bizarras, perturbadoras e poderosas. Se a vida social originou-se num conflito não resolvido e insolúvel, as sementes das perturbações fundamentais em nossa civilização estão sempre presentes. Essa visão freudiana das crises é o tema da última parte da exposição.

Ao enfatizar a natureza radical da sexualidade, Freud inspirou alguns pensadores e ativistas, que encontraram uma esperança nas possibilidades da reforma feminista e na emancipação utópica de Eros. Outros acreditaram que a meta psicanalítica seria a eliminação do recalcamento em prol da libertação individual e social. Para Freud, no entanto, a libertação também significava o desencadeamento da agressividade. Desde a Primeira Guerra Mundial até sua morte, em 1939, Freud discerniu a seu redor "sintomas" cada vez mais violentos e irracionais dos conflitos. As guerras aparentemente absurdas, a escalada do anti-semitismo e a ameaça da dominação nazista foram as crises que cercaram Freud em seus últimos anos, e ele tentou interpretá-las em termos de seu modelo do conflito psicológico. Essa parte da exposição ilustra o modo como a vida e a obra de Freud se entrelaçaram com essas crises, desde o início da Primeira Guerra Mundial até o momento em que a ascensão do Terceiro Reich obrigou o já idoso Freud a fugir de Viena, buscando a segurança de Londres. As imagens desse período, desde os soldados esgotados pelo combate até as queimas de livros pelos nazistas, passando pela emigração do próprio Freud e por suas reações escritas a esses acontecimentos, oferecem um testemunho vigoroso de como esse pensador, formado no século

XIX, tentou haver-se com as barbaridades do século XX. A psicanálise, aliás, foi vítima dessas crises, justamente por oferecer maneiras de explicá-las. Podemos indagar-nos se esse contexto de violência terá esclarecido ou distorcido a visão psicanalítica da condição humana.

Epílogo

Os elementos biográficos dessa última parte da exposição ilustram os laços entre a vida e a obra de Freud que também estiveram presentes na seção de abertura. Suas teorias foram formuladas na esteira do marxismo e do darwinismo, ambos os quais depositavam grande ênfase na luta como motor da mudança e se desenvolveram num século em que vastos conflitos históricos haviam atingido dimensões extraordinárias. Embora os conflitos em que Freud se concentrava fossem internos — pessoas em guerra consigo mesmas e com as autoridades culturais a quem haviam internalizado —, ele achava que a maneira como lidávamos (ou não conseguíamos lidar) com esses conflitos tinha tudo a ver com as explosões de violência que tanto haviam marcado o mundo moderno. À medida que os acontecimentos específicos que influenciaram o pensamento de Freud vão recuando na história, a preocupação com o violento poder da sexualidade e da agressão só faz intensificar-se. Freud não deu nenhuma solução sobre como podemos escapar dessa violência, nem propôs maneiras de minorar sua força devastadora. Entretanto, desenvolveu uma descrição poderosa da ligação entre a cultura e o conflito e, com isso, identificou de maneira incisiva um problema fundamental do século XX — um problema que não dá nenhum sinal de desaparecer, à medida que nos aproximamos do século XXI.

PARTE I

Escrevendo e Trabalhando

O divã e a escrivaninha: dois ícones da carreira de Freud. Durante quase toda a sua vida profissional, ele combinou o trabalho clínico com a redação de textos, lançando uma ponte entre o científico e o literário. Era durante seu trabalho terapêutico com os pacientes que se colhiam as associações, faziam-se as observações e se encontravam as resistências. E era no processo de escrever que as idéias de Freud eram exploradas, testadas, aperfeiçoadas ou abandonadas. O divã e a escrivaninha, é claro, podem ser situados em relação a contextos diferentes. O fermento cultural e as crises políticas da Viena do *fin-de-siècle* faziam parte da vida cotidiana de Freud, ora se intrometendo dramaticamente em sua vida pessoal e profissional, ora compondo um fórum urbano meio indefinido para a lenta expansão do círculo psicanalítico. A conservadora ordem estabelecida de Viena, assim como a política cultural que lutava contra ela, produziram a estufa em que iriam vicejar os movimentos modernos na arte, na filosofia e na ciência. A psicanálise, com certeza, fez parte dessas rebeliões contra as convenções na virada do século. Entretanto, se grande parte do trabalho de Freud foi feita em Viena, seus interesses e sua abordagem do problema basearam-se em tradições intelectuais que ultrapassavam em muito esse contexto imediato. Como observam Ilse Grubrich-Simitis e Michael Molnar em seus ensaios, Freud pautou-se em sistemas de pensamento (alguns com pouca credibilidade científica em sua própria época) que se distanciavam muito da medicina ou da neurologia, num esforço de abordar questões individuais e sociais desconcertantes. Os mitos fundadores da tradição ocidental e seus textos clássicos, desde os dos antigos gregos até os de Shakespeare, conservaram-se como recursos profundos da reflexão freudiana durante toda a sua vida profissional. Isso se evidencia em suas anotações informais, quando ele fazia tentativas de dar sentido a sinais que ainda não sabia interpretar, decifrar códigos para os quais (ainda) não havia descoberto uma chave. Com freqüência, essas anotações eram o começo de projetos de textos que levariam Freud por águas desconhecidas: áreas de investigação que exigiriam muito mais interpretação e especulação do que atenção aos dados empíricos. Mas ele insistia nisso: tentar resolver os enigmas que tinham mais do que uma dimensão médica, que diziam respeito à condição humana em geral. Como enfatiza Patrick J. Mahony em seu ensaio, Freud era impelido a trabalhar e movido pelo trabalho, desde a escuta de si mesmo e daqueles que o cercavam até o exame de textos e retratos, além de escrever, escrever sempre. Haveria alguma coisa que não servisse de grão para sua moenda? A roda tinha que continuar girando. John Forrester enfatiza que ela girou de um modo que viria a implicar o leitor e o autor, nos convidando — ou desafiando — a nos voltarmos para nossos sonhos e desejos, e a aprendermos a vê-los como a expressão de um conteúdo latente que até então havíamos ignorado. Esse conteúdo latente jamais seria esgotado: guardava traços incontáveis de quem éramos, do que queríamos e do que desejávamos ser.

"Nada sobre a refeição totêmica!"

SOBRE AS ANOTAÇÕES DE FREUD

Ilse Grubrich-Simitis

A beleza de sua prosa talvez seja a única realização de Freud que até hoje não foi contestada. Entretanto, embora seu brilhantismo como escritor tenha sido analisado com freqüência, seus manuscritos passaram décadas sendo deixados de lado. Nos últimos anos, durante a feitura de um trabalho preliminar, com vistas ao lançamento de uma edição histórico-crítica de seus escritos, concentrei minha atenção nesses documentos, que hoje se encontram guardados na Biblioteca do Congresso; algumas amostras dessas preciosas páginas manuscritas são agora exibidas, pela primeira vez, na exposição *Sigmund Freud: Conflito e Cultura*. Para minha surpresa, meu estudo dos manuscritos produziu descobertas profundas sobre o fascinante microcosmo da criatividade científica e literária de Freud.[1]

Antes de examinar a natureza hológrafa específica das anotações, eu gostaria de tecer alguns comentários sobre os hábitos de escrita de Freud, tal como pude reconstituí-los a partir de meu estudo dos manuscritos. Durante sua vida, mas especialmente após sua morte, surgiu entre seus discípulos e seguidores uma lenda acerca do pretenso desembaraço com que ele redigia seus livros e ensaios. Julgava-se que costumava iniciar a redação de um trabalho numa etapa relativamente tardia, isto é, somente depois de havê-lo amadurecido internamente — inclusive nas sutilezas de sua formulação final —, de tal sorte que só precisava como que transcrevê-lo de uma imagem textual armazenada em sua mente. Sándor Radó, por exemplo, numa entrevista concedida ainda na década de 1960, mencionou os manuscritos: que coisa extasiante! — Freud simplesmente os escrevera sem nenhuma anotação ou rascunho prévios, praticamente sem necessidade de fazer correções![2] Os documentos, no entanto, contam-nos uma outra história. Eles mostram que, como regra geral, os textos de Freud eram produzidos num processo exaustivo de trabalho árduo e costumavam ser rascunhados em diversas etapas escritas. O próprio Freud, aliás, não fazia segredo da trabalheira envolvida, descrevendo-a com bastante freqüência em suas cartas.

De sua correspondência, além disso, podemos deduzir duas condições básicas das quais dependia o sucesso do processo de pensar e escrever em Freud. A primeira era um estado intermediário entre a passividade e a atividade, no qual ele se entregava ao ritmo obscuro das forças pré-conscientes e inconscientes. Como que farejando uma idéia, ele esperava e esperava — amiúde por muito tempo — até ser tomado por um clima de impetuosidade, no qual as associações e premonições de surgimento esporádico não mais se retraíam por trás do limiar da consciência, mas finalmente, em rápidos impulsos, organizavam-se em *Gestalten* incisivas. Estas são descritas, especialmente nas cartas a Wilhelm Fliess, quase como se fossem criaturas vivas, com uma dinâmica própria de crescimento e movimento, como se lhe bastasse apenas servir de continente para elas. Para caracterizar o estágio final do processo de criação, o próprio Freud usava a metáfora do nascimento e falava em "pavorosas dores do parto".[3]

Todavia, nem mesmo as etapas preliminares desse processo eram fases de bem-estar ininterrupto. Para acioná-las — e essa é a segunda condição fundamental —, era necessária a tensão gerada por um estado moderado de dor psíquica e/ou física, "um tantinho de sofrimento",[4] como o descreveu Freud. Essa infelicidade sutil foi a espora instigadora da criatividade de Freud durante toda a sua vida. Talvez fosse um derivado de temores predominantemente inconscientes de perder-se, passar fome e morrer, temores estes dos quais ele tentava libertar-se de um trabalho para outro, mas que só conseguia aplacar temporariamente.

Que papel desempenhava a própria atividade motora de escrever? A julgar pelos textos hológrafos, dir-se-ia que, quase que desde o início, o ato de escrever foi parte integrante do processo criador, uma parte que o acompanhava e lhe servia de sustentação. O confronto com seus próprios pensamentos, sob forma escrita, dava a Freud uma superfície concreta para o exercício de sua autocrítica. Absolutamente necessário para a materialização de um trabalho, porém, era o próprio processo de escrever: rabiscando anotações e esboçando rascunhos, ele sondava o terreno para um novo texto, resguardando-o por algum tempo, quase como se fosse um pedaço de si mesmo, uma propriedade íntima, até o ir entregando aos poucos, no processo de redigir a versão definitiva.

Em geral, a escrita freudiana avançava em três etapas. As *notas* serviam de registro informal inicial de observações, associações e idéias espontâneas. Os *rascunhos* representam a segunda etapa dessa progressão característica. Trata-se de detalhados manuscritos preliminares, apesar de redigidos sob a forma de palavras-chave — de certo modo, assemelham-se a uma radiografia, na qual a estrutura óssea do argumento é fielmente representada. Ao compor a *versão definitiva*, terceira e última etapa, Freud inseria o tecido lingüístico, por assim dizer, reelaborando meticulosamente a prosa e fazendo a transição da linguagem privada para a pública. Somente nessa última fase do processo de escrita é que seu talento produzia aquela individualidade inconfundível, aquela presença marcante que caracteriza quase todos os seus textos.

Voltemo-nos agora para a primeira fase do processo de escrita: as notas. Em 1941, quando os editores da *Gesammelte Werke*, entre eles Anna Freud, publicaram um volume de obras póstumas, eles incluíram duas páginas de anotações de Freud, sob o título de "Resultados, Idéias, Problemas. Londres, junho." Tais notas, obviamente, datam de 1938, o período do exílio. Em seu prefácio, os editores afirmaram que aquela era a única folha preservada de tais anotações. Essa declaração, feita em 1940, durante a guerra, logo depois da morte de Freud, decerto foi compatível com a impressão que tinham os editores, na época, sobre o legado literário freudiano. Todavia, durante minhas pesquisas na Divisão de Manuscritos da Biblioteca do Congresso, descobri que foi preservada uma profusão de notas — a rigor, que existe uma obra desconhecida em anotações, que permanece praticamente inexplorada.

Muitas dessas anotações são datadas com dia e mês; algumas incluem o ano. Essa informação, assim como as variações da letra, indicam que elas provêm de períodos de criação muito diferentes. No que diz respeito à sua extensão individual, elas vão desde notas de uma só palavra até textos relativamente pormenorizados, quase como rascunhos, entremeados com outros que têm a forma de aforismos científicos. Ao estudar esses quase aforismos, os leitores familiarizados com a obra de Freud poderão facilmente reconhecer aquelas informações que, armazenadas em suas frases ou breves fragmentos de frases, como os genes de um gameta, determinaram o desenvolvimento de textos que tiveram origem na mesma ocasião.

Não é fácil dar uma idéia do caráter singular das notas, de sua delicada estrutura pontilhista. E isso não se deve apenas à sua disparidade temática: elas são textos reticentes, textos particulares, sem polimento ou requinte — os taquigramas sem ornatos de um permanente solilóquio científico. Têm a clara intenção de servir exclusivamente ao uso de Freud. Isso significa que em vão se buscará nelas a cortesia com que Freud, em seus textos publicados, atentava para a compreensão de seus leitores e a promovia. Em geral, ele queria poupar-lhes o esforço, e seus trabalhos publicados impressionam a tal ponto por sua elegância natural que se poderia supor que seu conteúdo surgiu sem dificuldade. As anotações, em contraste, mostram-nos o pesquisador em sua luta, às vezes desanimado, confrontando-se com a intimidante complexidade da mente humana.

Examinarei abaixo alguns temas seletos que preocuparam Freud durante a vida inteira: anotações ligadas a seu trabalho com os pacientes, a fenômenos lingüísticos, aos sonhos, à civilização e, por último, às palavras-chave de uma de suas maiores obras: *Totem e tabu*.

Um número considerável de folhas é dedicado a *notas sobre o que aconteceu durante as sessões*, ao material incomensuravelmente rico que era produzido pela interação terapêutica diária de Freud com seus pacientes. Com efeito, é através desses vestígios manuscritos que podemos apreciar plenamente o quanto a revolução da relação médico-paciente tradicional — isto é, levar o paciente a falar, escutá-lo, conversar com ele, estar imbuído, enfim, da crença de que o paciente tinha algo a dizer sobre seu sofrimento — foi uma proeza brilhante não apenas de técnica terapêutica, mas também de estratégia de pesquisa. As anotações demonstram claramente que os aliados mais importantes de Freud, no processo de fazer suas descobertas, foram seus analisandos.

Em suas "Recomendações aos médicos que exercem a psicanálise", ele escreveu: "Quanto aos exemplos clínicos, redijo-os de memória à noite, depois de terminado o trabalho."[5] Com a ajuda desse trabalho de anotação, em vinhetas sucintas ou brevíssimas, Freud parece haver agrupado um material ligado a idéias teóricas em fase de germinação, ou até ter sido levado a conclusões abstratas, através dessa compilação assídua de pormenores.

Muitas vezes, os pacientes são identificados apenas por seus prenomes, e, aqui e ali, julgamos reconhecê-los como figuras que nos são familiares a partir dos trabalhos publicados. Algumas declarações dos pacientes são registradas na íntegra, por exemplo: "O ataque é um excerto da história, diz um paciente." Numa lista de dez itens que registram os resultados teóricos de sua pesquisa sobre a histeria, também preservada em meio às notas, encontramos um eco dessa observação: "O ataque histérico corresponde a uma lembrança da vida do paciente; consiste no retorno da cena vivenciada... e na expressão do afeto a ela associado." Aqui, tal como em relação aos outros nove pontos, o leitor familiarizado com os textos publicados por Breuer e Freud sobre a histeria poderá estabelecer ligações com a comunicação preliminar "Sobre o mecanismo psíquico dos fenômenos histéricos", de 1893,[6] e, por fim, com os *Estudos sobre a histeria*, de 1895.[7]

A labuta diária da clínica também é documentada em observações incansáveis sobre as muitas e variadas formas em que pode expressar-se a neurose obsessiva, sobre as idéias e atos compulsivos e também sobre a lógica subjacente a eles. Muitas dessas anotações são um testemunho da cautela de Freud na formulação de hipóteses. Exemplo disso é sua vigilância na busca da etiologia da neurose, na atenção que dava às mais ínfimas insinuações de seus pacientes que pudessem ajudá-lo a avaliar o peso relativo a ser dado às experiências reais traumáticas, de um lado, e às fantasias patogênicas, de outro. Essa questão fundamental ocupou Freud durante a vida inteira. Ao contrário das afirmações deturpadoras da polêmica popular contemporânea antifreudiana, ele nunca descartou a possível influência patológica da realidade externa, dos fatos e experiências reais traumatizantes, ou das lembranças deles e sua elaboração psíquica posterior.

Para o leitor de hoje, para quem tudo isso constitui um conhecimento psicológico básico já comum, e que mal consegue imaginar um mundo em que ele não existisse, essas anotações, feitas há quase um século, transmitem de maneira muito imediata o esforço empreendido na descoberta revolucionária da ubiqüidade e profundidade dos processos transferenciais e do desenvolvimento dos primeiros componentes de uma técnica psicanalítica. Na época, Freud ainda achava necessário admoestar-se nas anotações: "Ainda me esqueço, com muita facilidade, de que tudo o que não está claro é transferência." A primeira nota com o título de

"Transferência e resistência" contém um novo chamamento à autodisciplina e à meticulosidade: "Isso precisa ser examinado com mais exatidão." No fim, ele resume: "Afinal, a ΨA [psicanálise] está em desvantagem, comparada à terapia sugestiva, pois faz com que a tr[ansferência] se torne negativa logo no início [e] provoca conflitos, mas, pela superação destes, tem um efeito terapêutico."

Muitas notas redigidas nessa fase pioneira atestam o fato de que a busca premente de Freud de um modo completamente novo de se relacionar com os pacientes, assim como com o que eles lhe diziam, também dominava seu pensamento fora do consultório — por exemplo, em suas leituras particulares. Especialmente na concepção de instrumentos através dos quais pudesse enfim ganhar acesso ao mundo interno inconsciente, ele adaptava para uso próprio inúmeras indicações de terceiros, usando analogias e tomando metáforas de empréstimo. Isso é ilustrado pela seguinte anotação sem data, encontrada sob o título de "Citações e analogias": "Quanto à atitude adequada ao trabalho de interpretação: Burckhardt. Hist[ória da] Civilização Grega, p.5, o esforço intenso é, na verdade, o que tem menos probabilidade de obter o resultado desejado; escutar calma e atentamente, com permanente diligência, leva mais longe."

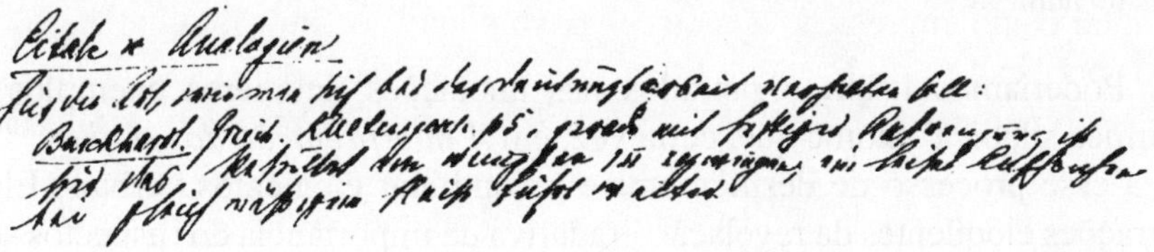

Isso não apenas nos faz lembrar o estado de espírito que Freud adotava ao escrever — o já mencionado estado intermediário entre a passividade e a atividade —, como contém ainda o germe da idéia da "atenção uniformemente flutuante", ou seja, do conceito técnico que ele elaborou posteriormente, descrevendo a atitude característica do analista perante as comunicações do paciente, isto é, *não* se concentrar nem forçar a atenção em vista do perigo concomitante de não descobrir nada senão o que já se sabe e se espera encontrar. Numa carta a Wilhelm Fliess, de 30 de janeiro de 1899, Freud mencionou esse inspirador material de leitura: "Para relaxar, estou lendo a *História da civilização grega*, de Burckhardt, que me vem fornecendo paralelos inesperados."[8] De fato, ao examinarmos a introdução do livro de Burckhardt, onde aparece a expressão "escuta calma e atenta", deparamos com uma profusão de outras analogias com atitudes e idéias típicas de Freud. Entre elas estão a intransigente crítica de Burckhardt à prática acadêmica em sua área, sua exigência de métodos radicalmente novos e sua admissão de que os fatos mais importantes a requererem pesquisa não eram os acontecimentos externos, mas "o interior da humanidade passada [*das Innere der vergangenen Menschheit*]"; a pesquisa da história da civilização vive daquilo "cujas fontes e monumentos se comunicam sem intenção..., sim,... *inconscientemente*".[9] Assim, através dessa anotação sobre Burckhardt, comprova-se subitamente uma genealogia até então oculta do pensamento psicanalítico.

Muitas das anotações são uma prova da *fascinação pela linguagem* e do talento lingüístico de Freud. Parecem-nos remanescentes de um trabalho contínuo e multidimensional de tradução — do sintoma para o conflito inconsciente, do conteúdo manifesto para o conteúdo latente do sonho, da constelação da transferência para a cena infantil, da fantasia primária para acontecimentos reais na pré-história.

Num conjunto de notas sob o título "Como a hi[steria] se aproxima das raízes da linguagem", lê-se:

> Na verdade, psiconeurose. Um de meus pa[cientes], que adoeceu depois de uma briga com seu irmão, Richard, exibiu desde então uma aversão patológica a tudo o que lhe recordasse o irmão[.] Não queria nem pensar em ficar rico, porque o nome do irmão era Richard. Ele mesmo achava essa compulsão um detalhe ridículo, decorrente da semelhança fônica entre a palavra & a letra inicial. Agora, porém, L. Geiger ([em] Origem da linguagem) mostra que a palavra "rico" vem da mesma raiz das sílabas semelhantes nos nomes Heinrich, Friedrich, Richard e no latim Rex.

Poderíamos listar, registrados nas anotações, inúmeros exemplos dessa "química silábica", nome que, certa vez, em *A interpretação dos sonhos*,[10] Freud deu a esse processo de desmembrar e recombinar elementos verbais. Eles são ilustrações eloqüentes da revelação gradativa da importância dos aspectos semânticos e sintáticos da linguagem no funcionamento dos processos psíquicos inconscientes.

É sabido que Freud desenvolveu seus estudos de semiótica especialmente com material proveniente do *sonho*. Acima de tudo, ele tinha fascínio pelo fenômeno do simbolismo onírico, mesmo muito depois da publicação de sua *Interpretação dos sonhos*, na passagem do século. Aliás, a maioria dos suplementos às edições posteriores desse grande livro concerne ao tema do simbolismo. Ele enfatizou explicitamente que, embora houvesse reconhecido desde o início a existência do simbolismo nos sonhos, somente aos poucos chegou a uma avaliação adequada de sua extensão e sua importância. Entre outros vestígios desse processo contínuo de pesquisa, encontramos nas anotações uma extensa lista em que os símbolos e o que eles invariavelmente representam são correspondentemente registrados, amiúde inseridos nos textos específicos dos sonhos, nas interpretações específicas dos sonhos dos quais Freud os retirou.

O manuscrito original de *A interpretação dos sonhos* se perdeu. Segundo seu próprio depoimento, Freud o jogou na lata de lixo, assim que recebeu o primeiro exemplar impresso. No futuro, porém, através do estudo das numerosas anotações sobre o tema dos sonhos, será possível reconstituir — com mais exatidão do que permite a mera comparação com as edições posteriores — as etapas sucessivas de revisão a que o autor submeteu sua obra-prima, ao longo de três décadas.

A partir das notas ficamos sabendo, por exemplo, que, nos primeiros dez anos depois da publicação do livro, Freud se preocupou, entre outros tópicos, com a complementação da divisão do Capítulo 5 sobre os chamados "sonhos típicos". Esses sonhos típicos são estreitamente relacionados com o tema do simbolismo do sonho, na medida em que Freud presumia que seus cenários estereotipados tinham o mesmo sentido para todos os sonhadores, e que seus aspectos básicos podiam ser interpretados sem as associações de um sonhador em particular. Além disso, através de sua invariabilidade, Freud tinha a esperança de encontrar neles pistas para uma compreensão das fontes supra-individuais, talvez filogenéticas, da linguagem do sonho.

Um esboço um pouco mais extenso e sem data também parece fazer parte desse contexto de pesquisa. Tem o título de "Minha caracterização individual dos sonhos", e podemos presumir que Freud estivesse vasculhando a memória à procura de seus *próprios* sonhos típicos. A anotação começa assim: "Eu gostaria de estabelecer uma distinção entre os sonhos com sensações & os outros. O primeiro grupo inclui: voar, cair, nadar, paralisia, o segundo é bem conhecido. [Isto é:] Morte de parentes, provas, nudez, sonho edipiano, talvez também sonhos com dinheiro, sonho com viagem, [sonho de] atravessar uma fileira de aposentos."

Citarei apenas uma passagem dessa anotação — o trecho que concerne à morte de parentes:

> Só consigo lembrar-me de um exemplo de sonho [com a] morte de parentes vivos. Pouco depois do nascimento de minha filha caçula, sonhei, sem um afeto de angústia, que sua pequena predecessora jazia morta no berço, mas com as maçãs do rosto rosadas. Analisando [esse sonho], lembrei-me que, quando menino de 8 a[nos] [?], eu me havia esgueirado, depois do nascimento da última irmã... até o berço de sua predecessora, que tinha então 1 a[no] e estava dormindo com suas maçãs rosadas[,] & pensei comigo mesmo, enquanto o fazia: agora você não é mais a caçula.

Freud teve quatro irmãs menores — sob esse aspecto, foi posto à prova pela adversidade.

Finalmente, eis um exemplo de como um sonho, interpretado no decorrer da auto-análise, foi sucintamente esquematizado a título de lembrete, para ser plenamente desenvolvido, no texto publicado, de um modo que permitisse ao leitor acompanhar sem dificuldade o encadeamento das idéias. No manuscrito sob a forma de nota, lemos:

> S[onhei] em Klobestein: O papa morreu. Nenhuma explicação. De manhã, Martha perguntou: Você ouviu o barulho terrível dos sinos hoje cedo? Não ouvira. O papa estava doente na época. Vingança dos tiroleses.

Em *A interpretação dos sonhos*, encontramos:

> Num outro sonho... consegui afastar uma ameaça de interrupção do meu sono, dessa vez proveniente de um estímulo sensorial. Nesse caso, todavia, foi só por acaso que pude descobrir a ligação entre o sonho e seu estímulo acidental e, com isso, compreender o sonho. Certa manhã, no auge do verão, quando passava uma temporada numa estação de veraneio nas montanhas do Tirol, acordei ciente de ter sonhado que *o papa havia morrido*. Não consegui interpretar esse sonho — um sonho não visual — e, como parte de sua base, lembrei-me apenas de ter lido num jornal, pouco tempo antes, que Sua Santidade estava sofrendo de uma ligeira indisposição. Durante a manhã, entretanto, minha mulher me perguntou se eu ouvira o barulho pavoroso feito pelo repicar dos sinos naquela manhã. Eu nem sequer tomara conhecimento dele, mas, nesse momento, compreendi meu sonho. Ele fora uma reação, por parte de minha necessidade de dormir, ao barulho com que os tiroleses devotos haviam tentado acordar-me. Eu me vingara deles, fazendo a inferência que compôs o conteúdo do sonho, e depois continuara a dormir, sem prestar maior atenção ao barulho.[11]

Todos esses registros de sonhos e suas interpretações, preservados nas notas, demonstram mais uma vez como Freud, durante a vida inteira, esperou ardorosamente por outras descobertas através do estudo incansável do material onírico. Ele o estocava, literalmente. Esses documentos, até hoje mudos, mostram de maneira inequívoca que, havendo encontrado sua *via regia* para o conhecimento do inconsciente, Freud numa mais se desviou dela, pelo resto de sua vida.

Não somente sua investigação dos sonhos, mas todo o universo do pensamento freudiano encontra-se nas notas. Vez por outra, alguns aforismos ligados a seus textos sobre *civilização e religião* despertam-nos a atenção, como, por exemplo:

> Os homens não toleram ser privados dos pais & criam um novo casal parental a partir de Deus e da natureza [Deus Pai e a Mãe Natureza]: fundamento, o fundamento máximo da religião [é] o desamparo infantil do homem.

Ou então, uma consideração sobre a psicologia das massas:

> <u>Quando algo de que um povo se recrimina</u> em seu passado vem a se repetir depois, ics. [inconscientemente], [é] como uma crítica a outro [povo].... Analogia exata com a situação da psicologia individual, paranóia, que fica numa posição similar justamente à dessas críticas[.] Mania de perseguição. Auto-recriminações projetadas nos outros.

E, como ilustração desses processos projetivos, há uma nota sob o título de "<u>Uma fonte de anti-semitismo</u>":

> O fato de o anti-s[emitismo] ser gerado no berço está claro. Irma tem um horror físico a qualquer judeu. Quando ela era criança, diziam (em <u>Ofen</u> [isto é, na parte

ocidental de Budapeste])[,] quando havia algum vestígio de incontinentia alvi* na fralda da criança: o judeu tornou a limpar a boca ali.

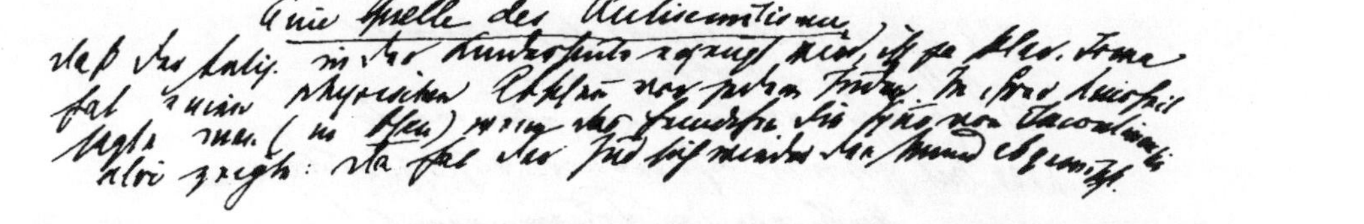

Uma outra categoria de notas são aquelas em que o pensamento de Freud parece *aproximar-se de determinado trabalho posteriormente publicado*, como quem dele se aproximasse através da feitura de anotações. As notas de *Totem e tabu*, que são especialmente extensas, demonstram isso. Desde a fase preparatória desse livro, que foi a primeira grande contribuição de Freud para a teoria da civilização, esses papéis registram, surpreendentemente, inúmeros momentos de suas reflexões, em especial com respeito ao célebre quarto ensaio, "O retorno do totemismo na infância". Esse ensaio de encerramento constitui o clímax do livro, uma vez que compreende a chamada "construção filogenética", isto é, a hipótese do assassinato do pai primevo, na família pré-histórica, como origem do sentimento de culpa e das instituições culturais. O texto fornece, portanto, uma teoria da gênese da civilização e é, ao mesmo tempo, uma exposição fundamental sobre a agressividade humana.

Uma grande parte das anotações compõe-se de notas de leitura de Freud, inclusive registros sobre o autor e o título do livro com que estava preocupado. Na margem esquerda, ele anotava as referências de página aos trechos que pareciam significativos para sua pesquisa e resumia o contexto pertinente em palavras-chave. Sublinhava algumas passagens ou citações escolhidas, registrando ainda detalhes bibliográficos sobre outras fontes. No que parece ter sido uma expedição apaixonada de leitura, que provavelmente durou vários meses, ele leu todos os textos pertinentes às referências bibliográficas, fazendo o percurso de autor para autor e de um livro para outro.

Para ilustrar o caráter dessas notas de leitura, usarei uma pequena passagem, redigida quando Freud estava estudando os *Elementos de psicologia popular* de Wilhelm Wundt. Eis o que ele anota:

> [p.] 228 Culto dos ancestrais: declara-o secundário afora isso, não se encaixa na teoria.
>
> [p.] 231. Ancestral animal veio antes, mas como p.233 Com a família — culto dos ancestrais — dissol[ução] do totemismo

---

*Incontinência fecal, em latim e sem grifo no original. (N.T.)

E, em seguida, grifado e com ponto de exclamação:

Nada sobre a refeição totêmica!

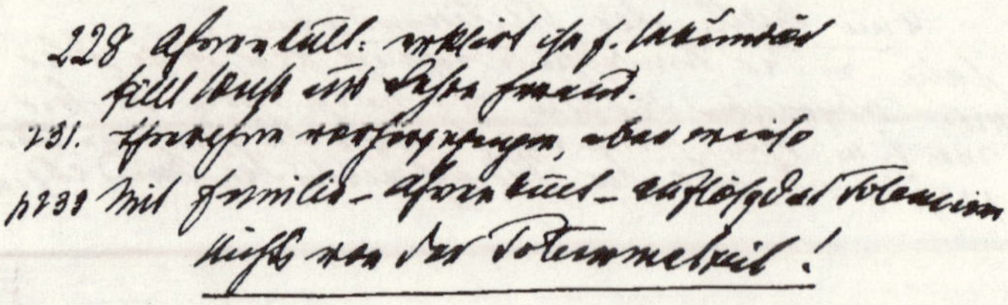

Essa exclamação trai a decepção de Freud, uma decepção que só podemos compreender ao lembrar um dos principais objetivos que ele buscou no quarto ensaio de *Totem e tabu*.

Como já indiquei ao descrever as notas sobre os sonhos, Freud havia deparado, na análise de seus sonhos e dos de seus analisandos, com alguns elementos estereotipados, que julgou pertencerem a uma parte herdada, supra-individual, do vocabulário do sonho, proveniente de uma fonte filogenética. As chamadas "fantasias originárias", com as quais ele esbarrava repetidamente em seu trabalho clínico — fantasias do coito parental, da castração, do parricídio e do incesto com a mãe —, tinham um caráter imutável similar. São esses os poucos padrões fantasísticos típicos que moldam a mente humana, independentemente da experiência pessoal. Eles parecem gerar conflitos e produzir doenças, mas dir-se-ia que seguem uma linha de causação diferente da experiência individual, que é igualmente influente, embora incomparavelmente mais diversificada. Freud estava convencido de que o indivíduo era obrigado a recordar a experiência pré-histórica sob a forma de fantasias originárias.

Além disso, ele sempre se impressionou com a força e o terror das fantasias originárias, com seu cunho onipresente de realidade. Era como se ele, que havia crescido com o fisicalismo e o evolucionismo oitocentistas, imaginasse que algo de tão concreto e opressivo, e que exercia tamanho efeito em cada geração sem perder sua força, tinha de estar baseado, em última instância, em *acontecimentos reais do mundo externo material*, e — analogamente aos instintos animais — ser transmitido pelo soma. É bem sabido que ele sustentou, obstinadamente, que os mecanismos evolutivos lamarckianos eram responsáveis por essa transmissão, muito embora, já naquela época, eles fossem considerados insustentáveis pelos especialistas da área. Como quer que seja, em sua investigação especulativa sobre quais eventos dramáticos e traumáticos concretos poderiam estar presentes como uma herança arcaica na mente do homem moderno — e dar margem, ainda hoje, a uma agitação interna —, a refeição totêmica parece haver ocupado um lugar especial. Há duas razões pelas quais esse ritual lhe teria sido de tão forte interesse: primeiro, porque cada refeição totêmica era precedida por uma morte sacrificial real; e segundo, porque a devoração conjunta do objeto abatido representa uma forma física de internalização, preparando concretamente o caminho para a identificação com o objeto perdido e, portanto, o desenvolvimento do supereu.

Assim, não surpreende que Freud tenha anotado com especial cuidado as poucas referências existentes à refeição totêmica. A página de notas sobre o livro *Cultes, mythes et religions*, de Salomon Reinach, arqueólogo e teórico francês da religião, traz o cabeçalho: "Reinach essencial para referências à refeição totêmica...." Na verdade, foi o livro de Reinach que alertou Freud para as palestras de W. Robertson Smith sobre a religião dos semitas, que finalmente colocou diante dele a tão ansiada refeição totêmica. Em contraste com outros especialistas, Robertson Smith sustentava a idéia de que a refeição totêmica, como rito sacrificial, fizera parte do sistema totêmico desde o início. Freud aliou essa hipótese, a qual celebrou sem afetação em *Totem e tabu*, à dedução psicanalítica de que o animal totêmico é um substituto paterno, e com isso estabeleceu, como ele mesmo observou, "uma insuspeitada correlação entre grupos de fenômenos que até hoje eram desvinculados".[12] E neste ponto, podemos lembrar que, originalmente, foram as fobias infantis aos animais, entendidas como um deslocamento da angústia relacionada com o pai, que levaram Freud a sua intensa preocupação com o totemismo.

A construção filogenética, tendo em seu cerne a refeição totêmica, não pode ser mais pormenorizadamente discutida aqui. Sem dúvida, a etnologia moderna mostrou que essa estranha teoria é insustentável. Não obstante, é preciso enfatizar que essas idéias não foram simples vôos da imaginação, mas uma desesperada construção de improviso, destinada a produzir respostas para graves perguntas que até hoje desafiam a investigação científica — perguntas que Freud queria, no mínimo, preservar sob a forma de imagens quase mitológicas. Acima de tudo, essas perguntas dizem respeito às predisposições internas e à base somática dos conteúdos mentais específicos que se repetem através das culturas.

* * *

Para concluir, alguns comentários sucintos sobre a função da elaboração de notas em Freud. Sem dúvida, especialmente em sua fase pioneira na década de 1890, essas notas foram exercícios manuais para um modo inteiramente novo de retratar o mundo interno do homem. Durante toda a vida de Freud, entretanto, a principal função das anotações continuou a ser a coleta de pormenores. Por um lado, ele usava essa massa de material para refrear sua tendência a fazer especulações fantasiosas, a construir "séries" e "fórmulas" apressadamente e a sistematizar cedo demais. Numa carta a Sandor Ferenczi, no verão de 1915, logo depois de lhe haver remetido o rascunho de seu décimo segundo ensaio metapsicológico — que, de fato, era altamente especulativo, e que ele em pouco tempo rejeitou —, Freud escreveu, como que recriminando a si mesmo: "Afirmo que não devemos criar teorias — elas devem aparecer-nos em casa como visitas inesperadas, enquanto estamos ocupados com a investigação dos detalhes."[13] As anotações lhe relembravam e o advertiam constantemente da necessidade de voltar à investigação dos detalhes. Por outro lado, atendiam ao propósito imediato de preservar o material do qual pudessem emergir hipóteses e teorias posteriores, graças, até certo ponto, a um efeito cumulativo. Como descreveu ele em "A predisposição à neurose obsessiva",

> Este é o ponto de partida do pequeno novo fragmento de teoria que formulei. É apenas na aparência, naturalmente, que ele se baseia nesta única observação; na verdade, reúne um grande número de impressões anteriores, embora a compreensão delas só tenha sido possibilitada por esta última experiência.[14]

Ao folhear hoje as anotações manuscritas, tem-se a impressão de que, desde o início de seu trabalho, Freud preservou essas etapas preliminares de seus textos publicados. De tempos em tempos — e não apenas em 1938, ao fazer os preparativos para a emigração —, ele parece havê-las examinado e submetido a uma triagem. Aquelas de que ainda não se servira em seus textos publicados, mas que julgava dignas de serem guardadas, ou às quais ainda pretendia dar seguimento, eram transcritas ou recortadas. As outras, ao que parece, ele jogava fora. Ao ler essas folhas, é lícito supormos que esse método de inspeção e seleção assumia para Freud, às vezes, o caráter de um inventário crítico, uma historiografia pessoal de suas idéias.

Os manuscritos das anotações são muito valiosos para nosso conhecimento de Freud, pois contêm elementos da matéria-prima da obra e proporcionam um vislumbre singular, em primeira mão, do investigador do inconsciente *em seu trabalho* — profundamente particular e muito humano — e, de vez em quando, naquele jubiloso momento criativo em que uma observação, uma associação e a primeira formulação provisória de uma hipótese se entrelaçavam.

O mundo freudiano do trabalho

Patrick J. Mahony

Nas palavras do rei Macbeth,
*pereçamos na labuta.**

E ele trabalhou, trabalhou, trabalhou. Quilômetros a percorrer antes de dormir. Esquadrinhou seus sonhos e descobriu que também neles trabalhava, e então proclamou que todos fazemos o trabalho do sonho. E ouviu piadas, descobrindo-lhes a origem no trabalho do chiste. E escreveu sobre o seu eu infantil, com meros dezenove meses de idade, voluntariamente empenhado no trabalho infantil — em luto pela morte de seu irmão ainda menor, Julius —, e escreveu que todos fazemos o trabalho do luto, não apenas na morte, mas também no auge da vida. E escreveu um novo Gênesis, válido para o futuro e o passado. No início era o trabalho: a pulsão é "uma medida da exigência de trabalho feita à mente em conseqüência de sua ligação com o corpo".[1] E havia também o desejo: "Nada senão um desejo é capaz de pôr nosso aparelho psíquico para trabalhar."[2] E sucedeu que, ao preferir a psicanálise à hipnose, Freud privilegiou um tratamento que significava muito mais trabalho para o paciente — trabalho, elaboração e reelaboração.

Uma das inesquecíveis descobertas de Freud poderia servir de lema para seu compromisso de uma vida inteira com o trabalho. É difícil subestimar o valor que ele atribuía à função terapêutica do trabalho: "Nenhuma outra técnica de condução da vida liga tão firmemente o indivíduo à realidade quanto a ênfase no trabalho, pois este confere-lhe pelo menos um lugar seguro numa parte da realidade, na comunidade humana."[3] Com tudo isso, porém, havia um fator qualitativo na avaliação freudiana do trabalho: ele devia ser um *Leistung*, que significa, em alemão, "trabalho eficiente", "realização" ou "aproveitamento". A traiçoeira tradução de Strachey apresenta Freud como enfatizando que o médico almeja apenas restabelecer "um certo grau de capacidade de trabalho e prazer".[4] Mais do que em geral se reconhece, Freud tentou, durante toda a sua trajetória psicanalítica,

*A frase de Freud refere-se a *Macbeth*, Ato 5, Cena 5, último verso: "At least we'll die with harness on our back" [Ao menos morreremos sob os arreios]. (N. T.)

realizar ao pé da letra seu ideal do *Leistung*, ou êxito, numa vasta gama de atividades. Ainda se estão por fazer estudos pormenorizados e abrangentes sobre o trabalho clínico de Freud no dia-a-dia, sobre os anos em que ele lecionou na universidade, em congressos e em muitas sociedades, sobre seus escritos, sobre suas tarefas editoriais em periódicos de psicanálise, sobre seu papel incansável como fundador e organizador de sua própria associação psicanalítica, e sobre suas negociações editoriais com as gráficas ao longo dos anos, que consumiam um tempo enorme.

Os historiadores não se aperceberam plenamente de quanto o conceito de trabalho como uma realização *publicada* figurou nas primeiras relações pessoais de Freud, nem de quanto ele serviu de base para seu juízo crítico sobre terceiros. Por exemplo, Freud confidenciou que seu relacionamento com seu generoso mentor, Josef Breuer, deteriorou-se por causa da publicação: "Creio que ele nunca me perdoou por havê-lo induzido a escrever comigo os *Estudos* e, com isso, a se comprometer com uma coisa definitiva."[5] Um episódio mais revelador envolveu Wilhelm Fliess, o especialista em medicina interna que foi colega de Freud e seu amigo mais íntimo. Há um amplo reconhecimento de que a dupla se desentendeu por causa de discordâncias teóricas e de um número crescente de conflitos pessoais. Houve, porém, um outro fator de importância decisiva: o trabalho efetivo de publicação. Durante os anos de 1887 a 1900, período de sua amizade relativamente positiva, podemos acompanhar a decepção de Freud com o amigo, não apenas por questões teóricas, mas também pelo fato de Fliess não publicar nada, o que, para Freud, era um sinal de incapacidade ou ineficiência. À parte os escritos psicológicos de Freud, seus textos de neurologia durante esse período ultrapassaram numericamente os de Fliess num grau assombroso.

Naquele ano crucial de 1897, foi lançado o último trabalho de neurologia de Freud, sendo também publicado um livro que Fliess havia concluído no ano anterior. Fliess nunca havia conseguido acompanhar a fúria rítmica da produtividade de Freud, mas, de 1897 a 1900, ficou muito para trás e só conseguiu escrever um pequeno artigo. Embora o ideal de produtividade que ambos alimentavam se estivesse transformando rapidamente num sonho sem esperança, Freud continuou a importunar o amigo por um testemunho de competência na produção de textos. Abramos os envelopes que contêm quatro das cartas freudianas dessa época:

> Junho de 1897: [Espero] que, em vez de um pequeno artigo, tu nos apresentes, dentro de um ano, um livrinho que decomponha os segredos orgânicos.[6]

> Fevereiro de 1899: Não consegues escrever [nas cartas] sobre outra coisa senão o trabalho imensamente grande, que é árduo demais para as forças de um pobre ser humano.[7]

> Junho de 1899: Será que o anúncio de que estás empenhado na pesquisa significa, talvez, [que é isso] em vez de escreveres? E [portanto, significa] o adiamento da data em que poderei ler algo teu?[8]

> Agosto de 1899: Teu trabalho parece haver-se transformado numa pupa para mim: conseguirei apanhá-lo, como a uma borboleta, ou será que ele vai voar alto demais para mim?[9]

Obviamente, a contínua impossibilidade em que estava Fliess de produzir um trabalho eficiente e publicá-lo produzia não apenas impaciência em Freud, mas também um mal dissimulado desdém. Sabemos que Freud tinha uma energia espantosa. As férias tendiam a ser uma época não de repouso físico, mas de atividade incansável. Colegas muito mais moços observavam, durante suas caminhadas ou escaladas pelas montanhas, o quanto ele os superava em vigor. As tarefas intelectuais eram-lhe ainda mais estimulantes. Nas épocas melhores, Freud sentia-se impelido a passar a maior parte do dia no trabalho intelectual; nas piores, contava com ele para combater a depressão. Quando, por exemplo, a morte de seu neto favorito causou-lhe um enorme sofrimento, Freud escreveu a Ernest Jones descrevendo-o como "uma perda impossível de esquecer" e em seguida acrescentou: "Mas, deixemos isso de lado por ora, pois a vida e o trabalho têm de continuar enquanto durarmos."[10] Nessa mesma ocasião, enviou a seu amigo Oscar Pfister uma mensagem semelhante sobre o compromisso estóico com o trabalho: "Faço todo o trabalho que posso e sou grato por essa distração. A perda de uma criança parece ser um duro golpe contra o narcisismo; quanto ao luto, sem dúvida ele virá depois."[11] Só a mais incapacitante doença, já no fim da vida, desviou-o do atendimento de sua necessidade de estímulo criativo. Numa das primeiras cartas a Pfister, lemos o que talvez constitua a melhor descrição de Freud sobre sua sincera dedicação ao trabalho, esse "livre exercício da imaginação" do qual ele gostaria de desfrutar até a hora da morte:

> Não me sinto à vontade com a idéia da vida sem trabalho; o trabalho e o livre exercício da imaginação são para mim a mesma coisa, não sinto prazer em nada mais. Essa seria uma receita de felicidade, não fosse a idéia aterradora de que a produtividade depende inteiramente de uma índole sensível.... Tenho uma oração muito secreta: que eu seja poupado de qualquer desgaste e restrição da minha capacidade de trabalho pela deterioração física. Nas palavras do rei Macbeth, pereçamos na labuta.[12]

Freud queria morrer trabalhando, e realizou a parte preponderante desse desejo não em sonhos, mas na realidade.

Devemos dar pleno crédito à afirmação freudiana de que a coragem era um fator bastante favorável a seu compromisso com o trabalho. Como escreveu a Martha, sua noiva: "É provável que toda a minha capacidade de trabalho provenha do meu caráter.... [Meu colega Josef Breuer] disse-me haver descoberto que, sob a superfície de timidez, esconde-se em mim um ser humano extremamente ousado e destemido."[13] Longe de ser uma banalidade narcísica, essa auto-reflexão veio das profundezas de Freud e teria recebido pronto assentimento de Nietzsche.[14]

Foi a coragem, de fato, que ajudou Freud a divulgar teorias que perturbariam o sono do mundo; foi a coragem que o ajudou a continuar trabalhando enquanto enfrentava o isolamento social, quando não a ridicularização; e foi a coragem que lhe permitiu suportar a convulsão que se desenvolveu no seio da própria organização psicanalítica que ele fundou. É que essa organização, como as demais, não é um santuário privilegiado, livre das características indesejáveis que Freud descobriu na dinâmica da psicologia das massas:

> Tem-se a impressão de um estado em que os impulsos afetivos particulares e os atos intelectuais do indivíduo são fracos demais para resultar em alguma coisa sozinhos, e dependem inteiramente, sob esse aspecto, de serem reforçados por sua repetição de maneira semelhante nos outros membros do grupo. Isso nos lembra quantos desses fenômenos de dependência fazem parte da constituição normal da sociedade humana, quão *pouca originalidade e coragem pessoal* [grifo meu] são encontradas nela, e o quanto cada indivíduo é regido por essas atitudes da mentalidade grupal.[15]

No que diz respeito a esse aspecto, não devemos esquecer que um corajoso compromisso com suas próprias crenças impulsionou Freud até o fim da vida. A velhice, o câncer e mais de vinte cirurgias, em seus últimos anos, não o impediram de alterar publicamente suas posturas terapêuticas anteriores (1937) nem de criticar violentamente o anti-semitismo.

O ritmo furioso do trabalho de Freud era estimulado por uma motivação erótica sublimada. Não devemos subestimar a importância de sua confissão de que um ensaio intitulado "Natureza" havia influenciado sua decisão profissional de passar da filosofia para a medicina. Algumas descrições mitopoéticas da natureza ressoavam em seus ouvidos, como as seguintes: "Ela não habita em ninguém senão as crianças; e a mãe, onde fica? Ela é o único artista.... Decompôs a si mesma para se comprazer.... Ela me instalou do lado de dentro. E também me conduzirá do lado de fora. Estou comprometido com ela."[16] Como que estendendo esse ensaio à sua própria vida, Freud comprometeu-se com o estudo dessa "deusa", assinalando que seu herói, Leonardo da Vinci, defendia repetidamente "o retorno à Mãe Natureza".[17]

Ao trabalhar num texto, Freud tinha o hábito de falar de sua preocupação como de um sério caso amoroso. Considerava a expressão francesa que falava em esposar as idéias, *épouser les idées*,[18] como algo mais do que simples figura de linguagem. *A interpretação dos sonhos* é a manifestação mais reveladora desse sentido libidinal subjacente, como o é de muitos outros aspectos do trabalho freudiano. Como recurso expositivo em seu livro dos sonhos, Freud usou um cenário narrativo no qual acompanhava o leitor na exploração de uma paisagem admirável. Uma vez que o próprio Freud considerava a paisagem um símbolo materno, a viagem que ele retrata é mais do que um recurso artístico; na verdade, ele aliou sua exposição epistemológica a uma investigação retrospectiva do corpo materno, primeiro edipiano e, depois, pré-edipiano.[19] Poderíamos até dizer que todos os seus textos posteriores foram uma extensão do livro dos sonhos, registrando sua luta com uma Natureza/Mãe simbolizada.

O estímulo físico desempenhou um papel de peso entre os fatores que determinaram o estilo de trabalho de Freud. Se ele deixou escapar a descoberta das qualidades anestésicas da cocaína, não lhe passou despercebido o impacto dela na vitalidade das pessoas. A história de sua experiência com a cocaína começou no início da primavera de 1884. Em junho desse mesmo ano, um Freud extasiado redigiu orgulhosamente suas conclusões: "Experimenta-se um aumento do autocontrole e sente-se mais vigor e maior capacidade de trabalho; por outro lado, perde-se aquela intensificação das forças mentais que é induzida pelo álcool, chá ou café... Testei em mim mesmo uma dúzia de vezes esse efeito da coca, que afasta a fome, o sono e o cansaço e que nos reveste de coragem para o trabalho intelectual."[20] A recomendação bem-intencionada de que um amigo seriamente enfermo aceitasse injeções de cocaína levou a uma tragédia em virtude da adicção, e teve, ao lado de alguns outros lamentáveis acontecimentos posteriores, o efeito colateral de desanimar Freud quanto ao uso entusiástico da droga como meio de aprimorar seu trabalho.

Uma outra história de estimulantes físicos também foi trágica, mas não em termos imediatos. A etimologia do prenome de Freud (Sigmund = "boca da vitória") é uma glosa irônica sobre o fato de que fumar charutos tornou-se para ele uma dependência fatal; por mais benéfico que fosse para seu processo criador, essa dependência acelerou, se é que não causou, o câncer bucal que acabou por matá-lo. Freud consumia cerca de vinte charutos por dia[21] e, como nos diz repetidamente sua correspondência ainda não publicada com Max Eitingon, revoltava-se contra a idéia de se abster de seu *Arbeitsmittel* (remédio para o trabalho): "A soma de minhas várias moléstias levanta a questão de saber por quanto tempo ainda poderei continuar meu trabalho profissional, especialmente considerando que o abandono do dileto hábito de fumar acarretou uma grande redução de meus interesses intelectuais."[22] Não obstante, embora o fumo se convertesse numa necessidade na teorização criativa de Freud, ele percebeu que esse "meio de trabalho" o impedia de solucionar certos problemas psicológicos.[23]

O hábito autodestrutivo de Freud com a nicotina levanta a questão geral de sua necessidade da dor. Um aforismo encontrado já no final do *Projeto para uma psicologia científica* esclarece sua intensa dedicação pessoal ao trabalho: "O desprazer continua a ser o único meio de educação."[24] Com certeza, Freud teria acolhido com certa reserva o lamento da Rosalinda de Shakespeare: "Oh, como é cheio de espinhos esse mundo dos dias úteis!" (*As You Like it*, Ato 1, Cena 3, linha 12). Portanto, é um certo exagero acreditar que Freud tinha de trabalhar demais para sobreviver e que, se tivesse menos obrigações financeiras, teria explorado muito mais os seus dotes criativos. Há provas abundantes indicando o contrário: ele admitiu a vários amigos que precisava de uma certa dose de dor física ou psíquica para criar. Seu maior período de criatividade, aliás, foi acompanhado por um mal-estar intenso e prolongado. Um mês antes do lançamento dos *Estudos sobre a histeria*, Freud assim descreveu sua tirânica aspiração: "Um homem como eu não pode viver sem um cavalo de batalha, sem uma paixão obsedante, sem — nas palavras de Schiller — um tirano. Encontrei um. A serviço dele, não conheço limites."[25] Talvez Freud vacilasse diante da atração regressiva do bem-estar completo e, portanto, dependesse de um certo grau de irritação para impulsionar sua criatividade. A irritação, por conseguinte, era o requisito de Freud não apenas para o trabalho, mas para a *Leistung*, para trabalhar bem, realizar algo.

É preciso abordar, neste ponto, um equívoco atual sobre a criatividade em geral e a criatividade freudiana em particular. As pessoas que trabalham no campo sempre florescente das pesquisas sobre a criatividade têm contribuído muito para desfazer a falsa idéia de que cientistas de renome, funcionando num estado de inspiração contínua, criam produtos inteiramente acabados. Por exemplo, em seu aclamadíssimo estudo, Howard Gruber[26] demonstrou que Charles Darwin chegou gradativamente a suas descobertas através de um empenho perseverante, e não de surtos de inspiração criadora. O mês de outubro de 1897, extraordinariamente inspirador para Freud, foi a exceção que confirma a regra. A massa de seus textos particulares e públicos é um testemunho de seu desenvolvimento não linear; o leitor atento observa, sistematicamente, que várias idéias centrais foram vislumbradas, esquecidas, rejeitadas e repetidamente modificadas, até chegarem a sua forma final.

A atenção ao trabalho escrito de Freud permite-nos descobrir, como não o faz nenhuma outra consideração, esclarecimentos importantes sobre a origem da psicanálise, a natureza peculiar do talento freudiano e a singularidade do livro dos sonhos, a maior obra da história da psicanálise. A composição desse livro constituiu uma experiência organizadora na vida de Freud e teve uma influência profunda e duradoura. Na verdade, há muitas razões para afirmar que o restante da obra de Freud não passou de uma extensão da *Interpretação dos sonhos* e de sua auto-análise.

As seguintes constatações, que corrigem a aclamada exposição de Didier Anzieu,[27] destacam a modalidade do trabalho de Freud em sua auto-análise:[28]

1. Em maio de 1897, Freud sentou-se para trabalhar em sua *Interpretação dos sonhos* mas logo se viu paralisado por um bloqueio, que então precipitou uma auto-análise sistemática a partir de junho de 1897.

2. A parte mais tortuosa e também mais sublime da carreira literária de Freud foi sua auto-análise, que se concentrou nos sonhos e foi feita por escrito. Sua experiência auto-analítica foi guiada pelo princípio de que os sonhos são recuperáveis, como transcrições psíquicas por excelência, através de sua transcrição e interpretação externalizadas; em todos os sentidos, sua auto-análise foi um rito de passagem.

3. A natureza impulsiva e simbólica da escrita de *A interpretação dos sonhos* mostra que sonhar e escrever eram, para Freud, atividades menos correlatas do que implicadas uma na outra.

4. A autoterapia de Freud não foi apenas uma análise pela escrita, mas também uma análise pela publicação.

5. Uma vez que seu trabalho de escrita era um "passar a limpo", em todos os sentidos dessa expressão, sua análise de si mesmo foi apenas parcial.

6. Pertinentemente, durante o período de sua análise pela escrita, Freud não realizou um só "tratamento pela fala".

Depois da década de 1890, a auto-análise escrita de Freud prosseguiu de diversas maneiras durante toda a sua carreira. Até sua filha veio a adotar essa prática, como se lê numa carta não publicada que ela dirigiu ao pai: "Finalmente também acredito agora em sua idéia de que, quando se está sozinho, só é possível analisar os sonhos através da escrita."[29]

Com o passar do tempo, Freud veio a encarar a escrita como um alívio necessário do trabalho clínico. Como confessou a Karl Abraham, "tenho que me recuperar da psicanálise trabalhando, pois, de outro modo, não conseguiria suportá-la".[30] Mas havia um nível mais profundo de sentido na escrita de Freud: mais do que um simples meio de trabalho, escrever era, para ele, uma experiência pessoal e profissionalmente organizadora e criativa. Ele teria concordado com Santo Agostinho, que disse: "Confessadamente, portanto, procuro incluir-me entre aqueles que escrevem à medida que progridem e progridem à medida que escrevem."[31] Dentro dessa orientação, podemos lembrar que, muitas vezes, Freud dividia seu trabalho literário em dois tipos: o encomendado (que não lhe agradava) e o espontâneo. Neste último tipo, Freud criou um instrumento que estimulava seus processos críticos e associativos e os de seus leitores.[32] Sua ousada iniciativa mostrou, em parte, sua maneira de lidar com a kafkiana consciência de que sua linguagem científica era, por natureza, metafórica e deturpadora, e de que, não obstante, era *apenas* em virtude dessa deturpação que ele podia perceber os processos psíquicos.[33] É muito pertinente que os célebres relatos de casos clínicos de Freud, muito mais do que seus tratados culturais gerais, destaquem-se como autênticos exemplares de uma composição movida pelo impulso.[34]

Uma mensagem crucial dos textos de Freud é que ele espera que seus leitores trabalhem para compreendê-lo; em outras palavras, ele nos convoca para um "trabalho da leitura". Permeando seus textos está implícita a compreensão de que qualquer assunto, em especial a psicanálise, é passível de uma leitura equivocada; sua exposição da psicanálise, além disso, traz o apelo implícito de uma psicanálise aplicada ao próprio sujeito. Assim, mais do que qualquer outra pessoa, Freud nos diz qual é a melhor maneira de lê-lo, no sentido de que todos os seus escritos sobre a psicopatologia são também esclarecimentos reflexivos sobre a compreensão e a má compreensão do texto. Em qualquer de seus escritos, Freud adota a estratégia de fazer seu público ler de uma certa maneira; o leitor atento se concentrará tanto no conteúdo quanto na estratégia da comunicação. Em suma, uma leitura bem informada de Freud implica examinar a tensão entre sua recomendação global sobre a maneira de ler sua obra e as estratégias particulares contidas em qualquer texto específico.[35]

Freud não foi apenas um grande escritor, mas teve uma produção de dimensões prodigiosas. Escrever era essencial para sua identidade profissional e pessoal, e ele escrevia constantemente — inclusive tratados pré-analíticos e analíticos acabados, rascunhos, diários de viagem, livros de visitas, agendas, anotações abundantes, registros cronológicos, traduções e uma montanha de cartas. Embora ele tenha destruído uma grande quantidade de seus manuscritos em pelo menos três ocasiões (1885, 1907 e 1938), o que restou de sua produção literária é impressionante. Se considerarmos uma estimativa de 14.000 cartas preservadas, dentre as cerca de 20.000 que Freud escreveu, e se cada uma delas fosse editada de maneira a ocupar, em média, uma página e meia em texto impresso, teríamos uma edição com 21.000 páginas, ou mais de três vezes a extensão da *Standard Edition of the Complete Psychological Works of Sigmund Freud.* Como um sonho à espera de um futuro indefinido, a publicação completa da obra existente de Freud abrangeria facilmente uns 150 volumes.

Concluamos pelo fim da vida de trabalho compulsivo de Freud. Poderíamos imaginá-lo, num silêncio cansado, lendo estas palavras do ensaio "O método da natureza", de Emerson: "Quando a natureza tem um trabalho a fazer, ela cria um gênio para fazê-lo." Melhor ainda, poderíamos imaginá-lo entoando, com Ovídio, a altiva exclamação:

> *Iamque opus exegi quod nec Iovis ira nec ignis*
> *nec poterit ferrum nec edax abolere vetustas.*
>
> E agora concluí uma obra que nem a ira de Júpiter nem o fogo nem o ferro nem a velhice devoradora conseguirão destruir.
>
> (Ovídio, *Metamorfoses*, livro 15, linhas 871-2; tradução minha).

Notas de Sigmund Freud sobre rostos e homens

NATIONAL PORTRAIT GALLERY,
13 DE SETEMBRO DE 1908

Michael Molnar

Notas de Freud, traduzidas para o inglês por Michael Molnar[1]

13 SET. 08
NOTAS SOBRE ROSTOS E HOMENS
NATIONAL PORTRAIT GALLERY

Shakespeare parece completamente excepcional, completamente não inglês — Jacques-Pierre.

Em geral, a aparência das pessoas não mostra que elas sejam coisa alguma, muito menos o que são.

Quase todos os reis e nobres são meio parecidos, mas talvez seus ornamentos tenham muito a ver com isso. Eles tinham um papel muito menor nos retratos antigos, não se sentia vergonha, naquela época, da própria feiúra característica. É claro que é preciso levar em consideração o pintor. Em alguns quadros [é] fácil ver como ele estraga um rosto.

Os grandes heróis muitas vezes têm rostos de criança, como Nelson e Wolfe. As expressões verdadeiramente heróicas, na tradição do Zeus de Fídias, pertencem a artistas: lorde Leighton, Tennyson, Bulwer. Nos atores, de certo modo, falta independência. Menos ainda podem ser observadas no rosto dos grandes médicos e cientistas naturais, só Darwin tem uma fisionomia gloriosamente idiossincrática, mas não a de um investigador científico. Os filósofos são quase todos emaciados, o abstrato é visível. Locke, até Newton.

Somente em um rosto, Sydney Smith, o humor compõe o conteúdo das feições, como também da vida e da obra. Matros [?] Fox tem uma fisionomia incrivelmente má. Pitt [tem] o rosto de um verdadeiro rei, mais parecido com um rei do que os Georges, um pouco como o imperador José—

Castlereagh, a grande semelhança com o jovem Bonaparte.

Guilherme III astuto e perverso, como Walter Fürst. Visível a beleza de alguns generais: Marlborough. Os nobres têm os melhores rostos.

É natural que a aparência das pessoas mostre apenas o grau de sua grande sublimação: filósofos, clérigos, não médicos e estudiosos, que podem extrair grande satisfação de seu trabalho.

O rosto é a raça, a família e a predisposição constitucional, dentre os quais só este último fator é interessante, na verdade basicamente matéria-prima; há muito pouco de experiência nele, muito menos de escolha da carreira.

Parece que a natureza do herói e a do conquistador têm que se contentar freqüentemente com o tornarem-se escritores e artistas, porque não encontram nenhum caminho aberto.

Os escritores natos parecem ser os que continuaram infantis: Goldsmith, Shelley.— Mill & Pope [têm] rostos de clérigos animados — assexuais —

[As] mulheres famosas [são] feias, em princípio.— Os tipos europeus obviamente ressurgem por toda parte. Lorde Leighton — muito parecido com Krafft-Ebing.

— Apenas o humor transparece nas feições, parece constitucional. Estudiosos e cientistas com muita freqüência completamente insignificantes.

Shakespeare é uma cabeça típica, como Homero — Gomperz — Em. Loewy — Hartel — Sócrates.

Algumas pessoas têm um aspecto completamente original, só se parecem com elas mesmas.

Nicholas Bacon é um acromegálico brutalmente jovial.

Byron obviamente se preocupava em se arrumar.

Contexto das "Notas sobre rostos e homens"

> Londres é um tema de estudo tão vasto, que qualquer tentativa desassistida de explorar suas ruas intrincadas e visitar os muitos objetos de interesse acarreta uma despesa considerável e uma grande perda de tempo.[2]

"Se fizerem uma caminhada pelas ruas de Londres", escreveu Freud, "vocês verão, em frente a um dos grandes terminais ferroviários, uma coluna gótica ricamente entalhada — Charing Cross." Isso parece o começo de um guia turístico, mas a frase vem da primeira palestra feita na Universidade Clark, em 1909, e o assunto era a memória. Mais adiante, Freud comparou Charing Cross e "o Monumento" do centro financeiro de Londres aos símbolos da memória. O histérico, acrescentou, é como um londrino que ainda chora ao ver essas representações de desgraças passadas, pois "*os pacientes histéricos sofrem de reminiscências*".[3]

Toda cidade é assombrada por traumas do passado comemorados por monumentos, embora sua arquitetura não seja mais estática do que as próprias lembranças. A Charing Cross original, na verdade, foi destruída em 1647, havendo-se construído uma réplica inexata em 1863: na inscrição que há no monumento, uma parte que responsabilizava uma "facção papista" pelo grande incêndio de 1666 foi apagada em 1830. Os londrinos dão pouca atenção a essas relíquias. É o turista, com seu guia na mão e nenhum outro afazer a lhe desviar a atenção da história, em especial o turista solitário, que se aproxima mais de perto do histérico exemplar.

Em setembro de 1908, Freud visitou Londres pela primeira vez. Passou uma semana andando por suas ruas e parques, visitando museus e escrevendo cartas para casa, nas quais descrevia a cidade e seus habitantes, dava detalhes sobre seus gastos e seus planos de viagem e se queixava repetidamente da solidão. Mas Londres não era responsável, acrescentou, pelo fato de a única pessoa que ele poderia visitar não se encontrar lá na época. Ele não forneceu o nome dessa pessoa, mas uma carta anterior, escrita em Manchester, observava que não iria encontrar-se com seu sobrinho John, que estava viajando. Talvez John se houvesse mudado para Londres; seja como for, a carta que Freud escreveu em Manchester é a última referência a esse nome.[4]

O mistério do desaparecimento de John da vida de seu tio — e, ao que parece, da face da Terra — é uma curiosa nota de rodapé no relacionamento de Freud com a Inglaterra, ou até com as outras pessoas em geral. É que John era uma figura chave nas lembranças infantis que Freud examinou em sua auto-análise, na década de 1890: fora seu primeiro parceiro de brincadeiras e seu primeiro rival, um precursor da futura necessidade freudiana de um amigo íntimo e um inimigo.[5]

A ausência de John (ou seja lá que outra pessoa fosse) deixou Freud sozinho com as lembranças, as da cidade e as suas. Estas nem sempre podem ser distinguidas, embora se tratasse de sua primeira visita. Um lugar é uma cultura, e Freud estivera em contato com a idéia da Inglaterra desde a diáspora de sua família. A primeira prova desse contato, e seu primeiro texto conhecido, é uma carta de mais ou menos 1863, escrita quando ele tinha sete anos, enviada a Manchester em resposta a uma carta (perdida) de John. Ficara contente ao receber essa carta, escreveu Freud, mas, infelizmente, nada entendera dela. (É provável que seu antigo companheiro/rival estivesse novamente demonstrando sua superioridade, escrevendo em inglês.) A resposta não foi endereçada a John, mas ao pai dele, Emanuel. Portanto, Freud havia superado sua ignorância transferindo sua atenção e seus afetos do filho para o pai, num ato de *Aufhebung* ou anulação, equivalente à sublimação.[6]

No começo de setembro de 1908, Freud havia passado uma semana com Emanuel, que era 23 anos mais velho do que ele — um benevolente meio-irmão e meio-pai. Depois dessa temporada no norte da Inglaterra, onde ele tivera todo o conforto e a companhia que poderia desejar, a solidão de Londres foi um choque e, em 12 de setembro, Freud teve um grande crise de saudade. No dia seguinte, porém, estava recuperado e desfrutou de um longo passeio pelo Hyde Park. Sua narrativa, numa carta para casa, mistura indiscriminadamente o passado e o presente, a vida de pessoas reais e os monumentos: menciona a beleza dos contos de fadas dos bebês ingleses e a feiúra igualmente fabulosa de suas babás, e descreve o Albert Memorial, com seus símbolos petrificados das artes e ciências. Freud também reparou no obelisco próximo, em homenagem a John Hanning Speke, descobridor da nascente do Nilo. Porventura não se referira ele certa vez, em "A etiologia da histeria", à sua própria "descoberta de uma *caput Nili* da neuropatologia", ou seja, o efeito patológico das experiências sexuais infantis?[7]

A carta de 13 de setembro, com esse despreocupado guia turístico sobre o Hyde Park, talvez tenha sido redigida por volta do meio-dia, antes da visita à National Portrait Gallery. Tal como o Albert Memorial, visitado naquela manhã, a galeria foi outra fonte do "teatro da memória" — no caso, um teatro especificamente inglês. O único registro freudiano dessa visita consiste na página e meia de notas rabiscadas que traduzimos acima; seu principal objetivo parece ter sido o de enquadrar retratos particulares em grupos ou tipos genéricos.

Na época, tal como hoje, a National Portrait Gallery dividia-se em períodos históricos e profissões. Assim, os líderes militares, os governantes ou os homens de letras têm suas salas separadas; é bem possível que isso tenha dado a Freud a idéia de identificar fatores comuns na aparência deles. A galeria foi feita para retratar a evolução de uma nação e, ao ser fundada, em 1856 (ano do nascimento de Freud), foi planejada como um arquivo visual da história britânica. A excelência artística não constituiu um dos critérios de seleção e, como observou Freud, "em alguns quadros, é fácil ver como ele [o artista] estraga um rosto". Mas esse não foi o principal obstáculo a seus objetivos classificatórios. Ainda que desconsideremos, como fez Freud, as convenções artísticas que intervêm necessariamente entre o objeto e o observador, qualquer tentativa de relacionar a psicologia dinâmica com um retrato estático é contraditória. Conseqüentemente, suas observações mesclam categorias psicanalíticas com a classificação biológica genérica.

A sublimação e a tipologia do caráter são dois temas claros que dão estrutura a essas anotações, aparentemente feitas ao acaso. Isso levanta a questão de por que elas nunca viriam a ser utilizadas ou mais trabalhadas. Entre várias probabilidades, uma é que esses temas tenham fluído para outros trabalhos desse período, em especial "Moral sexual 'civilizada' e doença nervosa moderna", assim como "A *Gradiva* de Jensen", "Leonardo da Vinci" e "Caráter e erotismo anal", ou que, inversamente, tenham derivado de trabalhos anteriores, como os *Três ensaios sobre a teoria da sexualidade*. Outra razão provável é que as notas são muito específicas dessa galeria. Além disso, teria sido difícil complementá-las por escrito sem novas referências aos retratos, e outros trinta anos se passaram antes que Freud voltasse a Londres. Uma terceira razão, já indicada, é que qualquer narrativa potencial que vincule a aparência estática a uma visão evolutiva do caráter implica um choque entre sistemas de classificação. Somando-se à estrutura conceitual não resolvida, existe a possível complicação da transferência não resolvida para os retratos.

Podemos ilustrar melhor esta última conjectura fazendo referência a dois rostos extraordinários que captaram a atenção de Freud, em parte porque nenhum dos dois parecia enquadrar-se no tipo adequado. O primeiro foi o retrato de Shakespeare pintado por Chandos (catálogo nº 1 da listagem da coleção), que foi objeto da primeira anotação de Freud: "Shakespeare parece completamente excepcional, completamente não inglês — Jacques-Pierre." Essa é também a nota de abertura de um tema que depois envolveria Freud mais profundamente, qual seja, a identidade do "homem de Stratford". Mas, nessa ocasião, em 1908, tratava-se primordialmente da tipologia — Shakespeare parecia "não inglês". "Jacques-Pierre" é uma referência à conjectura de que o nome Shakespeare teria tido origem francesa, com isso resgatando o bardo para a parte continental da Europa.[8]

Apesar de sua anglofilia e de seus parentes naturalizados britânicos, Freud ainda encarava os ingleses como estrangeiros e, por conseguinte, inacessíveis sob alguns aspectos. No Hyde Park, naquela manhã de domingo, ele os estivera observando, assim como a seus hábitos, com muita simpatia; sua atenção para os traços nacionais ou a ausência deles continuou na galeria de retratos naquela tarde. Como Shakespeare era parte integrante de sua cultura, à semelhança de Goethe ou Heine, podemos entender esse esforço de resgatá-lo para a Europa continental. Uma nota subseqüente refere-se ao "tipo europeu", num contraste implícito com o tipo inglês ou celta. Essa fisiologia racial pode ser vista numa anotação posterior sobre Shakespeare, na qual ele é representado entre um grego da Antigüidade, um arqueólogo judeu, um ministro da educação austríaco e um sábio grego, o que o coloca francamente no rebanho europeu: "Shakespeare é uma cabeça típica, como Homero — Gomperz — Em. Loewy — Hartel — Sócrates." Uma vez que "cabeça" (*Kopf*) também denota pensador, e já que todos esses são intelectuais, parece que a forma craniana, nesse caso, está sendo ligada a uma configuração ou predisposição do caráter.[9]

Esse Shakespeare europeizado prenuncia a figura que acabaria por se tornar o candidato freudiano favorito ao título de Bardo: Edward de Vere, o décimo sétimo conde de Oxford. Como homem da corte e descendente da antiga nobreza anglo-normanda, de Vere parecia uma figura muito mais culta, mais cosmopolita e, acima de tudo, mais acessível do que o aldeão de Stratford. Nesse ponto, convém notar a semelhança dessa manobra de resgate cultural com a que foi feita com Moisés. No lugar de um homem de origem primitiva e tribal, Freud colocaria um aristocrata refinado. O motivo da substituição, em ambos os casos, parece similar — o intelecto, ao qual é preciso dar primazia, deve ser representado por um indivíduo culto, que tenha sublimado suas pulsões.

Durante seus passeios por Londres, Freud, como quase todo bom turista, visitou a abadia de Westminster. Ali, junto ao túmulo de Elizabeth I, foi levado a considerar um problema shakespeariano: as incoerências psicológicas de *Macbeth*, que ele julgava ligarem esse rei e sua mulher a seu protótipo histórico comum — a rainha Elizabeth. Parte dessa questão foi discutida em "Os que são destroçados pelo sucesso" (*Alguns tipos de caráter encontrados no trabalho psicanalítico*, 1916). Uma outra parte tinha implicações biográficas: como poderia o plebeu de Stratford ter tido algum contato com o caráter da rainha, ou algum conhecimento dele? Um livro de J. Thomas Looney, que Freud leu na década de 1920 — *"Shakespeare" Identified in Edward de Vere, the Seventeenth Earl of Oxford* —, parece ter fornecido a resposta. Mas, admitiu Freud, no final, "com respeito às pessoas do passado, ficamos na mesma situação que com os sonhos sobre os quais não nos é fornecida nenhuma associação".[10]

O outro rosto extraordinário foi o de Charles Darwin: "Menos ainda podem [elas] ser observadas no rosto dos grandes médicos e cientistas naturais, só Darwin tem uma fisionomia gloriosamente idiossincrática, mas não a de um investigador científico [*Forscher*]." Uma anotação posterior procura indicar por que, em geral, os médicos e cientistas são tão desprovidos de traços marcantes: "É natural que a aparência das pessoas mostre apenas o grau de sua grande sublimação: filósofos, clérigos, não médicos e estudiosos[,] que podem extrair grande satisfação de seu trabalho." Um corolário dessa nota apareceu nos *Três ensaios sobre a teoria da sexualidade*:

> Aquilo a que chamamos o "caráter" de uma pessoa constrói-se, numa boa medida, a partir do material das excitações sexuais, e se compõe de pulsões fixadas desde a infância, de outras obtidas por sublimação e de construções destinadas ao refreamento eficaz de pulsões perversas, reconhecidas como inutilizáveis.[11]

A implicação da nota freudiana feita na galeria talvez seja que a religião e a filosofia não oferecem nenhuma saída prática para a energia pulsional, donde o esforço contínuo de sublimação ser o que deixa mais vestígios físicos. Por outro lado, como a atividade dos médicos e cientistas ou dos estudiosos permite que uma parte da energia pulsional se ligue a um objeto do mundo, sua sublimação, menos trabalhosa, deixa menos vestígios visíveis. Tudo isso levanta a questão incidental de como a sublimação se relaciona com o recalcamento, e de saber se também o recalcamento é fisicamente representado, pois as notas referem-se apenas à sublimação como o fator que dá conformação aos traços individuais.

Além disso, a sublimação opera nos confins de uma conformação cuja determinação é genética e racial: "O rosto é a raça, a família e a predisposição constitucional, dentre os quais só este último fator é interessante, na verdade basicamente matéria-prima; há muito pouco de experiência nele, muito menos de escolha da carreira." Esse comentário, que aparece depois da metade das anotações, parece ser o resultado da observação de diversos salões da galeria (ou talvez de toda ela, se as notas foram redigidas depois), sem chegar a nenhuma conexão geral entre o rosto e a profissão.

As notas entrelaçam linhas de pensamento diferentes. Por exemplo, os reis e os nobres são parecidos ("mas talvez seus ornamentos tenham muito a ver com isso"), o que depois reaparece como "Os nobres têm os melhores rostos". Ou então, retomam-se alguns comentários iniciais sobre a infantilidade e os rostos heróicos, numa observação sobre a beleza flagrante de alguns líderes militares, como Marlborough. Os temas da beleza, do heroísmo e da infantilidade são uma espécie de revisão conceitual secundária do passeio matinal pelo Hyde Park, com seus monumentos heróicos e seus bebês e babás de contos de fadas. Todavia, e mais importante, eles refletem aspectos da sublimação. Alguns dos genótipos ocupacionais mais marcantes são aqueles em que a sublimação parece ser concomitante a um severo recalcamento. A emaciação do pensamento abstrato marca Locke e Newton; Mill e Pope têm uma expressão "clerical", assexuada. Mas a beleza e a infantilidade podem ser produtos de uma trajetória que vem diretamente das fantasias infantis, como no caso dos poetas (Shelley e Goldsmith) ou dos líderes militares (Nelson e Wolfe). É que a realização das fantasias infantis significa felicidade, e isso acarreta menos distorção da predisposição constitucional do que as combinações mais emaranhadas de sublimação e recalcamento. Também é interessante que escritores e heróis se fundam em três rostos heróicos: lorde Leighton, Tennyson e Bulwer-Lytton. Aqui, ao menos uma vez, a influência da convenção artística é invocada, pois os três são comparados ao Zeus de Fídias; mas Freud não menciona que todos os retratos citados são de autoria de G.F. Watts e foram pintados no estilo pseudoclássico vitoriano.[12]

O nítido contraste entre os poetas, infantis ou heróicos, e os médicos e cientistas, indefinidos, tem toques velados de um antigo conflito da vida de Freud na escolha de sua carreira. Foi durante sua primeira temporada na Inglaterra em 1875, quando jovem estudante, que ele reconsiderou seu ideal anterior de fazer pesquisa pura. Em 9 de setembro de 1875, uma carta a seu amigo Eduard Silberstein documentou essa mudança:

> Quem sabe, caro amigo, se, depois de eu concluir meus estudos, um vento favorável não me soprará para a Inglaterra, para eu fazer trabalhos práticos. Deixa que eu te confesse: agora tenho mais de um ideal: o prático foi somado ao ideal teórico de anos atrás. Se me perguntassem no ano passado qual era meu maior

> desejo, eu teria respondido: um laboratório e tempo de folga, ou um navio no oceano, equipado com todos os instrumentos de que um cientista precisa; agora fico em dúvida se não deveria dizer: um grande hospital e muito dinheiro, para reduzir ou eliminar algumas das doenças que afligem nosso corpo... Um homem respeitado, com o apoio da imprensa e dos ricos, poderia fazer maravilhas para aliviar os males físicos, se houvesse nele bastante do desbravador para conceber novos caminhos terapêuticos.[13]

Talvez Freud estivesse influenciado pelas impressões de seus parentes que se haviam "saído bem" na Inglaterra. Até sua ambivalente descrição do sobrinho John, como "um inglês sob todos os aspectos, com um conhecimento de línguas e assuntos técnicos que ultrapassa em muito a educação comercial costumeira", tem um toque de aprovação, e as cartas mostram, em geral, que ele respeitava a vida prática dos Freud de Manchester. Por ora, ele mesmo ainda não tinha nada além de suas fantasias.

Acima de tudo, porém, foi provavelmente a admiração pela tradição científica britânica que o inclinou a se afastar da pesquisa pura em favor de uma carreira mais útil em termos sociais. A filosofia que ele estava lendo naquele ano, sob a orientação de Franz Brentano, reforçava essa tendência, pois sua carta a Silberstein comenta: "Estou mais desconfiado do que nunca da filosofia." E a carta trazia uma lista de honra britânica, com cientistas que se haviam transformado em seus modelos: "Tyndall, Huxley, Lyell, Darwin, Thomson [depois, lorde Kelvin], Lockyer et al."

Ao entrar na National Portrait Gallery em 13 de setembro de 1908, Freud estava ingressando nesse aspecto de sua própria história, assim como na da Inglaterra. Muitos outros retratos também tinham lugar de destaque em seu panteão pessoal; quando jovem, ele lera lorde Macaulay com prazer e John Stuart Mill com respeito. Durante seu noivado com Martha Bernays, escreveu sobre seu amor pelo *Paraíso perdido* de Milton e falou da revolução puritana como o período da história mundial que mais lhe interessava; mais tarde, expressaria sua admiração por Cromwell dando a seu segundo filho o nome de Oliver.[14] Todos esses rostos, assim como os de outras figuras literárias e científicas eminentes, fizeram da galeria que Freud percorreu em setembro de 1908 um teatro da memória particularmente evocador. As ambições do passado ou os sonhos distantes de aventura podem ser revividos à visão de antigos heróis. Tais lembranças talvez estivessem subjacentes à pergunta implícita nessas notas, referente à natureza da literatura e da ciência: a infantilidade e o heroísmo dos poetas contrastam nitidamente com a qualidade indefinida dos médicos e cientistas. Os retratos representam epistemologias.

Somente Darwin, o grande precursor de Freud, é "idiossincrático" entre os cientistas sem rosto, e não há nada de infantil em Shakespeare, "o grande psicólogo".[15] Separados, seus retratos representam um conflito não resolvido entre as narrativas da memória e as leis da ciência; juntos, sua presença nessas anotações compõe uma espécie de imagem híbrida, ou condensação, desses dois problemáticos princípios fundamentais.

O rosto é sempre uma interface ou conjunção da mente e do corpo. "O rosto é a raça, a família e a predisposição constitucional...": essa nota traz os fatores genéticos para o primeiro plano, deixando pouco espaço nesse quadro para a atividade mental. Se a "constituição" é a base biológica da mente, a "predisposição" é a parte dela que é afetada pelas experiências de vida; assim, a expressão "predisposição constitucional" encerra uma mescla incômoda de biologia e psicologia.

Na medida em que procuram reduzir a distância entre aparência e experiência, essas anotações parecem um retrocesso teórico. Como a psicanálise havia adotado estratégias narrativas, a complexidade dinâmica da memória e da experiência narradas reduziu progressivamente a importância das tipologias físicas estáticas. Assim, as notas ficaram marginais e não publicadas, como mais um projeto abandonado. Entretanto, alguns temas que elas esboçaram, como os traços físicos da sublimação, persistiram. Em Londres outra vez, decorridos trinta anos e logo depois de haver concluído seu curioso "romance histórico", *Moisés e o monoteísmo*, Freud teria comentado com Salvador Dali que "Moisés é a sublimação feita carne".[16] Mas essa frase é enigmática, sua fonte é duvidosa e a questão de seu sentido continua forçosamente em suspenso, como as anotações e seus retratos.

Retrato de um leitor de sonhos[1]

John Forrester

A interpretação dos sonhos, escreveu Freud em 1931, "contém a mais valiosa de todas as descobertas que tive a sorte de fazer. Uma descoberta como essa só nos acontece uma vez na vida."[2] Os críticos e admiradores concordam.[3] Quais são os ingredientes da *Interpretação dos sonhos* que convencem a todos de sua importância?

A interpretação dos sonhos é muitas coisas: um tratado erudito, um conjunto engenhoso mas lúcido de normas para interpretar sonhos e uma ousada teoria científica dos sonhos, sobre a qual se erigiu uma psicologia revolucionária do inconsciente. Mas é também uma janela para a vida interior de seu autor e um diário íntimo da vida e da obra de um médico judeu culto, que viveu na Viena do *fin-de-siècle* e registrou com ironia e humor a vida privada de seus pacientes cultos e espirituosos, assim como a sua. Sob um disfarce imperfeito mas deliberado, o livro mapeia uma aventura, uma jornada em busca de um Santo Graal científico que tornaria rico, honrado e famoso para sempre o seu descobridor. E por último, numa prosa de imensa excelência, com apartes e reflexões sobre as fraquezas, as falhas e as motivações profundas de todos os seres humanos, ele pertence à tradição dos ensaios de moral. *A interpretação dos sonhos* é todas essas coisas, mas é também algo mais: é o documento fundador de um novo movimento científico, assim como fora, quarenta anos antes, *A origem das espécies*, de Darwin.

Freud reconheceu essas muitas facetas e as tensões entre elas:

> Pois este livro tem para mim, pessoalmente, uma outra significação subjetiva — uma significação que só captei depois de o haver concluído. Ele foi, como constatei, parte de minha auto-análise, minha reação à morte de meu pai — isto é, ao acontecimento mais importante, à perda mais pungente da vida de um homem. Depois de descobrir que era assim, senti-me incapaz de obliterar as marcas dessa experiência. Para meus leitores, entretanto, será indiferente o material com que eles aprendam a valorizar e a interpretar os sonhos.[4]

Por mais autobiográfico que seja, diz Freud, o livro se mantém como uma obra de ciência: a dimensão pessoal concomitante dos sonhos e suas análises pode ser descontada pelos leitores de Freud sem nenhuma perda da substância.

"Como pode um texto autobiográfico", pergunta com perspicácia Jacques Derrida, "no abismo de uma auto-análise inacabada, dar origem a uma instituição mundial?"[5] Em completo contraste com a postura de indiferença em relação ao autor, que Freud recomenda seja adotada pelo leitor, há uma visão oposta que reconhece que, precisamente por ser "uma parte de minha auto-análise", o livro é exemplar e originador da própria psicanálise: é a primeira auto-análise da história, e a epítome de todas as análises.[6] O livro do sonho funciona, para o leitor, do mesmo modo que todas as realizações científicas de primeira grandeza na descrição que delas forneceu Thomas Kuhn: como um paradigma, ou melhor, um exemplo do método, da teoria e até da vida interior.[7]

Se, como afirmam muitos analistas, a verdadeira auto-análise é impossível, quem foi o analista de Freud? Os dois candidatos mais óbvios são Wilhelm Fliess e os pacientes de Freud (um analista coletivo). A maioria tem presumido que a análise de Freud foi realizada através de sua intensa amizade com Fliess, primordialmente conduzida nas cartas de Freud a sua "única platéia" em Berlim, e complementada pelos encontros ocasionais entre os dois. A análise de Freud, como ele mesmo a descreveu em *A interpretação dos sonhos*, publicada no fim de 1899, baseou-se, em parte, na transcrição metódica de seus sonhos, que era destinada apenas aos olhos de Fliess.[8] Durante todo o ano de 1897, as cartas de Freud a Fliess mostram-se repletas de avanços nas idéias clínicas e teóricas, confissões de sonhos e da infância, queixas sobre o próprio corpo e histórias de família. Depois, em dezembro desse ano, Freud começa a escrever ao amigo num novo gênero: "a Dr[eckologie] [merdologia], na qual deposito agora minhas novidades".[9] Incluídos na "Dreckologie" estavam os sonhos, que Freud pedia a Fliess para lhe devolver a fim de que fossem inseridos, provavelmente com poucas emendas, no livro dos sonhos.

Assim sendo, a hipótese de Fliess ter sido o analista de Freud leva, inexoravelmente, à postulação de que todo leitor coloca-se na cadeira de leitura de Fliess e se torna analista de Freud. Ser esse analista é ser objeto de uma transferência, cujos vestígios podem ser detectados na maneira como o escritor invoca e convoca a sombra de Fliess — o leitor. O indicador mais marcante disso é o conceito e a função do censor. A idéia do censor, tão central na teoria freudiana dos sonhos, desenvolveu-se *pari passu* com as intervenções de Fliess como censor na composição do primeiro manuscrito de Freud, na primavera de 1898. O primeiro indício da idéia de censura é a "censura russa" aos textos dos jornais estrangeiros que cruzavam a fronteira, a qual aparece em dezembro de 1897: "Palavras, expressões e frases inteiras são tarjadas de negro, de tal sorte que o restante torna-se ininteligível."[10] Em maio de 1898, Freud estava escrevendo em ritmo acelerado, enviando dois capítulos a Fliess em menos de três semanas, e com este já firmemente instalado no lugar de censor onipotente do autor, se não ainda do sonhador:

> Modificarei tudo o que quiseres e aceitarei de bom grado as contribuições. Sinto-me contentíssimo por me estares oferecendo a dádiva do Outro, do crítico e leitor — e com a tua qualidade, ainda por cima. Não consigo escrever inteiramente sem platéia, mas não me importo nem um pouco em escrever só para ti.[11]

Na reunião que Freud e Fliess tiveram no início de junho, este exerceu sua influência de maneira decisiva, censurando, no manuscrito do livro dos sonhos, o único sonho completamente analisado de Freud, o que paralisou a redação freudiana: ele ainda continuava a "chorar o sonho perdido"[12] em outubro de 1898. Em dezembro de 1898, Freud resolveu enfrentar a bibliografia sobre os sonhos; em maio de 1899, ainda estava agitado, mas de repente, no fim do mês, entregou-se ao trabalho com afinco e confiança redobrada. Surgiu uma estrutura substancialmente reformulada do livro e, daí para a frente, Freud escreveu com desembaraço e grande confiança; enviou a primeira parte ao tipógrafo no fim de junho. Durante o verão, remeteu capítulo após capítulo, primeiro em manuscrito e depois sob a forma de prova, ao tipógrafo e ao censor alternadamente, confessando que o manejo da caneta vermelha por parte de Fliess era necessário porque havia "perdido o sentimento de pudor que se exige de um autor"[13] e, sendo assim, perdera o controle da dialética da revelação e da ocultação, que constituía um dos eixos principais da trama do livro dos sonhos. A princípio, essa dialética fora exercida em relação a Fliess primeiro como objeto de reverência e apoio — mais tarde, implicitamente, de crítica e desprezo — e, depois, como censor das excessivas revelações pessoais de Freud.

Por que foi necessário a Freud revelar-se a seus leitores? Porque os sonhos de seus pacientes, alegou em tom não muito convincente, eram prejudicados pela presença de traços neuróticos.

> Mas, para narrar meus próprios sonhos, a conseqüência inevitável é que eu teria de expor aos olhos do público mais intimidades de minha vida psíquica do que seria de meu agrado, ou do que é normalmente necessário para qualquer autor que seja cientista, e não poeta. Tal foi a exigência dolorosa, mas inevitável; e a ela me submeti para não abandonar por completo a possibilidade de fornecer a comprovação de minhas descobertas psicológicas. Naturalmente, porém, não pude resistir à tentação de aparar as arestas de algumas de minhas indiscrições, por meio de omissões e substituições.[14]

Desse modo, o livro se abre com a dialética de um sonhador que se revela com relutância a despeito de si mesmo, e o leitor é conseqüentemente convidado a ser curioso e crítico, lascivo e censório, tudo ao mesmo tempo. O sonhador indiscreto (Freud) e o crítico censório (Fliess) são imediatamente introduzidos no palco, como os atores principais do próprio livro.

No início do segundo capítulo do livro — o momento crucial que prefacia o despontar de Freud como seu grande protagonista —, ratificam-se a afirmação de sua presença involuntária sob os refletores e a necessidade de ele se confiar à discrição do leitor, desta vez com mais veemência:

> Há uma certa hesitação natural em revelar tantos fatos íntimos sobre nossa própria vida psíquica, e não há nenhuma garantia contra a interpretação errônea dos estranhos.[15]

Revela-se então o poderoso efeito teatral que, finalmente, há de justificar essa exposição de si mesmo:

> E agora devo pedir ao leitor que faça seus os meus interesses por um bom tempo e que mergulhe comigo nos mais minuciosos detalhes de minha vida, pois esse tipo de transferência é peremptoriamente exigido por nosso interesse pelo sentido oculto dos sonhos.[16]

Enfim, aí está a isca — e o anzol — que deixará o leitor interessado, fascinado e absorto no livro de Freud: ele[17] é solicitado a se *transportar* para o sonhador retratado no livro. A estrutura da frase de Freud reconhece que o leitor deverá abrir mão de algo — seus próprios interesses — para assumir uma outra coisa: os interesses de Freud. O autor deixa claro que o leitor será levado não apenas aos problemas *genéricos* dos sonhos, mas também aos problemas *específicos* — através de seus sonhos pessoais. Assim, passando com relativa rapidez pelo estágio da curiosidade em relação às indiscrições de Freud, o leitor se transformará num freudiano — alguém que interpreta seus próprios sonhos, como fez Freud com os dele.[18]

Tal como outro modelo de defesa científica semi-autobiográfica habilmente trabalhada — *A origem das espécies*, de Darwin —, a prioridade básica de Freud foi despertar e, em seguida, enfrentar as reações céticas do leitor a uma teoria ousada. Ele antecipa as críticas formulando-as em nome do leitor. Censor e censurado ficam trocando de lugar. Trata-se de uma estratégia deliberada: toda a arquitetura do livro expressa essa tese principal. Vejamos: havendo concordado em acompanhar Freud em seu "passeio imaginário",[19] e tendo sido conduzido pelo "desfiladeiro oculto" do sonho exemplar do capítulo 2 (o famoso sonho da injeção de Irma),[20] o leitor, "de repente", junto com Freud, contempla "as mais belas paisagens" que "se descortinam por todos os lados"[21] munido da descoberta básica que é fornecida pelo sonho: "Quando se conclui o trabalho da interpretação, percebe-se que o sonho é a realização de um desejo."[22] Mas a meta prometida se distancia; é a "ocultação", e não a franqueza inabalável, que "constitui o drama do livro dos sonhos", como observou Alexander Welsh.[23] O terceiro capítulo procura confirmar que a realização de desejo é a característica universal dos sonhos, usando sonhos razoavelmente transparentes, inclusive alguns de crianças. Esses sonhos dão um tom cativante, como fazem os de conveniência: o do estudante de medicina que dorme demais e sonha que já está no hospital, o da recém-casada que sonha estar menstruada para adiar as responsabilidades da maternidade. Mas Freud sabe muito bem que esse encanto não é suficiente para ele estabelecer sua tese ou acalmar seu crítico, nem tampouco quer que isso aconteça. Ele *precisa* que o crítico cético, seu leitor, continue atento para que seja envolvido no passo seguinte da argumentação.

Assim, Freud inicia o Capítulo 4, "A distorção nos sonhos", dando uma recepção muito diferente ao leitor:

> Se eu continuar a proferir a afirmação de que o sentido de *todos* os sonhos é a realização de um desejo, isto é, de que não pode haver nenhum sonho senão os sonhos desejantes, tenho a certeza antecipada de que depararei com a mais categórica refutação.[24]

Você, o leitor, *certamente* me repudiará! Segue-se então um longo parágrafo entre aspas, no qual o crítico externa sua contestação categórica. Mesmo quando a voz "natural" de Freud finalmente emerge, fora das aspas, ela confessa que "os sonhos de angústia tornam impossível asseverar, como proposição geral,... que os sonhos são realizações de desejo; na verdade, eles parecem imprimir em qualquer proposição dessa ordem a marca do absurdo."[25]

Não obstante, Freud não perdeu sua batalha, longe disso: simplesmente preparou o terreno em que irá conquistar o crítico cético. Tudo o que ele tem a fazer é uma distinção, pela primeira vez no livro, entre o conteúdo *manifesto* e o conteúdo *latente* do sonho; a objeção crítica do leitor fica ao desamparo, em luta contra os moinhos de vento do manifesto, enquanto Freud pode consolidar suas descobertas trazendo à tona os mistérios do conteúdo latente. Com a distinção entre o latente e o manifesto, ele repete o ato fundador de cindir, na elaboração de seu livro do sonho, o sonho e a interpretação, o autor e o censor, a discrição e a exibição. Com a noção de "latência", Freud especifica o objeto da interpretação — o intérprete está à procura do que é latente, e não do manifesto — e estabelece solidamente uma idéia de sigilo onipresente que constitui um traço muito sedutor da progressão do leitor pelo livro. Tal como Sigmund Freud que sonhou colocar uma placa em Bellevue, "onde se [lhe] revelou o segredo dos sonhos",[26] cada leitor partirá em busca do segredo não apenas do sonho, mas também, através da "transferência [que lhe é] peremptoriamente exigida", do segredo de Sigmund Freud e, para além dele, de sua vida onírica interior.

A noção do latente é então explorada através da análise de outro dos sonhos de Freud, um sonho cuja característica fundamental foi a luta do sonhador para esconder de *si mesmo* seu desdenhoso julgamento de um amigo como um simplório. O disfarce nos sonhos — o princípio mesmo da latência — equivale a uma distorção defensiva, inteiramente análoga à dissimulação praticada por uma pessoa na vida social cotidiana, na presença de alguém que detém poder sobre ela. Freud chega ao ponto desejado: "Quando interpreto meus sonhos para meus leitores, sou obrigado a adotar distorções semelhantes"[27] — e assim indica que também ele adota um disfarce diante de seu leitor onipotente e censório. Nesse ponto, chegamos à postura fundamental do freudiano perante o mundo, perspicazmente descrita por Paul Ricoeur: "Como ser do desejo, sigo disfarçado."[28] Mas o próprio ato do disfarce e da dissimulação tem duas faces: dissimulo para *os outros*, porém encontro um meio de desvendar o segredo apenas para *você*. "Quanto mais rigorosa a censura, mais amplo será o disfarce, e também mais engenhosos serão os meios empregados para pôr o leitor no rastro do verdadeiro sentido."[29] De um parágrafo para outro, o leitor passa de censor, de quem a verdade tem de ser escondida, a cúmplice de Freud, na busca e na subseqüente ocultação das verdades secretas do adepto. O que é má notícia para uma facção na luta pelo poder — como, por exemplo, um órgão governamental de censura — é boa notícia para os insurgentes que tramam em segredo. Assim, o sonho de angústia dos que estão no poder é idêntico à realização de desejo dos que estão sob seu jugo.[30]

Ao longo de todo o livro, Freud faz com o leitor um jogo de esconde-esconde, revelando seus segredos mais íntimos e, em seguida, arbitrariamente mas com aparente relutância, fechando a porta. Toda a estratégia da análise do sonho é uma implementação de técnicas para contornar a censura. Essa dialética do desejo secreto, que luta por se expressar, e da censura, que garante sua repressão, desenrola-se entre o sonhador e cada leitor, que é convidado a seguir os passos de Fliess:

> O primeiro leitor e crítico deste livro — e é provável que seus sucessores lhe sigam o exemplo — protestou que "o sonhador parece ser por demais engenhoso e divertido". Isso é verdade, desde que se refira apenas ao sonhador; só constituiria uma objeção se fosse estendido ao intérprete do sonho. Na realidade de vigília, tenho pouca razão para ser considerado espirituoso. Se meus sonhos parecem divertidos, não é por minha causa, mas pelas condições psicológicas peculiares em que os sonhos são construídos, e esse fato está intimamente ligado à teoria dos chistes e do cômico. Os sonhos tornam-se engenhosos e divertidos porque o caminho direto e mais fácil para a expressão de seus pensamentos é barrado: eles são obrigados a ser assim. O leitor pode ficar convencido de que os sonhos de meus pacientes parecem no mínimo tão repletos de chistes e trocadilhos quanto os meus, ou mais até.[31]

Essas passagens, que se antecipam à reação do leitor, colocam-no num encadeamento com o primeiro leitor e o convidam a examinar seus próprios sonhos: "A experiência real lhe ensinaria que não é bem assim", comenta Freud num ponto posterior do livro.[32] Sabemos com que determinação Freud aceitou o desafio de Fliess, o censor cético: escreveu um livro inteiro, *Os chistes e sua relação com o inconsciente*, para "refutar" ou, pelo menos, sepultar a acusação implícita de um excesso de engenhosidade do intérprete de sonhos.

O verdadeiro cético, porém, imune aos prazeres da cumplicidade, continua à espera de uma resposta. É para silenciar esse cético que Freud introduz um terceiro — o paciente inteligente, sagaz e cético que, no decorrer das interpretações psicanalíticas de Freud, submete-o a "uma crítica impiedosa, decerto não menos severa do que a que devo esperar dos membros de minha profissão. E meus pacientes invariavelmente contradizem minha afirmação de que todos os sonhos são uma realização de desejo."[33] Assim, pela primeira vez no livro dos sonhos, o paciente ocupa o centro do palco. Ele — ou melhor, ela, já que os pacientes freudianos de inteligência mais sensível e crítica são mulheres — ocupa esse lugar como crítico principal, perguntando com insistência: "Como o senhor compatibiliza isso com sua teoria?"[34] O "mais sagaz de todos os meus sonhadores"[35] sonhou que estava passando as férias com sua detestada sogra:

> O sonho mostrou que eu estava errado [quanto à natureza dos sonhos]. *Portanto, era seu desejo que eu estivesse errado, e seu sonho mostrou a realização desse desejo*. Mas seu desejo de que eu estivesse errado... ligava-se, na verdade, à [minha inferência de que], num determinado período de sua vida, devia ter acontecido algo que fora importante na determinação de sua doença. Ela havia contestado isso, já que não tinha nenhuma lembrança de tal coisa, mas logo depois constatou-se que eu tinha razão. Portanto, seu desejo de que eu estivesse errado, que se transformou em seu sonho de passar as férias com a sogra, correspondeu a um desejo muito justificado de que os acontecimentos de que ela estava começando a se conscientizar pela primeira vez nunca tivessem ocorrido.[36]

Esse é o modelo da resposta de Freud às contestações categóricas de seus críticos: toda contradição desse tipo é não apenas uma refutação de sua teoria, mas incorpora também o *desejo* de que ele esteja errado. Com isso, corta-se pela raiz qualquer crítica possível à teoria.[37]

Em 1909 e de novo em 1911, Freud complementou sua explicação desses sonhos, chamando-os de "sonhos de contradesejo" (*Gegenwunschträume*), sonhos provocados pelo primeiro contato da pessoa com a psicanálise — e poderíamos também chamá-los de *GegenFreudträume*.

> É quase certo eu poder contar com a provocação de um deles depois de explicar pela primeira vez a um paciente, ou a alguém que tenha-me ouvido lecionar, minha teoria de que os sonhos são a realização de desejos. Aliás, é de se esperar que o mesmo aconteça com alguns leitores deste livro; eles estarão perfeitamente dispostos a frustrar um de seus desejos num sonho, se puderem realizar seu desejo de que eu esteja errado.[38]

O que há de importante nessa argumentação estratégica de Freud é que ela acaba por colocar o leitor na posição do *paciente*, sonhando com refutações da teoria freudiana. O paciente — e agora, o leitor — é sempre (na resistência) um contradesejador. De um dos lados do confronto encenado entre o intérprete e o cético fica o leitor, facilmente incitado a uma rejeição obstinada dos argumentos e interpretações de Freud.[39]

> Pergunta o leigo: "Onde está a realização de desejo?" E no mesmo instante, tendo ouvido dizer que os sonhos supostamente realizam desejos, e no ato mesmo de formular sua pergunta, ele a responde com uma rejeição.[40]

Do lado oposto, inteiramente preparado, está não apenas o intérprete sagaz, mas também o sonhador sagaz — Freud sonhando sonhos e suas soluções de encomenda enquanto escrevia seu livro. A obstinação de Freud, o teórico do sonho cujos sonhos não se transformam em nada além de teoria, é, portanto, o equivalente do leitor obstinado cujo primeiro impulso, ao ler o livro de Freud ou ao ouvi-lo falar, é sonhar com uma refutação dele. Os dois formam um par perfeito, ao que parece. Aliás, essa é a estratégia da escrita de Freud: eles *são* um par perfeito.

Há duas maneiras diametralmente opostas de caracterizar esse processo de identificação e transferência entre Freud e seu leitor, entre o desejante e o censor. A primeira vê no sonhador e autor *autobiográfico* o protagonista central do livro dos sonhos e, desse modo, vê no envolvimento do leitor com "Freud" uma forma de sedução pessoal e íntima na qual leitor e autor executam a dança freudiana, perfeitamente coreografada, da revelação e da ocultação. A segunda maneira de caracterizar o envolvimento do leitor com o livro dos sonhos é um processo de ele confirmar ou ser convencido da verdade *científica*, em contraste com a autobiográfica, das teorias propostas no livro. A estratégia científica de Freud, sob esse aspecto, é decididamente universalista: as proposições que ele formula só são importantes na medida em que têm a forma "Todos os X são Y" — todos os sonhos são uma realização de desejo.

A sensibilidade de Freud nunca foi estatística, apesar da ascensão do raciocínio estatístico no fim do século XIX e início do XX, em especial nas florescentes ciências humanas.[41] Uma lei estatística não constituiria a ciência séria para Freud. Ele julgava axiomático que, se fosse possível encontrar sentido em *um* sonho, seria metodologicamente justificável tratar *todos* os sonhos como providos de sentido. De maneira ainda mais destemida, presumiu que se fosse possível descobrir as verdades do inconsciente em um sujeito, por exemplo, o "autor" desse livro, essas verdades seriam válidas para todos os seres humanos. Freud presumiu que um sonhador representava todos os sonhadores, tal como os físicos contemporâneos poderiam presumir que uma substância submetida à gravidade representaria todas as substâncias, ou como os biólogos poderiam presumir que uma amostra de hemoglobina poderia representar todas as amostras, ao contrário dos biômetras ou dos estatísticos, cujo objeto de estudo é a própria diversidade das características num campo de fenômenos.

O axioma psicanalítico é: "A compreensão de mim mesmo é necessária e suficiente para eu compreender alguém, qualquer um. E você, caro leitor, faça a mesma coisa, compreendendo a mim." Podemos avaliar a idéia que Freud fazia do leitor real da *Interpretação dos sonhos* pelo prefácio da segunda edição de 1909,[42] que declara que *A interpretação dos sonhos* não fora e, por conseguinte, nunca seria lida e entendida pelos "círculos profissionais a quem se dirigiu minha preferência original" — "meus colegas da psiquiatria", "os filósofos profissionais" e os "críticos". Tampouco os "galantes defensores" de Freud figuram como seu público-alvo. Logo, quem é o público de seu livro dos sonhos? Somente os leitores comuns, "um círculo mais amplo de leitores instruídos e curiosos", constituem o público apreciativo e aceito de seu livro. Só importam os sonhadores, os pacientes em potencial, os auto-analistas em potencial, os freudianos em potencial.

> A interpretação dos sonhos é, de fato, a via real para o conhecimento do inconsciente; é a base mais sólida da psicanálise e o campo em que todo praticante deve adquirir suas convicções e buscar sua formação. Quando me perguntam como alguém pode tornar-se psicanalista, respondo: "Estudando seus próprios sonhos."

Assim escreveu Freud em 1909, dirigindo-se ao primeiro grande público da psicanálise, em Worcester, no estado de Massachusetts. Ele sempre guardou simpatia pelos independentes, pelos analistas autodidatas, pelo analista solitário dos sonhos:[43] seu leitor ideal pode estar em completa discordância com as instituições da psicanálise, mas, desde que se plante solidamente no terreno privilegiado da auto-análise, isto é, nos sonhos, é muito provável que venha a ser melhor freudiano do que o seria de outro modo. Os verdadeiros freudianos, a espinha dorsal do movimento psicanalítico, são os leitores de Freud, não os psicanalistas. Durante este século, Freud tem sido, sistematicamente, um dos autores mais vendidos de livros populares de não ficção em todo o mundo ocidental, e continua a sê-lo ainda hoje. Ler Freud é um ponto de passagem obrigatório para o ingresso na psicanálise.[44] E é essa exigência de que ele seja lido que diferencia a psicanálise de outros movimentos científicos, culturais ou políticos internacionais. A psicanálise é um palco da escrita — como se referiu argutamente Derrida, em 1965, ao espaço psicanalítico da teoria[45] — e, acima de tudo, da leitura.

PARTE II

Interpretação, Sugestão e Ação

Freud via a interpretação como um processo de compreender o presente de uma pessoa através do exame do sentido disfarçado de seu passado e, em especial, do desvelamento dos conflitos provenientes desse passado. A interpretação psicanalítica não elimina ou sequer reduz o conflito, mas almeja dar sentido à história da pessoa, permitindo-lhe lidar melhor com o presente. A interpretação começa por um sinal ou sintoma e lhe confere sentido pela construção de sua genealogia, com isso esperando dar sentido e direção ao presente. Esse sentido e essa direção encontram-se no cerne do entendimento freudiano da liberdade, uma liberdade que não promete a felicidade mas insiste em que reconheçamos nossos desejos poderosos e conflitantes. John E. Toews examina como Freud veio a enfatizar esse reconhecimento em relação ao complexo de Édipo. Como nos tornamos sujeitos morais desejantes, e de que modo nossos desejos alimentam e desafiam nossa capacidade como sujeitos morais? Para Freud, como enfatiza Toews, só podemos atingir uma espécie de autonomia dentro do contexto de modalidades de identificação com os outros. Nossa independência moral só se realiza através do outro. José Brunner examina como funciona a história de Édipo não apenas na formação do indivíduo, mas também no nível das relações sociais. O Freud de Brunner é um pensador profundamente politizado; suas teorias versam sobre as estruturas profundas e a dinâmica do poder e da autoridade. A família é um campo de lutas pelo poder, e a psicanálise esclarece essas lutas atentando para a multiplicidade de ambivalências que decorrem delas. Como Toews, no entanto, Brunner observa que Freud pautou-se numa compreensão patriarcal do poder e da autonomia que muitas vezes reduziu a complexidade dos sexos a normas masculinistas.

A sugestão desempenha um papel chave na reflexão psicanalítica sobre a consecução da autonomia moral e a dinâmica da luta política. Sugestão é um outro nome da influência, mas sua ligação com a força da hipnose aponta para o fato de que, com freqüência, as influências poderosas são inconscientes. Era assim que se dizia funcionar a hipnose: sob o efeito dela, não conseguimos combater uma sugestão da qual não temos consciência. Como enfatiza Harold P. Blum, Freud afastou-se desse uso autoritário da sugestão e começou a ver sua influência como algo que, em si mesmo, tinha de ser conscientemente analisado. Mas como poderia uma interpretação romper o círculo da sugestão? Não estariam a transferência dos afetos do analisando para o médico e a contratransferência dos desejos do analista para o paciente sempre abrindo novas possibilidades de que a sugestão viesse a funcionar das maneiras mais sutis? Blum vê Freud lutando contra esse tipo de "contaminação". O ensaio de Hannah S. Decker sobre o caso Dora mostra Freud refletindo retrospectivamente sobre sua incapacidade de perceber como os afetos de sua paciente (e os dele) perturbaram a compreensão. Contudo, embora Freud tenha reconhecido seus erros, a confiança do psicanalista em normas patriarcais nunca se mostrou mais clara do que nesse caso clínico. Como assinala o ensaio de Decker, a Dora de Freud mostra a consciência crescente que ele teve da sugestão e da transferência na terapia, além de exibir os esforços freudianos para transformar uma intervenção terapêutica malograda num estudo clínico de sucesso. De que modo, indagaríamos, funciona em nós, seus leitores, a sugestão que vem desse texto?

Ter e ser

A EVOLUÇÃO DA TEORIA FREUDIANA DO ÉDIPO COMO FÁBULA MORAL

John E. Toews

No dia 15 de outubro de 1897, em meio a uma crise de identidade pessoal, profissional e cultural que havia abalado os pressupostos teóricos anteriores de Freud e o transformara em seu próprio paciente mais interessante, ele escreveu a seu colega e confidente íntimo de Berlim, Wilhelm Fliess:

> Ser totalmente franco consigo mesmo é um bom exercício. Uma única idéia de valor geral despontou em mim. Descobri, também no meu caso, [o fenômeno de] me apaixonar por minha mãe e ter ciúme de meu pai, e agora o considero um acontecimento universal da primeira infância... Se é assim, podemos entender o poder de atração de *Édipo rei*, a despeito de todas as objeções que a razão ergue contra a pressuposição do destino, e podemos entender por que, mais tarde, o "teatro da fatalidade" estava destinado a fracassar tão vexatoriamente. Nossos sentimentos se rebelam contra qualquer compulsão arbitrária individual... mas a lenda grega capta uma compulsão que todos reconhecem, pois cada um pressente em si mesmo sua existência. Cada pessoa da platéia já foi, um dia, um Édipo em potencial na fantasia, e cada uma recua, horrorizada, diante da realização de sonho ali transplantada para a realidade, com toda a carga de recalcamento que separa seu estado infantil de seu estado atual.[1]

Quase uma década se passaria antes que surgisse, no trabalho publicado de Freud, uma teoria plenamente desenvolvida do complexo de Édipo como o "complexo nuclear" das neuroses, e só em 1913 é que ele arriscaria a afirmação geral de que "os primórdios da religião, da moral, da sociedade e da arte convergem, todos, para o complexo de Édipo".[2] Não obstante, a partir de sua origem no final da década de 1890, a história de Édipo, sob a forma de sua dramatização sofocliana, forneceu o arcabouço mítico narrativo para a visão psicanalítica singular sobre o "destino" impessoal e universal que rege a existência humana.

Segundo um relato do biógrafo e discípulo de Freud, Ernest Jones, Freud se identificara em fantasia com o Édipo heróico — que decifrou o enigma da Esfinge e salvou o povo de Tebas — na época em que havia começado a imaginar sua vida em termos da vocação para a pesquisa científica — a decifração dos segredos da natureza —, no início da década de 1870. Em 1906, seu círculo inicial de discípulos presenteou-o, em seu aniversário, com um medalhão que retratava um busto de Freud diante da Esfinge e trazia a seguinte inscrição de *Édipo rei*: "Aquele que decifrou os famosos enigmas e foi um homem muito poderoso." Freud ficou emocionado com esse insólito retorno de sua antiga fantasia, esse espelhamento dos segredos de sua confiante ambição.[3] No auto-reconhecimento de 1897, entretanto, a identificação anterior com o Édipo heróico adquiriu uma nova dimensão. Na história de Édipo, Freud encontrou uma representação narrativa concreta do conteúdo do enigma, bem como um exemplo do papel de seu decifrador.

No primeiro registro publicado do sentido psicanalítico de Édipo, em *A interpretação dos sonhos*, as duas dimensões dessa identificação se manifestaram. Freud repetiu as afirmações da carta a Fliess: a história de Édipo tinha todo o seu atrativo universal por nos apresentar uma representação concreta daquilo que realmente fomos, das forças primitivas que moldaram nosso destino primevo.

> O destino [de Édipo] só nos comove porque poderia ter sido o nosso — porque o oráculo lançou sobre nós, antes de nascermos, a mesma maldição que recaiu sobre ele. Talvez o destino de todos nós seja dirigirmos nosso primeiro impulso sexual para nossas mães e nosso primeiro ódio, nosso primeiro desejo homicida, contra nossos pais. Nossos sonhos nos convencem de que assim é. O rei Édipo, que assassinou Laio, seu pai, e se casou com Jocasta, sua mãe, simplesmente mostra a realização de nossos próprios desejos infantis.[4]

Entretanto, esse reconhecimento de nós mesmos no espelho de Édipo não é simples nem fácil. "Recuamos" dele, insiste Freud, "com toda a força do recalcamento pelo qual esses desejos, desde aquela época, foram refreados em nós." Esquecemos e permanecemos desconhecedores do destino que "nos foi imposto pela Natureza" e que tanto "repugna" nossos valores morais. Na arte sofocliana, porém, a reconciliação reparadora com nosso destino, através da fala e da compreensão narrativa, também é articulada. Na representação simbólica de um "processo de revelação" que Freud compara "ao trabalho do psicanalista", o poeta "desvenda o passado, traz à luz a culpa de Édipo" e, com isso, "obriga-nos a reconhecer nossa alma secreta, onde esses mesmos impulsos, embora reprimidos, ainda podem ser encontrados".[5] A história de Édipo parece representar o problema moral humano e sua resolução possível.

À primeira leitura, a formulação freudiana original do sentido psicanalítico da história de Édipo talvez não pareça particularmente "moral" nem fácil de definir como uma "fábula moral". Na verdade, a dimensão moral da versão freudiana dessa história parece a princípio negativa: uma desconcertante desmistificação dos pressupostos morais que revela suas origens perfeitamente humanas. Todos somos psicologicamente culpados dos crimes horrendos que julgamos mais abomináveis — o incesto e o assassinato. A resistência a recordar e a reconhecer essa história como nossa está ligada a sua dimensão moralmente repugnante, ao fato de ela nos revelar nossos desejos primitivos, não civilizados. Ao mesmo tempo, contudo, reconhecermo-nos em Édipo é uma espécie de realização ética, uma assunção de culpa e responsabilidade pela criação do sofrimento humano, inclusive o nosso. A história de Édipo é não apenas a revelação de quem somos por baixo de nossa couraça moral, mas a história de como nos apoderamos dessa couraça e de como podemos tornar-nos sábios ao apreendermos não somente nossa identidade primitiva e amoral, mas também nossa identidade refinada e moral.

A intenção moral de Freud em seus relatos do sentido do Édipo, em 1897 e 1899, parece voltar-se primordialmente para uma forma de moralização convencional, exemplificada pelos dramas burgueses oitocentistas conhecidos como "dramas da fatalidade", nos quais a sina do indivíduo era atribuída à impotência da vontade humana diante das circunstâncias externas. A "solução" moral, dentro dessa visão, só podia ser definida em termos "teológicos" ou transcendentais através da obediência à vontade do "Outro" onipotente ou da propiciação dela. Tais dramas, sugere Freud, não situam corretamente o problema moral da relação entre a liberdade humana e nosso "destino" humano comum e inevitável. A questão central não é tanto o conteúdo específico dos princípios ou regras morais, mas suas origens e, portanto, os fundamentos com base nos quais eles são formulados e obedecidos. A força da história de Édipo está em ela nos obrigar a reconhecer em toda a sua extensão o nosso dilema ético e, por conseguinte, as únicas vias autênticas ou viáveis para sua possível "resolução".

As implicações éticas ou morais da "descoberta" freudiana do sentido da história de Édipo, através do reconhecimento de si mesmo, despontam com mais clareza quando ela é situada no contexto da história — bem diferente — de nosso destino humano, que a precedeu no desenvolvimento intelectual de Freud durante a década de 1890: a história da "sedução", ou do abuso sexual infantil traumatizante. A teoria do Édipo brotou das ruínas abandonadas da teoria da sedução, que, como a teoria edipiana, também foi formulada em termos de uma "história". Numa palestra feita perante a Associação de Psiquiatria e Neurologia de Viena, em 21 de abril de 1896, apenas um ano e meio antes de sua revelação do sentido da história de Édipo a Fliess, Freud afirmou haver descoberto o *caput Nili* (a nascente do Nilo) da psicopatologia nas experiências traumáticas da sedução sexual infantil. Ele afirmou que, em cada um dos dezoito casos de histeria que havia submetido a uma análise pormenorizada, seu método persistente e trabalhoso de reconstrução da memória havia culminado na descoberta de uma lembrança originária, inconsciente e recalcada de um trauma sexual infantil. Uma vez reconstruída essa lembrança, a história da formação dos sintomas patológicos tornava-se "evidente" e sua "lógica" interna, coerente.[6] A lembrança recalcada do trauma podia então ser conscientemente integrada na história de vida do paciente, desfazendo-se sua carga afetiva patológica. Depois que o evento traumático — e o culpado — eram recordados e nomeados, o paciente podia recuperar a coerência narrativa e o autodomínio de que fora privado.

A articulação completa da teoria da sedução foi a culminância de anos de observação clínica e trabalho teórico, mas, poucos meses depois de anunciá-la a seus pares científicos, Freud começou a ter sérias dúvidas quanto à sua validade. Deixou de acreditar que os dados fornecidos por seus pacientes constituíssem uma base fidedigna para a reconstrução da realidade da história de seu sofrimento. "Não creio mais em minha *neurotica*", escreveu ele a Fliess em setembro de 1897.[7] Como um detetive histórico que interpretasse os dados como indícios que apontavam para um ato originário (o crime da sedução), Freud havia lido os sinais verbais e comportamentais de seus pacientes como representações de uma realidade que podia ser publicamente reconhecida como "objetiva", uma rede de elos associativos e causas que se originava no núcleo do trauma sexual. Embora as seqüências de acontecimentos desencadeados pela experiência traumática pudessem ser psíquicas ou "internas", elas eram imaginadas como ocorrendo tal qualquer série objetiva de acontecimentos, que poderia, em princípio, ser reconstituída por um observador competente e disciplinado. Ainda que os "documentos" históricos fornecidos pelos pacientes fossem fragmentados, distorcidos e cheios de lacunas (resultantes da resistência psíquica à rememoração consciente de acontecimentos originalmente esquecidos em virtude de seu caráter de ameaça para o eu), Freud estava confiante em que era possível arrancar um resíduo de verdade histórica das pistas disponíveis. No outono de 1897, entretanto, começou a duvidar de que os sonhos, fantasias e sintomas de seus pacientes se referissem a esse tipo de realidade histórica ou a representassem, mesmo sob uma forma distorcida. Ao contrário, ele simplesmente não conseguia mais acreditar nos dados de que dispunha: já não conseguia reconhecer-se naquelas histórias que trabalhara tão arduamente para reconstituir. Pouco antes de sua revelação de que todos já foram um "Édipo em potencial", confessou-se incapaz de acreditar que todo o mundo (e, mais uma vez, isso significava especialmente ele mesmo, seu primeiro "paciente") tivesse sido vítima de atos de sedução infantil. Num relato retrospectivo, Freud simplesmente declarou que, havendo deixado de confiar nas provas em que havia fundamentado sua crença em suas reconstruções históricas, o "piso" ou o "chão" (*Boden*) da realidade havia desabado sob seus pés.[8]

O abandono freudiano da teoria da sedução teve importantes implicações éticas. A teoria em si era provocantemente escandalosa; imputava os sofrimentos da geração mais nova às perversões sexuais secretas dos adultos hipócritas que a cercavam, àqueles que detinham o poder sobre o destino dela e que lhe haviam traído a confiança. Ela ia buscar a origem do sofrimento humano nos atos dos poderosos e absolvia as vítimas da cumplicidade em seu destino. Conhecer a si mesmo e contar a própria história era, em certo sentido, um ato de absolvição. Foi essa realidade que se viu abalada quando Freud perdeu a confiança na teoria da sedução para explicar a origem das neuroses.

A troca da teoria da sedução pela teoria edipiana, em 1897, não se baseou em novos dados clínicos ou na descoberta de erros de dedução lógica, mas num novo conjunto de suposições que instrumentou a leitura freudiana dos dados e suas construções da coerência narrativa e lógica. A mudança na visão de Freud foi particularmente visível em duas áreas — no entendimento da "realidade psíquica" inconsciente como o campo específico, ou o "continente" do saber psicanalítico, e na definição da sexualidade como a energia e o agente fundamental dessa realidade psíquica inconsciente.

A existência da vida psíquica inconsciente e a primazia conferida à sexualidade no desenvolvimento dessa vida precederam a teoria edipiana. A teoria da sedução implicava a existência de uma sucessão de acontecimentos psíquicos recalcados e esquecidos que não eram diretamente acessíveis à consciência do paciente. A comprovação fornecida pelos sintomas do paciente, por suas associações involuntárias, seus enunciados sob hipnose, seus sonhos e fantasias, precisava ser examinada com engenhosidade interpretativa a fim de reconstruir a história psíquica interna das lembranças que eles só representavam de maneiras distorcidas, fragmentadas e indiretas. Muito antes de 1897, Freud havia reconhecido que grande parte do material fornecido por seus pacientes era "ficcional", mas continuara confiante em sua capacidade de discernir das construções imaginárias o núcleo das representações autênticas. Quando a confiança em sua capacidade de fazer essa distinção entre representações "verdadeiras" e "ficcionais" ruiu por terra, em 1897, ele transformou sua "derrota" numa "vitória",[9] tomando as fantasias e ficções como representações das intenções que as produziam, como "objetivações" de desejos inconscientes: espelhos distorcidos da formação interna de uma realidade psíquica, e não janelas toldadas para uma realidade de acontecimentos externos. Os dados tornaram-se, então, reveladores de um outro tipo de verdade — a verdade do sujeito inconsciente, do inconsciente como agente intencional, e não como um reservatório de lembranças de acontecimentos passados. A capacidade do paciente de contar sua própria história já não dependia tanto de ele dizer a verdade sobre o que havia acontecido, mas de sua capacidade de expressar quem era como sujeito, de tornar conscientes as suas intenções mais profundas e de falar sem trapaças ou perfídia. O sentido dos ditos e dos textos do paciente pôde então ser reinterpretado como uma representação da ação inconsciente, ou do "sujeito" inconsciente que se manifestava através deles. Freud continuou fiel à sua vocação, anteriormente definida, de historiador e arqueólogo da vida psíquica. Mas a história de que então passou a se tratar foi a da formação do inconsciente (imaginado como um sujeito ou agente intencional, apesar da utilização contínua do modelo de um aparelho mecânico), através dos sinais em que, inadvertidamente, ele revelava suas intenções.

Freud nunca negou que as fantasias ou os sonhos pudessem ter uma referência externa, que de fato pudessem funcionar, em algum nível, como representações de acontecimentos externos ao sujeito. Ainda assim, insistiu, com uma autoconfiança cada vez maior, em que o "objeto" do conhecimento psicanalítico eram os processos dinâmicos através dos quais o inconsciente assimilava as experiências em suas estruturas de sentido e as configurava nos moldes de suas próprias intenções e desejos. As conseqüências dessa mudança são claramente evidenciadas nas diferenças entre os relatos de casos clínicos publicados nos *Estudos sobre a histeria* (1895) e em Dora, ou "Fragmento da análise de um caso de histeria" (escrito em 1901 e publicado em 1905). Enquanto os pacientes dos *Estudos* sofriam as conseqüências de lembranças recalcadas de acontecimentos traumáticos, Dora sofria principalmente, na opinião de Freud, do recalcamento e da negação de seu desejo psicossexual. Ela era o agente de sua própria história, cúmplice de seu próprio sofrimento; sua cura não podia provir do tomar conhecimento da verdade do que lhe acontecera, mas somente do dizer a verdade sobre si mesma.

O reconhecimento da importância da sexualidade, e especialmente da experiência sexual infantil, na história do sofrimento neurótico também precedeu a descoberta do complexo de Édipo. O escândalo da teoria da sedução derivou, precisamente, de sua afirmação de que os neuróticos sofriam os efeitos de experiências sexuais infantis. Mas, depois de 1897, o foco de Freud deslocou-se para a ação da criança como sujeito sexual, para o papel originário do "desejo" psicossexual infantil na formação do sujeito humano e de seus conflitos internos. A história freudiana do desejo, entretanto, não é completamente interna. O desejo sexual molda-se numa identidade, constrói-se como o desejo de um sujeito individual no contexto das condições naturais e socioculturais universalmente inibidoras em que ele se situa. Embora a sexualidade seja novamente descrita como desejo em termos subjetivos, a satisfação e o reconhecimento do desejo continuam a ser restringidos pelas estruturas limitantes do "mundo". À medida que Freud reelaborou suas histórias de vida individuais segundo o modelo do Édipo, a questão da realidade "interna" e "externa" foi ganhando uma forma cada vez mais diferente. Como o sujeito vivenciava o impacto inibidor de seus mundos natural e cultural? Haveria acontecimentos universalmente repetidos, na infância de todos, que estruturassem a inibição e o recalcamento do desejo? E se a conformação das histórias individuais era determinada pelas estruturas limitantes da "realidade", ou pela "necessidade" natural e histórica, de que modo eram moldadas e institucionalizadas essas estruturas, antes de mais nada?

As transformações das premissas de Freud, no fim da década de 1890, impregnaram o(s) sentido(s) que ele deu à história de Édipo. O referencial de realidade, na versão freudiana dessa história, é a realidade psíquica interna do desejo sexual inconsciente. Os acontecimentos da história são "objetivações" de desejos, e não reflexos de acontecimentos "externos". Como "acontecimento" histórico, o complexo de Édipo é uma transformação estrutural de amplo alcance, mais parecida com a Revolução Francesa do que com a Batalha de Waterloo. O trauma da história de Édipo é o trauma da transformação do desejo, de um momento radical, "revolucionário", na transição do desejo de um estado de ser, uma forma de identidade, para outro. Ele marca a entrada do sujeito do desejo na rede de relações sociais e no mundo simbólico dos valores culturais. Não se trata apenas de um estágio como outro qualquer na história do desejo. Trata-se, antes, de um momento "memorável". Como momento da formação do desejo psicossexual, o complexo de Édipo não diz respeito à biologia, à frustração de necessidades instintivas ou à submissão ao poder de forças sociais "externas". Pode-se descrevê-lo como uma transição da natureza para a cultura, ou uma "socialização", mas apenas no sentido "imanente" de um processo de internalização do sentido no indivíduo, de aceitação da auto-regulação da lei sobre o desejo infinito. Como observou Freud em seus casos clínicos do "Homem dos Ratos" e do "Homem dos Lobos", o momento edipiano, na história do desejo, foi uma sucessão de acontecimentos subjetivos particulares, mas foi também universal, uma vez que a estrutura em que foram vividos esses "acontecimentos" subjetivos obrigou os anseios do sujeito desejante a assumirem uma forma específica, independentemente das diferenças individuais e das situações idiossincráticas. "A uniformidade do conteúdo da vida sexual das crianças, ao lado do caráter invariável das tendências modificadoras que depois exercem influência sobre ela, responde facilmente pela sistemática mesmice que costuma caracterizar as fantasias construídas em torno do período da infância, independentemente do muito ou pouco que as experiências tenham contribuído para elas."[10]

A primeira formulação freudiana da história de Édipo assumiu a forma de uma estrutura triangular, envolvendo a criança, a mãe e o pai. Isso difere expressivamente da teoria da sedução, que jogava a criança contra o mundo adulto. A sedução vinha de qualquer parte desse mundo: não era atribuída aos crimes do pai nenhuma distinção ou importância particular. Num de seus casos clínicos dos *Estudos sobre a histeria* — a história da sedução de Katharina —, Freud transformou o sedutor paterno num tio, a fim de proteger a identidade de seus protagonistas, sem se dar conta de que o fato de o pai de Katharina ser o seu sedutor era um componente crucial de sua história.

Na história de Édipo, a identidade das três posições é importante. A relação é instigada pelo desejo da criança. Até a década de 1920, Freud presumiu, implicitamente, que essa posição era ocupada pelo filho. Embora sugerisse vagamente um triângulo simétrico (com a inversão dos lugares dos pais) no caso da filha, essa história — a chamada história de Electra, como a denominou Jung — nunca foi desenvolvida e é incoerente em termos dos valores atribuídos à mãe e ao pai. No mundo intrapsíquico da fantasia inconsciente do filho, a mãe era o objeto primordial do desejo, e o pai, o sujeito que possuía esse objeto, o rival a ser suprimido, para que o filho assumisse seu lugar. Conquanto Freud decerto estivesse ciente de que os desejos e preferências parentais podiam despertar e direcionar os sentimentos edipianos, ele insistiu em que "o caráter espontâneo do complexo de Édipo não pode ser abalado por esse fator".[11] Se Freud desconhecia a ação dos pais na produção ou na instigação da crise edipiana, não ignorou a importância da posição paterna. Ele presumiu que o desejo infantil era moldado no contexto de uma ordem patriarcal, na qual o pai reivindicava a posse do objeto do desejo e representava a autoridade política, jurídica e moral que julgava o desejo do filho como uma transgressão digna de uma punição radical (a castração) e, portanto, geradora de angústia e culpa. "O pai é a primeira, a mais antiga e, para os filhos, a única autoridade", afirmou Freud em 1900, "e de seu poder autocrático emergiram as outras autoridades sociais no decorrer da civilização humana."[12]

A primeira implicação dessa forma original, simplificada e esquemática da história de Édipo é uma ética da renúncia. Na história de Édipo, tornar-se um ser humano e conquistar a posição de sujeito reconhecido pela sociedade e pela cultura implicava renunciar ao objeto primitivo do desejo. Marcava a transição da fantasia de realização de desejo, dominada pelo "princípio de prazer", para a renúncia à satisfação ilimitada e o reconhecimento das normas do "princípio de realidade". A história se complicou, entretanto, em vista do duplo aspecto dessa renúncia e dos meios pelos quais ela foi conseguida. O desejo de possuir ou "ter" a mãe teve como conseqüência e correlato o desejo de afastar e, efetivamente, "ser" o pai. Mas o desejo de tomar o lugar do pai era intensamente ambivalente, acarretando um ódio agressivo ao pai como rival e, ao mesmo tempo, admiração e amor pelo pai e identificação com ele como modelo, como aquilo que a criança queria "ser". Assim, a tarefa ética incorporada na dinâmica da relação edipiana não era apenas impor uma renúncia ao desejo do objeto, mas também criar um sistema de regulação mútua, reconhecimento e segurança entre os sujeitos desejantes. A ameaça de castração, que Freud imaginou como instigadora da renúncia e do recalcamento do filho, tinha também duas dimensões, portanto: a proibição do incesto da posse do objeto e uma ameaça à identidade. À medida que Freud elaborou as implicações da teoria edipiana em seus quatro casos clínicos "clássicos", entre o "Pequeno Hans" e o "Homem dos Lobos", e nas especulações antropológicas de *Totem e tabu*, essa questão da identidade e do desejo de reconhecimento como sujeito, como agente da própria atividade, veio cada vez mais para o primeiro plano. As mães e as filhas foram empurradas para a periferia das histórias individuais e coletivas de Freud, à medida que a história de Édipo passou a se concentrar, em caráter quase exclusivo, nas relações problemáticas entre os filhos varões e o pai. Ao mesmo tempo, o complexo de Édipo, como fábula moral referente à relação do sujeito individual com o objeto do desejo, começou a perder sua proeminência em favor de uma história em que o desejo primordial de Édipo era ser como o pai, ser reconhecido como o sujeito ou o agente das leis que regiam suas relações com o objeto, e não apenas como um "objeto" passivo a quem a lei era imposta pela força ou pela ameaça de força.

Na medida em que se foi desenvolvendo, o complexo de Édipo tornou-se menos uma história de renúncia que uma história de emancipação, menos uma história da adaptação de um mecanismo desejante às leis da "realidade" que a história da "normatização" de um agente subjetivo, que internalizava as normas que regem as relações recíprocas entre sujeitos humanos reconhecidos. A tentação do primitivo objeto materno do desejo residia no abrir mão da identidade como sujeito, com isso evitando as limitações e responsabilidades pessoais de viver num mundo que exige o reconhecimento mútuo e a regulação de uma pluralidade de sujeitos. O medo do pai era o medo de perder o órgão — o pênis/clitóris ou falo — que representava a reivindicação de reconhecimento do filho como agente subjetivo.

O deslocamento da ênfase para o problema da identidade, na história de Édipo, foi acompanhado por uma elaboração do prólogo e da conclusão da história. Nas revisões da teoria da libido que culminaram no ensaio freudiano "Sobre o narcisismo: uma introdução" (1914), as etapas pré-edipianas do desenvolvimento foram reformuladas como uma história que se fundia ou, pelo menos, aliava-se à organização da libido em torno do prazer genital e da construção do eu como o primeiro objeto pleno do desejo libidinal. A criança entrava nas relações interpessoais do complexo de Édipo como um sujeito narcisista que imaginava seu próprio eu como o objeto primário do desejo e que associava esse "eu" com o órgão do prazer genital. Assim, a tarefa moral do momento edipiano passou a ser a de o sujeito direcionar a libido de si mesmo para os outros, das relações intra-subjetivas para as intersubjetivas, e de se reconhecer como sujeito num mundo de outros sujeitos. Visto por essa perspectiva, o modelo do desfecho bem-sucedido da história edipiana também se modificou, passando da aceitação da renúncia ao objeto para uma transformação da vontade interditora e punitiva do pai numa consciência moral internalizada e num "supereu" culturalmente representativo.

Embora a importância das mães e das filhas na história de Édipo tenha parecido reduzir-se, muitas vezes, à de um objeto de troca e rivalidade entre o filho e o pai, o problema da diferença sexual anatômica e cultural surgiu nas descrições de Freud como um problema peculiarmente central para o filho. Nos admiráveis casos clínicos publicados entre 1908 e 1915, o "Homem dos Ratos", o caso Schreber e o "Homem dos Lobos", Freud vinculou a impossibilidade de os filhos varões resolverem seus desejos ambivalentes em relação ao pai — e, portanto, de concluírem bem a história edipiana — à sua impossibilidade de se libertarem de uma posição "homossexual" e "feminina", isto é, de uma posição em que eles se submetiam ao pai nos termos imaginados do objeto primário feminino do desejo ativo masculino do pai. Freud observou que a "libido homossexual" que se evidencia na identificação do filho com o pai, ou em sua fusão no pai, como objeto passivo da subjetividade ativa deste, requeria um deslocamento e uma sublimação que reorientavam o desejo de ser reconhecido e amado para uma obrigação de servir aos "grandes interesses comuns da humanidade".[13] Ao mesmo tempo, Freud voltou repetidamente ao vínculo interno entre a conquista da autonomia moral (o reconhecimento da lei como auto-imposta, em virtude de uma exigência impessoal) como repúdio da feminilidade — como uma superação do desejo de buscar o reconhecimento mediante o tornar-se um objeto para o Outro — e a afirmação de uma subjetividade "masculina". Na verdade, a história freudiana do Édipo, tal como desenvolvida até a década de 1920, era, implicitamente, uma história da identificação masculina. A conquista da maturidade moral "humana", que implicava a construção do autodomínio no contexto de um reconhecimento racional da limitação natural e social, ou do "necessário", foi percebida em termos de uma luta do filho com o pai pelo reconhecimento como sujeito masculino. Embora a dissolução do complexo de Édipo recalcado acarretasse uma transcendência ou superação de sua dinâmica inconsciente, essa possibilidade libertadora — que implicava a emancipação do sujeito, tanto da mãe como objeto primário do desejo quanto do pai como a autoridade que impunha essa proibição — só era viável como um projeto masculino.

Durante os anos 20, em parte em resposta ao trabalho de mulheres pertencentes ao movimento psicanalítico, como Karen Horney e Melanie Klein, Freud finalmente abordou a natureza sexuada da história edipiana, especialmente em seu prólogo e sua conclusão. Fazia algum tempo que ele sabia, é claro, que as identidades humanas aculturadas, que brotavam da dinâmica das relações edipianas inconscientes, eram identidades sexuadas. Antes de 1924, ele continuava a imaginar esse processo da construção do gênero como algo que provinha, simetricamente, das diferenças sexuais "naturais" que o precediam. Ainda em 1923 (em *O eu e o isso*), ele assinalara que, a despeito das enormes complexidades que tinham sido introduzidas na teoria edipiana desde seu surgimento, a produção das identidades masculina e feminina ocorria de maneiras "precisamente análogas".[14] O desejo dirigido ao genitor do sexo oposto era frustrado e substituído por uma identificação com o genitor do mesmo sexo, o que levava à internalização da proibição paterna em termos de supereus de orientação materna ou paterna. Os apegos ao objeto eram substituídos por identificações internalizadas em vias paralelas. Nesse mesmo livro, entretanto, Freud já admitia que essa simetria não podia ser realmente perfeita, em virtude do papel proeminente do pai na frustração do desejo de todos os filhos em relação ao objeto, com isso também produzindo em todos os filhos um supereu orientado para o pai. A produção cultural da moral internalizada, ou, como diria Kant, a criação da moralidade subjetiva da "boa vontade", era uma realização masculina de estrutura patriarcal, que só poderia ter sido "transmitida às mulheres pela herança cruzada".[15] As implicações dessa assimetria foram expostas em importantes artigos, em 1924 e 1925, sobre a dissolução do complexo de Édipo e o efeito psíquico da diferença sexual.

A primeira premissa da concepção assimétrica da construção do gênero sexual foi o reconhecimento da dependência pré-edipiana primária da mãe nas experiências infantis de meninos e meninas. À medida que as crianças faziam a transição crucial do narcisismo (a última fase do desenvolvimento pré-edipiano) para a consciência dos objetos e a individuação subjetiva, elas escolhiam "naturalmente" a mãe como objeto primário do desejo. Além disso, nesse momento da escolha objetal primária, a constituição sexual de meninos e meninas organizava-se em torno do órgão genital ativo, penetrante, "masculino" e "fálico" — o pênis/clitóris. "Com a entrada na fase fálica", escreveu Freud, "as diferenças entre os sexos são completamente obscurecidas por suas semelhanças. Somos agora obrigados a reconhecer que a menina é um homenzinho."[16]

Para o filho varão, a entrada na dinâmica da história do Édipo era relativamente isenta de problemas e dava continuidade ao desenvolvimento anterior. O apego pré-edipiano à mãe era transformado, em consonância com a organização fálica do desejo, num desejo de possuir a mãe como objeto amoroso, criando relações ambivalentes com o pai como rival e modelo. A menina, no entanto, para obter o acesso inicial à dinâmica da história do Édipo, tinha que romper seu apego pré-edipiano à mãe, a fim de tomar o pai como objeto de amor e ver a mãe, ambivalentemente, como rival e modelo. Além disso, era obrigada a reconhecer que seu órgão da identificação fálica, o clitóris, não era um verdadeiro falo; nas palavras de Freud, "Ela aceita a castração como um fato consumado, uma operação já executada."[17] Com isso, tinha de renunciar não apenas a seu objeto de desejo originário, mas também a seus alvos sexuais ativos anteriores e assumir uma postura sexual passiva como objeto amado do pai. O trauma dessa renúncia e dessa inversão radicais produzia cicatrizes psíquicas inevitáveis: inveja do pênis, frigidez, sentimentos de inferioridade, desprezo pelo próprio sexo. Somente pela aceitação da exigência imperativa desse destino biológico e social é que a menina podia ingressar no triângulo edipiano e se transformar no que estava fadada a ser: "uma mulher em miniatura".

> Ela renuncia a seu desejo de um pênis e coloca em seu lugar o desejo de um filho: e, com esse propósito em vista, adota o pai como objeto de amor. A mãe transforma-se no objeto de seu ciúme. A menina torna-se uma mulher em miniatura.[18]

Era assim que a menina criava o núcleo permanente de sua identidade feminina, nos termos da história edipiana. Ela não era forçada a recalcar e sublimar seus desejos por uma ameaça radical a seu ser ou a sua identidade, caso persistisse em seus objetivos edipianos. Sua única motivação para renunciar ao desejo do pênis e ao desejo de ter um filho do pai era o reconhecimento de que estes lhe eram recusados por um "destino" externo.

No menino, por outro lado, o reconhecimento das diferenças anatômicas entre os sexos produzia mais medo do que aceitação da castração. Ele era obrigado a internalizar a ordem paterna de desistir do incesto e do parricídio, a fim de conservar sua própria identidade. O resultado era a identificação com o pai, a construção de um supereu poderoso e a largada inicial para "os processos que culminam na inserção do indivíduo na sociedade civilizada".[19]

Como admitiu Freud, "o complexo de Édipo... é uma coisa tão importante que a maneira como se entra e sai dele não pode deixar de surtir efeitos". Em virtude da falta da dinâmica que levava o menino a renunciar radicalmente a seu desejo do objeto e a internalizar a lei paterna, Freud observou que

> na mulher, o nível do que é eticamente normal difere do que é no homem. Seu supereu nunca é tão inexorável, tão impessoal e tão independente de suas origens afetivas quanto exigimos que seja no homem. Os traços de caráter que os críticos de todas as épocas voltaram contra as mulheres — que elas demonstram menos senso de justiça do que os homens, dispõem-se menos a se submeter às grandes exigências da vida, são mais comumente influenciadas em seu juízo por sentimentos de afeição e hostilidade —, tudo isso seria amplamente explicado pela modificação que inferimos na formação de seu supereu.[20]

A afirmação freudiana de que a história de Édipo era uma história da identificação, que mostrava quem os indivíduos são e podem ser, e não apenas o que querem e podem ter, equivaleu a uma crítica da feminilidade, na qual a identidade masculina funcionou como a norma ética e cultural da "humanidade".

A crítica da feminilidade como deficiência moral e humana, como falta de uma "moralização" suficiente, surgida da análise freudiana do desenvolvimento sexual assimétrico dentro das estruturas da cultura patriarcal, explicitou o que estivera implícito desde o começo em sua interpretação da história de Édipo. O Édipo de Freud estava empenhado numa luta pela emancipação, primeiro da "natureza" materna e, depois, das limitações culturalmente produzidas — as identificações paterna, simbólica e cultural — que intermediavam a emancipação da natureza através da instância internalizada do supereu. Quando o menino enfim deixava para trás a dinâmica inconsciente das relações edipianas, ele levava à consciência, e portanto, à conclusão, o processo pelo qual se reconhecera como sujeito de sua própria história, como senhor consciente de suas dependências irracionais das seduções maternas e da autoridade paterna que haviam marcado sua luta pela maturidade. A crítica freudiana da feminilidade foi uma crítica a uma emancipação falha, a um desligamento incompleto da díade pré-histórica mãe/filha e à sedução pelas figuras de autoridade internalizadas que, originalmente, haviam motivado esse desligamento. O Édipo ideal de Freud era senhor consciente de sua experiência, um "sujeito" que teria superado a dependência das ilusões produzidas pelo desejo de permanecer na simbiose primária mãe/filho, ou de retornar a ela, ou de encontrar consolo na condição de objeto digno de um amor paterno onipotente. Esses dois tipos de ilusão seriam, em última instância, "femininos": Édipo tornava-se uma pessoa moral, um "sujeito" dotado de autodeterminação, ao repudiar o feminino.

Com essa formulação, a história freudiana do Édipo entrou nas redes discursivas e nos conflitos da história cultural moderna e partiu para inaugurar sua história complexa de assimilação, resistência e transformação. Pôde funcionar como instigadora de um discurso contínuo, porque expôs a estrutura de um problema moral, e não uma visão clara e convincente de uma resolução moral. Foi uma história da conquista da autonomia subjetiva e da identidade sexuada, num processo histórico em que as vidas seriam dotadas de uma coerência narrativa normatizante, e não uma história da evolução de naturezas biológicas, essências metafísicas ou papéis socialmente impostos. A história freudiana do Édipo abriu uma multiplicidade de possibilidades emancipatórias, através das quais os sujeitados poderiam repudiar sua sujeição, vista como produto de construções históricas contingentes. Ao mesmo tempo, ao narrá-la como uma história normativa arquetípica da luta pela conquista da identidade masculina, Freud forneceu não apenas um modelo, mas também uma base problemática para os diversos projetos morais de seus herdeiros.

Oedipus Politicus

O PARADIGMA FREUDIANO DAS RELAÇÕES SOCIAIS[1]

José Brunner

QUE TEM O AMOR A VER COM ISSO?

Numa nota de rodapé em *Psicologia das massas e análise do eu*, Freud cita em tom aprovador um símile de Schopenhauer que ilustra o problema das relações sociais com a imagem de um bando de porcos-espinhos que chegam bem perto uns dos outros, num dia frio de inverno, para se aquecer. Ao se aproximarem o bastante para sentir o calor uns dos outros, eles também se espetam com seus espinhos — e tornam a se afastar. O frio volta a aproximá-los, porém seus espinhos mais uma vez os incitam a se separar. E assim, diz Schopenhauer, ficam indo e vindo até descobrirem "uma distância média em que possam viver da maneira mais tolerável".[2]

A inevitável ambivalência em relação à existência do outro está na base do pensamento social: os outros são necessários à sobrevivência física e afetiva de cada um, uma vez que proporcionam a cooperação, a proteção, a satisfação e o amor buscados. Ao mesmo tempo, contudo, sua existência também é vivida como uma provação, já que eles podem constituir uma ameaça ou um fardo, impondo exigências e cerceando a liberdade. Como enfatizou Freud em *O mal-estar na cultura*, as considerações utilitaristas do interesse e da conveniência não são suficientemente fortes para superar o que ele chamou de "hostilidade mútua primária dos seres humanos".[3] É que, embora reconhecendo que as pessoas adquirem valor umas para as outras ao trabalharem juntas, ele afirmou que nem mesmo "as vantagens do trabalho em comum as mantêm unidas".[4] Em suas palavras:

> O elemento de verdade que há por trás disso tudo, e que as pessoas se dispõem a desmentir, é que os homens não são criaturas gentis que querem ser amadas e que, quando muito, podem defender-se quando atacadas; ao contrário, são criaturas em cuja dotação pulsional figura uma parcela poderosa de agressividade. Como resultado, o semelhante é para eles não apenas um auxiliar ou um objeto sexual

> em potencial, mas também alguém que lhes desperta a tentação de satisfazerem sua agressividade nele, de explorarem sua capacidade de trabalho sem remuneração, de o usarem sexualmente sem seu consentimento, de se apoderarem de seus bens, de o humilharem, de lhe infligirem dor, de o torturarem e o matarem. *Homo homini lupus.*[5]

Assim, faz-se necessária uma força capaz de superar a hostilidade primária entre as pessoas e de uni-las, apesar dela. Qual poderia ser, portanto, a força que vincula os indivíduos numa massa? Segundo Freud, essa força é o amor. Para ele, o amor constituía, simultaneamente, a base da autoridade, seu instrumento e seu efeito. Assim, Freud apresentou uma imagem complexa da inter-relação do amor e da autoridade em *Psicologia das massas e análise do eu*, afirmando que "as relações amorosas... constituem a essência da alma das massas [*Massenseele*]".[6] Em suas palavras, "Quando um indivíduo renuncia à sua singularidade num grupo e deixa que os outros membros o influenciem através da sugestão, fica-se com a impressão de que ele o faz por sentir necessidade de estar em harmonia com os outros, e não em oposição a eles, de modo que talvez, afinal, ele o faça '*ihnen zu Liebe*'".[7] Como Freud presumiu que os seres humanos são movidos por uma hostilidade mútua primária, foi-lhe preciso explicar como poderia surgir esse amor no grupo. E ele o fez asseverando que o laço que vincula entre si os membros do grupo deriva da submissão deles a uma figura paterna; é por compartilharem o amor pela mesma figura paterna que eles se sentem parecidos e próximos uns dos outros.[8]

Como sugere esse exemplo, Freud analisou a dinâmica afetiva das relações sociais pela perspectiva do "complexo de Édipo", assim denominado com base no antigo drama grego de *Édipo rei*, no qual o protagonista mata o pai e se casa com a mãe, sem saber que o faz. Como escreveu Freud a seu amigo Wilhelm Fliess em outubro de 1897: "A lenda grega capta uma compulsão que todos reconhecem, pois cada um pressente em si mesmo sua existência. Cada [pessoa da platéia] já foi, um dia, um Édipo em potencial na fantasia..."[9] Para Freud, todas as relações sociais, privadas ou públicas, têm em comum um traço típico edipiano oculto que subjaz a suas diversas manifestações. Ele tomou isso que postulou como núcleo edipiano inconsciente das relações sociais como o ponto de referência máximo da análise social, acessível unicamente à investigação psicanalítica.[10] Assim, já no fim da vida, ao recapitular suas idéias no *Esboço de psicanálise*, Freud declarou que, mesmo "que a psicanálise não possa gabar-se de nenhuma realização senão a descoberta do complexo de Édipo recalcado, essa descoberta, por si só, dar-lhe-ia o direito de ser incluída entre as preciosas novas conquistas da humanidade".[11]

Embora os temas edipianos já se houvessem tornado centrais na teorização de Freud em 1897, ele empregou a expressão "complexo de Édipo" pela primeira vez em 1910, ao apresentar a combinação do desejo sexual pela mãe com o ódio rivalizante ao pai como o "complexo nuclear" de todas as neuroses.[12] E embora, em 1920, tenha declarado que o complexo de Édipo era "a pedra de toque que distingue os adeptos da psicanálise de seus adversários", Freud nunca fez uma exposição sistemática e peremptória de suas características em nenhuma obra isolada.[13] Ao contrário, sua reflexão sobre o complexo de Édipo passou por diversas etapas, nas quais ele foi desenvolvendo e complicando cada vez mais o modelo original simples das relações sociais nas esferas privada e pública.[14]

A presente discussão do conceito freudiano do complexo de Édipo e de suas ramificações políticas se dá em três níveis. Num deles, elucido o quc Freud quis dizer com essa que constitui, provavelmente, a mais conhecida de suas categorias teóricas. Em outro plano, mostro que suas idéias sobre as relações sociais — tal como encontradas em sua teorização sobre o complexo de Édipo — fornecem uma intrigante percepção das ambivalências e da dialética inerentes a todas as relações sociais. Por último, afirmo que a compreensão freudiana das relações sociais no seio da família foi fundamentalmente política, uma vez que ele concebeu a família não apenas como uma instituição social que dá margem à ambivalência afetiva, mas também como uma arena de lutas pelo poder. O que torna política uma teoria das relações sociais não é sua referência ao âmbito público, aos partidos ou aos governos, mas seu interesse pelas estruturas e dinâmicas do poder e da autoridade. Aliás, os pensadores políticos, desde Platão até hoje, interessaram-se não só pelo aspecto público ou governamental do domínio e da dominação, mas também pelas dimensões de poder e dominação que estão implicadas em todas as outras relações sociais, inclusive as da família.

Um grupo de três

Permitam-me iniciar meu exame do paradigma edipiano de Freud por uma leitura atenta dos primórdios da vida:

> A criança de peito ainda não distingue seu eu do mundo externo como fonte das sensações que fluem para ela. Aprende a fazê-lo aos poucos... admirada com o fato de que algumas fontes de excitação, que mais tarde reconhecerá como os órgãos de seu próprio corpo, podem dar-lhe sensações a qualquer momento, ao passo que outras fontes lhe escapam de tempos em tempos — dentre elas, a que ela deseja mais do que todas, o seio materno — e só reaparecem em decorrência de seus gritos de socorro. Desse modo, pela primeira vez um "objeto" é contrastado com o eu sob a forma de algo que existe "do lado de fora" e que só é forçado a aparecer mediante uma ação especial.[15]

Como vemos, o eu — termo com que Freud designa o agente mental da individualidade racional e consciente — não existe desde sempre; tem que se desenvolver através da relação com um outro preexistente: a mãe. Para Freud, em outras palavras, o conceito coerente de eu é como que indiretamente adquirido, em função de um conceito da alteridade. A seu ver, além disso, o eu do bebê, à medida que este se conscientiza de ser separado e ter limitações, é, "antes e acima de tudo, um eu corporal".[16] Ele surge quando o bebê percebe que os seios da mãe não estão inteiramente sob seu controle, como havia imaginado a princípio, porque pertencem a uma outra pessoa. Como resultado de sua percepção da alteridade dos seios, o bebê torna-se ambivalente em relação a eles. De acordo com Freud, o bebê tanto procura devorar os seios da mãe quanto receber deles o alimento, para que eles sejam "assimilados pela devoração e..., desse modo, aniquilados como tais".[17] Ao tentar abolir a existência isolada dos seios e incorporá-los em si mesmo, o bebê está almejando resolver sua ambivalência diante do poder da mãe, isto é, da capacidade que ela tem de dar ou reter o alimento com o seu corpo.

Além disso, Freud afirmou que a consciência emergente do bebê sobre sua dependência física dos pais acarreta seu primeiro amor, que é dirigido à "mulher que o alimenta" e ao "homem que o protege".[18] Se a alteridade e os cuidados despertam amor e agressividade, de acordo com Freud, o amor, por sua vez, cria sentimentos de segurança e angústia. Em suas palavras, "ser amada por um adulto não dá à criança meramente a satisfação de uma necessidade especial, mas significa também que ela conseguirá o que quer em todos os outros aspectos".[19] Por essa razão, o reconhecimento que a criança desenvolve do controle dos pais sobre suas necessidades e desejos também transforma a possível perda do amor parental numa perspectiva assustadora. Como os filhos temem perder o amor dos pais e o sentimento de segurança que lhe é concomitante, os pais, através da entrega ou da recusa voluntárias de sua afeição, podem empregar seu amor como um instrumento de dominação e controle. Desse modo, o sentimento que a criança tem de depender de outra pessoa "cria as primeiras situações de perigo e gera a necessidade de ser amada, que irá acompanhá-la pelo resto da vida".[20]

Do conjunto de sensações de segurança e angústia evocados pelo amor surge a autoridade. Por servir de instrumento de poder, explicou Freud, o amor "torna-se uma fonte importante de autoridade, se não a mais fundamental de todas".[21] E, também em suas palavras, "para a criança pequena, os pais são, a princípio, a única autoridade e a fonte de todas as crenças. O desejo mais intenso e significativo da criança, durante esses primeiros anos, é ser igual aos pais (isto é, ao genitor de seu sexo) e ser grande como o pai e a mãe".[22]

Menino é menino

Com a instauração do que Freud chamou de "fase fálica", por volta dos três anos de idade, o pênis e o clitóris tornam-se as principais zonas erógenas para as crianças. Nessa etapa, a masturbação é a forma característica de satisfação. Entretanto, por haver presumido que ela é acompanhada por fantasias com a mãe, Freud não considerou a masturbação, nesse estágio, uma forma de sexualidade auto-erótica.[23] Em suas palavras, existem na fase fálica, pela primeira vez, "um objeto sexual e um certo grau de convergência das pulsões sexuais para esse objeto".[24] Freud presumiu que, originalmente, a mãe constitui o objeto sexual de ambos os sexos, e que nesse período só existe a identidade sexual masculina, sem uma correspondente identidade feminina independente. Nessa fase, a antítese se dá "entre ter um *órgão genital masculino* e ser *castrado*".[25] Essa diferença na concepção que os meninos e meninas têm de si mesmos, e que Freud retratou como resultante de sua anatomia, leva a dois caminhos pelos quais se dá o complexo de Édipo, desse momento em diante, até ser superado.

Os meninos desejam a mãe, mas percebem sua ligação sexual excludente com o pai. Em conseqüência de ameaças de castração mais ou menos explícitas, proferidas por pais e babás em resposta à masturbação, assim como da observação das diferenças sexuais, ante a visão da nudez de uma criança do sexo oposto, eles criam fantasias referentes à violência potencialmente castradora do pai. Sob o impacto dessas ameaças reais e imaginárias de mutilação corporal, a imagem do pai, que se afigura à criança como o único obstáculo a impedir a fantasiada união incestuosa com a mãe, passa por uma expressiva transformação. Deixa de ser a imagem de um protetor benevolente, que proporciona segurança, e se converte na de uma figura primordialmente cerceadora e punitiva, que encarna "todas as restrições sociais toleradas a contragosto".[26] Assim, o pai passa a ser odiado como aquela pessoa cuja presença impede o prazer e ameaça pôr fim a qualquer satisfação do desejo — e que o pequeno Édipo deseja ver morta. Entretanto, confrontado com a força superior do pai, em vez de realizar essa fantasia mortífera, "o eu da criança afasta-se do complexo de Édipo".[27]

Também para a menina, a mãe é o objeto original do desejo, segundo Freud. Entretanto, quando percebe que nem ela nem a mãe têm pênis, a menina considera a mãe a responsável por essa ausência, responsabiliza-a por sua anatomia decepcionante, e se afasta dela. Freud afirmou que as meninas são induzidas a reduzir seu interesse sexual e a ingressar no período de latência por uma combinação das ameaças externas — isto é, autoridade parental — com um sentimento de humilhação, decorrente da concepção que têm delas mesmas como homens castrados. Entretanto, Freud afirmou que, em contraste com os meninos, "as meninas permanecem [no complexo de Édipo] por um tempo indeterminado; desfazem-no tardiamente e, mesmo assim, de maneira incompleta".[28] Portanto, enquanto os meninos podem nunca se recuperar por completo de sua angústia de castração, as meninas passam a se aceitar como varões castrados — ou assim supunha Freud. Além disso, em contraste com sua discussão do desenvolvimento masculino, que contém comentários preocupados com os efeitos potencialmente graves da resolução malsucedida do complexo de Édipo, ele afirmou que "é pouco prejudicial para a mulher permanecer em sua atitude feminina edipiana", uma vez que isso significa que, "nesse caso, ela escolherá o marido por suas características paternas e se disporá a reconhecer-lhe a autoridade".[29] De acordo com Freud, os problemas surgem quando as mulheres se recusam a aceitar a autoridade masculina; nesses casos, "aflora a amargura hostil da mulher contra o homem, que nunca desaparece por completo da relação entre os sexos e que é claramente indicada nas lutas e na produção literária das mulheres 'emancipadas'".[30]

Oito décadas depois de proferido esse juízo questionável sobre o feminismo, nem chega a ser preciso dignificá-lo com uma consideração séria. O que merece atenção, porém, é o fato de Freud haver retratado os primeiríssimos estágios da vida como já implicando uma dialética de ambivalências que decorre de uma dinâmica política de dominação e dependência. No paradigma freudiano, como vimos, a dependência evoca o amor e a agressão. O amor leva a sentimentos de proteção e segurança, por um lado, e à angústia, por outro, o que, a princípio, dá origem à submissão e à obediência e, mais tarde, a esforços pela obtenção do poder e da independência, bem como ao ódio e à hostilidade.

Eus dialéticos

Freud apresenta o eu como algo que se desenvolve não apenas em relação a um outro sujeito concreto ou generalizado — o Outro, como gostam de chamá-lo alguns teóricos sociais contemporâneos —, mas também em relação ao pai e à mãe, isto é, a dois sujeitos separados, mas sexual e socialmente inter-relacionados, cada um dos quais assume uma postura diferente perante o terceiro sujeito que emerge. Portanto, a visão freudiana considera fundamentalmente triangular a condição social: todo ser humano ingressa num mundo em que "sempre já" existem pelo menos outros dois, relacionados por laços sociais/sexuais, cuja existência é a precondição de seu próprio ser. Todo ser humano tem de negociar sua posição perante a presença simultânea, conflitante mas complementar deles, e tem de aprender a lidar com os desejos e angústias, as ilusões e decepções, o amor e o ódio que essa presença desperta. Como declarou Freud numa nota de rodapé dos *Três ensaios sobre a teoria da sexualidade*, "cada recém-chegado neste planeta confronta-se com a tarefa de dominar o complexo de Édipo".[31] Ao superar e resolver o complexo edipiano, a criança — isto é, tipicamente, o filho varão — amadurece até um estágio mais adulto e conquista o que Freud chamou de "libertação do indivíduo, à medida que ele cresce, da autoridade dos pais".[32]

A concepção freudiana de como o filho varão se emancipa da dominação paterna merece um exame mais detido, uma vez que, ironicamente, é considerada contingente à internalização da autoridade paterna. Nas palavras de Freud: "A autoridade do pai ou dos pais é introjetada no eu, ali formando o núcleo do supereu, que assume a severidade do pai".[33] Somente ao absorver as normas do pai — que proíbem o desejo incestuoso pela mãe — e fazê-las suas é que o filho pode tornar-se autônomo.

A resolução do complexo de Édipo leva à criação do supereu, nome dado por Freud à instância interna que impõe a lei e emite juízos. Ao administrar e implementar padrões morais (ou seja, ao agir como uma consciência moral) que se originaram fora do sujeito, mas que se tornaram parte da concepção que o filho tem de si mesmo, o supereu pode tornar-se ríspido e cruel na perseguição da culpa e da vergonha. Todavia, a agressão do supereu não precisa ser necessariamente derivada da paterna; pais brandos e moderados podem originar uma consciência moral severa nos filhos. Freud explicou que, "através da identificação, [o filho varão] toma a si a autoridade inatacável. Essa autoridade transforma-se então em seu supereu e se apodera de toda a agressividade que a criança gostaria de ter exercido contra ela".[34] Além disso, Freud complicou esse quadro, ao enfatizar que a "relação [do supereu] com o eu não é esgotada pelo preceito '*Tens de* ser assim (como teu pai)'. Ela abarca também a proibição '*Não podes* ser assim (como teu pai), isto é, não podes fazer tudo o que ele faz; algumas coisas são prerrogativa dele'".[35]

Como resultado dos perigos e angústias evocados pelo complexo de Édipo, a criança recalca todos os desejos sexuais nas profundezas do inconsciente por volta dos cinco anos de idade. Com a instauração do período de latência, a radical alteridade interna do inconsciente é lacrada e a oposição fundamental entre o prazer, por um lado, e as exigências da realidade social, por outro, entrincheira-se na alma e é aceita como fundamental para a vida humana.

A imagem freudiana da dissolução do complexo de Édipo retrata uma *Aufhebung* dialética do desejo e da autoridade paterna, que é simultaneamente abolida em sua forma original — isto é, conscientemente ou externamente — e preservada e transformada internamente, ou seja, inconscientemente. O filósofo alemão G.W.F. Hegel usou o termo *Aufhebung* para descrever o resultado dos processos dialéticos; ele denota a transição mediante a qual uma coisa é simultaneamente abolida e conservada, em que um momento afirmativo é preservado e contido em sua negação. Nesse sentido, o discurso freudiano sobre o complexo de Édipo também delineia estágios de uma dialética política da obediência e da emancipação nos quais a dependência leva à autonomia, mas nos quais a autonomia não apenas abole a submissão como também a internaliza e preserva. Dito em termos um pouco diferentes, a criança, através do complexo de Édipo, aprende não apenas a abandonar seus desejos diante da autoridade, mas também a lidar com a presença da autoridade, identificando-se com suas exigências. Quando o desejo encontra a oposição da autoridade, a autoridade é internalizada e se torna própria do sujeito.

A dialética política acarretada pelo complexo de Édipo tornou-se parte do modelo freudiano de todos os contatos dos indivíduos com a sociedade e a autoridade. Na visão freudiana do eu e dos outros, não existem seres humanos simples nem relações sociais sem ambivalência. Uma multiplicidade de mecanismos psíquicos — como o recalcamento e a formação reativa — pode transformar, de maneira imprevisível, um afeto em seu oposto. Assim, ele afirmou, por exemplo, que "aqueles que, quando crianças, foram os mais pronunciados egoístas podem muito bem transformar-se nos membros mais úteis e abnegados da comunidade; a maioria de nossos sentimentalistas, amigos da humanidade e protetores dos animais, evoluiu de pequenos sádicos e torturadores de animais".[36] Para Freud, além disso, o amor sempre implica também o ódio; daí ele haver descrito um mecanismo tipicamente edipiano, que é a identificação do filho com o pai, como "ambivalente desde o início; com a mesma facilidade, pode transformar-se numa expressão de ternura e no desejo de eliminação de alguém... O canibal... tem uma afeição devoradora por seus inimigos e só devora aqueles de quem gosta".[37] Já vimos que, numa etapa anterior, ao mamar nos seios da mãe, o bebê tanto pode querer devorá-los quanto se alimentar neles.

A visão freudiana das relações dos filhos com os pais contraria as idéias piegas referentes ao eu e aos laços familiares. Contradiz também as imagens comuns do sujeito e das relações sociais que subjazem à maior parte da reflexão liberal e utilitarista, na qual se pressupõem eus essencialmente racionais, atomísticos, transparentes, unos ou estáticos. Na visão de Freud, o eu originalmente não tem unidade e se desenvolve ao se cindir da mãe, até finalmente incorporar o pai. Na dialética do complexo de Édipo e em sua resolução, algumas fronteiras entre os sujeitos se deslocam e outras são (mentalmente) canibalizadas. Contudo, o resultado desses processos de identificação e internalização é que o pai canibalizado transforma-se num aspecto essencial e determinante do filho, cuja própria identidade pode depender da presença internalizada contínua do primeiro. Embora as relações sociais e a autoridade dos outros possam ser abolidas, em sua forma atual e externa, nem por isso elas são obliteradas. São, antes, transpostas para um campo interno e inconsciente, onde o passado é conservado e continua a ter impacto no presente e no futuro.

Portanto, o complexo de Édipo transforma o pai no arquétipo de todos os portadores da lei e de todas as figuras posteriores cujos atos possam ser inconscientemente percebidos como castradores. Ele se torna a imagem prototípica da autoridade, opondo-se aos desejos indomados e anárquicos que se recusarem a respeitar os limites e as diferenças. E mais, não apenas não existem sujeitos autônomos para Freud, como também não existem unidades edipianas autônomas. Todo triângulo edipiano faz parte de uma rede que se estende no tempo, remontando a gerações anteriores, e na qual as relações sociais do passado nunca são realmente aniquiladas. Como assinalou o psicanalista francês Jean Laplanche:

> ... De fato, esquece-se com demasiada freqüência, ao se falar da relação mãe-filho ou da relação genitores-filho, que os pais tiveram pais; eles têm seus "complexos", seus desejos marcados pela historicidade, de modo que reconstruir o complexo edipiano da criança como uma situação triangular, esquecendo que, nos dois vértices do triângulo, cada protagonista adulto é também portador de um pequeno triângulo, e até de toda uma série de triângulos interligados, é desprezar um aspecto essencial da situação.[38]

O PAI POR TODA PARTE

Em *Totem e tabu* (1912-13), Freud transpôs as características da dinâmica edipiana do terreno privado da família e do desenvolvimento infantil individual (ontogênese) para os aspectos públicos do desenvolvimento da humanidade como um todo (filogênese). Introduziu a perspectiva edipiana filogenética narrando a intrigante história de uma "horda primeva" que, segundo ele, teria existido numa era primitiva, na qual as fantasias edipianas eram supostamente realizadas na prática. Esse mito das origens retrata uma sociedade governada pela força física de um pai primevo que usava as mulheres que o cercavam para sua satisfação sexual exclusiva, castrando os filhos varões quando estes se atreviam a se tornar seus rivais sexuais. Segundo Freud, os filhos frustrados conseguiram escapar ao controle do pai em algum momento e, movidos por seu desejo incestuoso comum pela mãe e pelo ódio comum ao pai, cometeram o parricídio em nome do incesto. Freud acreditava que esse ato teria ocorrido repetidamente nos tempos pré-históricos; em sua visão, os filhos primitivos dominavam e assassinavam os pais primitivos e, "como canibais selvagens que eram, é escusado dizer que devoravam sua vítima, além de matá-la".[39] Nesse ato canibalesco, os filhos realizavam fisicamente aquilo que, segundo Freud, todos os filhos posteriores procuraram alcançar simbolicamente na dissolução do complexo de Édipo: internalizavam o pai, de modo que cada um adquiria parte da força dele.

Depois do parricídio, os filhos perceberam que nenhum deles poderia de fato assumir o lugar do pai sem provocar uma guerra de todos contra todos. Foi esse, na mitologia freudiana, o começo da civilização, que partiu da transição de um estado originário em que a obediência era imposta de fora, pela coerção física do pai, para uma nova forma de obediência, baseada na internalização das regras. Essa transição foi possibilitada por um contrato social feito pelos filhos; eles se comprometeram a renunciar ao despotismo, declarando que "nenhum poderia ou deveria jamais obter o poder supremo do pai, embora fosse por isso que todos haviam lutado".[40]

Além disso, ao exagerarem o poder do pai morto, atribuindo-lhe dimensões imaginárias ilimitadas, os filhos ampliaram infinitamente o alcance de sua autoridade póstuma, de modo que "o pai morto tornou-se mais forte do que fora o vivo".[41] Freud retratou o contrato social como resultante da obediência póstuma à autoridade do pai voltada para seu resgate simbólico, a fim de aplacar os sentimentos de remorso e culpa. Assim, no contrato social freudiano, os filhos não apenas se ligaram uns aos outros como membros de uma comunidade, mas também fizeram um "pacto com o pai" depois da morte dele.[42]

A acreditarmos na teoria de Freud, a lembrança do parricídio primevo teria entrado num inconsciente coletivo compartilhado por toda a humanidade, que com isso ter-se-ia transformado numa espécie de filho eterno. Em *Moisés e o monoteísmo*, por exemplo, Freud afirmou que "os homens sempre souberam (dessa maneira especial) que um dia tiveram um pai primevo e que o mataram".[43] O discurso freudiano apresenta essa lembrança inconsciente do assassinato, bem como a culpa inconsciente concomitante, como se fizessem parte de um instinto humano que leva as pessoas a buscarem figuras paternas, temerem-nas e se revoltarem contra elas. Em *Moisés e o monoteísmo*, ele declarou que "sabemos que há, na massa da humanidade, intensa necessidade de uma autoridade que possa ser admirada, diante da qual ela se curve e pela qual seja governada e, quem sabe, até maltratada... Trata-se da saudade do pai, sentida por todos desde a infância."[44]

Na visão freudiana, o pai primevo morto também inspirou a construção monoteísta de uma divindade paterna. Freud afirmou que a religião monoteísta visou ressuscitar, em escala cósmica, a dependência e a submissão dos filhos à autoridade paterna. Ao imortalizar o pai primevo e entronizá-lo no reino dos céus, o monoteísmo anulou a culpa inconsciente universal por seu assassinato. Freud elaborou e ampliou diversos pressupostos e implicações políticos de seu mito edipiano filogenético em *Psicologia das massas e análise do eu*, em 1921, em *O futuro de uma ilusão*, em 1927, em *O mal-estar na cultura*, em 1930, em "Por que a guerra?", em 1932, e em *Moisés e o monoteísmo*, em 1939, onde recapitulou todo o mito da horda primeva. A seu ver, todos aqueles que se tornam autoridades e despertam a obediência dos outros — inclusive as divindades — devem ser vistos como figuras paternas.

Como foi ilustrado nos trechos introdutórios deste ensaio, Freud retratou a sociedade, como seria inevitável, como dividida entre as massas/filhos, de um lado, e os líderes/pais, de outro. Decifrou conflitos sociais em larga escala como a expressão de um conflito intergeracional inconsciente subjacente, centrado nas exigências de obediência das massas/filhos aos líderes/pais e na relutância ou recusa das massas/filhos a se submeterem às exigências dos líderes/pais. Nesse conflito, Freud tomou sistematicamente o partido dos líderes/pais (embora sempre se opusesse à religião), pois, como afirmou em *O futuro de uma ilusão*:

> É somente pela influência de indivíduos capazes de dar o exemplo, e reconhecidos pelas massas como seus líderes, que eles podem ser induzidos a executar o trabalho e suportar as renúncias de que depende a vida da civilização. Tudo corre muito bem quando esses líderes são pessoas dotadas de um discernimento superior das exigências imperiosas da vida, e que ascenderam ao auge do domínio de seus desejos pulsionais. Mas existe o risco de que, para não perderem sua influência, eles façam mais concessões à massa do que esta lhes faz, e então lhes pareça necessário independer da massa usando os meios de poder de que dispõem.[45]

Em parte alguma dos escritos de Freud encontram-se exemplos de pessoas que se rebelem contra déspotas por terem tido sua vida e seus bens, seus direitos e seus interesses ameaçados ou violados por líderes autocráticos. No discurso freudiano, as rebeliões aparecem, invariavelmente, como obra de massas/filhos que recusam obediência a líderes/pais por não conseguirem tolerar as restrições que estes lhes impõem. Essa abordagem autoritária é o resultado lógico da grade analítica edipiana, que apresenta a submissão e a obediência às figuras paternas como necessária à existência social e que desconsidera os perigos do autoritarismo. Além disso, a visão edipiana exibe uma clara tendenciosidade patriarcal: ela reduz a política a uma atividade de pais e filhos varões, enquanto relega as mulheres ao papel de objetos passivos do desejo masculino.

Ao mesmo tempo, entretanto, a obra de Freud contribuiu muito para os métodos contemporâneos de desmascaramento dos líderes e de suas posturas ao chamar a atenção para os desejos, fantasias, medos e angústias inconscientes que fazem parte da natureza humana. Afinal, um dia o líder também foi um pequeno Édipo. Apesar de sua tendência autoritária, o paradigma edipiano de Freud legou um vocabulário útil a pensadores críticos como Wilhelm Reich e Herbert Marcuse, através do qual os motivos, mecanismos e estratégias ocultos da repressão, da dominação e da subjugação políticas foram revelados e articulados. Ele permitiu a conceituação da sociedade na mente do indivíduo e a formulação de críticas à alienação, à insatisfação, à culpa, à vergonha, à frustração, à exploração e à desigualdade — inclusive a desigualdade sexual. Na verdade, grande parte do pensamento feminista contemporâneo nasceu da análise freudiana da dialética da sexualidade e da política, assim como da reação a essa análise.

Ambivalência final

Em suma, o paradigma edipiano de Freud une a complexidade ao reducionismo e, com isso, desperta justamente o afeto que procura explicar — a ambivalência. Por um lado, ele proporciona um discernimento crítico das relações sociais revelando a dialética subjacente a todas as suas manifestações e indo buscar a origem dela na dualidade complexa do antagonismo e da complementaridade entre corpo e sociedade, sexualidade e civilização, amor e ódio, autoridade e autonomia, filhos e pais. Por outro lado, o paradigma freudiano constitui um constructo teórico reducionista, que faz do desenvolvimento masculino a norma, é intensamente falocêntrico e autoritário e resvala para uma universalização mítica. Daí o fato de esta discussão do paradigma edipiano de Freud sobre as relações sociais ter sido, ao mesmo tempo, crítica e simpática — ou seja, ambivalente. Sem negligenciar suas falhas e preconceitos, tentei mostrar que ainda hoje esse paradigma pode fornecer muito material para a reflexão.

Da sugestão ao insight, da hipnose à psicanálise

Harold P. Blum

Sob muitos aspectos, a psicanálise emergiu da hipnose, instrumento que tanto era do médico quanto do mágico. A Europa estava fascinada com as experiências e demonstrações de Franz Mesmer, "magnetizada" pelo notável fenômeno da hipnose, que se tornou um modismo popular, um instrumento de magia e misticismo e uma forma de tratamento médico e não médico das doenças. Freud, na época ainda neurologista clínico e pesquisador da neurologia, não apenas ficou impressionado com os fenômenos hipnóticos, como desenvolveu uma explicação psicológica para a hipnose e para sua influência aparentemente estranha mas não raro poderosa.

Até o século XX, a compreensão e o tratamento das pessoas psicologicamente perturbadas e dos doentes mentais eram limitados e pouco desenvolvidos. Considerando as neuroses como distúrbios funcionais do sistema nervoso, e não como distúrbios anatômicos ou fisiológicos, a maioria dos médicos desdenhava o tratamento dos histéricos e outros neuróticos. Outros médicos ainda endossavam a crença grega em que a histeria tinha uma causa biológica e se devia a uma disfunção do útero, embora, vez por outra, se relatassem sintomas histéricos em homens.

Quando Dora, uma paciente de Freud, iniciou seu tratamento em outubro de 1900, Freud notou que ela fora submetida aos tratamentos vigentes na época para cuidar de seus sintomas histéricos. Nessa ocasião, a histeria era tratada mediante a hidroterapia e a eletroterapia; por exemplo, podia-se aplicar uma corrente elétrica diretamente às cordas vocais para tratamento da afonia. Esses tratamentos, freqüentemente acompanhados de repouso, recreação, terapias ocupacionais, exortações e reprimendas, estavam longe de ser dignos de confiança. Sofrendo tanto com os tratamentos quanto com a doença, os pacientes neuróticos desenvolviam — o que não chegava a ser inteiramente irracional — atitudes negativas para com seus médicos, além de antagonismo e pessimismo em relação às terapias. Também os médicos ficavam frustrados com a falta de efeito terapêutico e as recaídas constantes. O médico usava sua autoridade para dar ordens imperativas, às vezes por meio da hipnose, sugerindo e dirigindo os pensamentos, sentimentos e atividades do paciente.

Freud estudou em Paris com Jean-Martin Charcot de outubro de 1885 até fevereiro de 1886. Essa experiência facilitou, em seu pensamento, a transição da neuropatologia para a psicopatologia. Charcot classificara várias manifestações histéricas e mostrara que a histeria era comumente encontrada nos dois sexos e em várias nacionalidades; ela se tornou uma doença "respeitável". Embora ainda invocasse a degeneração hereditária como etiologia primária, Charcot demonstrou que os sintomas histéricos podiam ser induzidos, sob hipnose, até seus mínimos detalhes. Para Freud, o fato de os sintomas poderem ser provocados ou eliminados por meio de uma técnica psicológica era prova incontestável da raiz psicológica da histeria. Ele entendeu a histeria e a hipnose como fenômenos psíquicos que representavam o poder da "mente sobre a matéria". Sem abandonar a idéia de uma predisposição genética individual, Freud, ao considerar a histeria uma doença psicogenética, passou a acreditar que o tratamento poderia processar-se por meios psicológicos.

A avaliação charcotiana segundo a qual os fenômenos hipnóticos ocorriam fora da consciência deu incentivo e inspiração às pesquisas de Freud. A hipnose demonstrava de maneira incontestável a existência de processos mentais inconscientes, o que contribuiu para a crescente compreensão freudiana da importância da motivação e do conflito inconscientes, a princípio em sua relação com a psicopatologia.

Consideremos agora uma paciente do Dr. Josef Breuer, mentor e amigo íntimo de Freud. As tentativas de Breuer de tratar essa paciente pareciam um exercício de inutilidade, e ele recomendou que ela e sua família chamassem Sigmund Freud para uma consulta. Freud descreveu essa paciente como um caso de tratamento bem-sucedido pela hipnose. É bem possível que tenha tido em mente esse e outros casos similares, ao afirmar sobre a hipnose, mais tarde: "Nós, psicanalistas, podemos afirmar que somos seus herdeiros legítimos, e não esquecemos o incentivo e o esclarecimento teórico que devemos a ela."[1]

Esse tratamento hipnótico precedeu a publicação dos *Estudos sobre a histeria*, de Breuer e Freud, e também a auto-análise freudiana, que provavelmente começou com o sonho de Irma e teve um prosseguimento mais sistemático depois da morte do pai de Freud, em 1896. Esse caso clássico e neglicenciado tem importância para os problemas da função parental e da depressão, revelando um discernimento extraordinário da psicologia da maternidade antes mesmo que Freud voltasse uma atenção consciente específica para esse tema ou para a relação mãe-bebê.[2]

A paciente era uma jovem entre vinte e trinta anos de idade, muito abatida após o nascimento de seu segundo filho. Freud a conhecia desde menina e ela passara vários anos sob sua observação, depois da terapia por hipnose. A moça estava sofrendo do que hoje seria chamado de depressão pós-parto, e não conseguia amamentar seu bebê. Era uma situação muito preocupante, uma vez que na época não havia produtos para mamadeira que pudessem substituir o leite materno e, quando uma mãe não podia amamentar, era preciso procurar uma ama-de-leite. Freud observou que haviam ocorrido sintomas similares no nascimento do primeiro filho, quando, apesar da intenção de amamentá-lo, a mãe não havia conseguido fazê-lo. Tinha havido pouco leite nas mamas e a mãe perdera o apetite e ficara agitada e insone. Após quinze dias de sofrimento e tentativas infrutíferas de amamentar a criança, esta fora entregue a uma ama-de-leite, ao que todos os sintomas da mãe haviam desaparecido de imediato. Um ano depois da intervenção em crise feita por Freud, o mesmo distúrbio havia reaparecido e fora tratado da mesma maneira. As experiências com dois filhos sucessivos serviriam de controles no caso, o qual Freud descreveu como mais convincente e claro do que a maioria dos tratamentos bem-sucedidos.

Por ocasião do nascimento do segundo filho, três anos depois do primeiro, as tentativas de amamentação da mãe pareceram ainda mais malogradas, provocando sintomas ainda mais aflitivos. Ela tornou a ficar numa depressão agitada, impossibilitada de comer ou dormir, e teve sua angústia agravada pela incapacidade de cuidar do filho.

Os médicos tornaram a desaconselhar novos esforços de amamentação do bebê e sugeriram que Freud fosse consultado para uma última tentativa de tratamento por meio da hipnose. Quando Freud se encontrou com a paciente, ela estava deitada na cama, furiosa com sua incapacidade de amamentar o filho, incapacidade esta que aumentava a cada tentativa. Ela vomitara tudo o que havia comido e não se alimentara o dia inteiro. Estava com o epigástrio distendido e se queixava de um gosto ruim na boca. Em sua agitação, não chegou propriamente a acolher Freud como seu salvador num momento de necessidade. Sem se deixar abater pela falta de confiança da paciente, Freud hipnotizou-a de imediato e fez a seguinte sugestão hipnótica: "Não tenha medo! Você será uma mãe excelente e o bebê se desenvolverá muito bem. Seu estômago está perfeitamente bem, seu apetite é excelente e você está ansiosa por sua próxima refeição."[3] O marido da paciente mostrava-se preocupado que os nervos da esposa fossem inteiramente destruídos pela hipnose, mas Freud registrou que ela teve um sono tranqüilo, alimentou-se sozinha e "amamentou o bebê de maneira irrepreensível".[4] No dia seguinte, porém, os sintomas voltaram e ela não conseguiu colocar a criança no seio. Freud, agindo de maneira ainda mais enérgica, induziu uma segunda hipnose e relatou ter feito esta intervenção extraordinária: "Eu disse à paciente que, cinco minutos depois de minha partida, ela se voltaria contra sua família com certa aspereza: que havia acontecido com o seu jantar? Eles estavam querendo matá-la de fome? Como podia amamentar o bebê, se não lhe davam nada para comer? E assim por diante."[5]

Quando Freud retornou, na terceira noite, a paciente rejeitou qualquer outro tratamento, dizendo que não havia mais nada de errado com ela. Estava com excelente apetite e tinha leite em profusão para o bebê. Ele soube que, depois de sua visita anterior, a paciente de fato exigira violentamente sua comida e reclamara com a mãe de maneira muito atípica.

Um ano depois, quando nasceu um terceiro filho, a paciente tornou a sucumbir à mesma depressão pós-parto e novamente respondeu ao mesmo tipo de "psicoterapia" hipnótica. Freud observou que, embora a mãe quisesse cumprir suas intenções conscientes de alimentar o bebê, não se apercebia de sua "contravontade". Esse conceito, na verdade, foi menos precursor do "estado hipnóide" de Breuer, como se propôs anteriormente,[6] do que da formulação do conflito intrapsíquico inconsciente. A paciente estava em conflito entre se alimentar e alimentar seu bebê, mas os conflitos ficavam fora de sua percepção consciente.

O trabalho de Freud com essa paciente tornou-se um processo criativo de discernimento e descoberta, porém, mais tarde, no relato do caso clínico, talvez desejando algum "alimento" para si, afirmou ter tido dificuldade de entender que nunca se houvesse feito qualquer referência a seus resultados notáveis. Sua primeira intervenção fora uma tranqüilização hipnótica clássica, com a sugestão pós-hipnótica de que os sintomas da paciente desapareceriam e ela ficaria muito bem. A autoridade e o poder do hipnotizador iriam curá-la magicamente e causariam o desaparecimento dos sintomas. A segunda intervenção de Freud, entretanto, de modo algum foi uma simples sugestão hipnótica; na verdade, embora revestida dessa roupagem, representou uma ruptura com toda a tradição da sugestão hipnótica. Em outras palavras, foi precursora da interpretação psicanalítica, apresentada em termos hipnóticos, na qual a magia hipnótica foi substituída pelo discernimento analítico. Era como se Freud houvesse reconhecido que a sugestão hipnótica, composta de negação do desejo e tranqüilização, só fazia aumentar a recalcitrância e as tendências regressivas subjacentes da paciente.

Decepcionado com o efeito da eliminação hipnótica dos sintomas, Freud deu permissão à paciente para sentir e expressar sua raiva. Havia intuitivamente reconhecido e aceito a raiva dela, bem como sua carência e regressão orais. Ao autorizá-la a despertar da hipnose exigindo ser alimentada, assistida e cuidada, ele reconheceu implicitamente a identificação invejosa da mãe com o bebê, seus próprios anseios de dependência e sua raiva pela fome infantil não saciada. Como poderia a mãe alimentar o bebê, quando a criança dentro dela insistia tanto em ser amamentada? Ao contrário de sua primeira intervenção hipnótica e diversamente das intervenções hipnóticas e psicoterápicas da época, a segunda intervenção de Freud confrontou uma raiz fundamental dos problemas da paciente: sua raiva. Em vez de se concentrar exclusivamente em eliminar os sintomas, ele disse à moça que ela despertaria zangada. Ela estava numa depressão agitada, e é evidente que Freud reconhecera que os pacientes deprimidos estavam inconscientemente enraivecidos. E percebeu que a moça precisava expressar a raiva associada a seus conflitos depressivos.

Freud pareceu reconhecer intuitivamente a presença das fantasias inconscientes de rivalidade, inveja e identificação com o bebê que estavam no cerne da depressão pós-parto. A culpa da paciente por seu desejo repudiado de substituir o bebê e ser o bebê contribuiu, provavelmente, para sua depressão e sua anorexia. Não era tanto que ela estivesse furiosa por não poder amamentar: não podia amamentar porque estava furiosa, e dava vazão a essa fúria voltando-a contra si mesma através da depressão.

Esse caso clínico representou uma confluência da crescente percepção freudiana das origens da depressão e de seu entendimento não apenas de uma dimensão importantíssima da psicologia feminina, mas também da relação objetal primária entre mãe e filho. A sugestiva interpretação freudiana da hostilidade da mulher para com seu filho e sua mãe foi precursora da valorização dinâmica do conflito e da formação de sintomas. Naturalmente, o que foi transmitido à paciente e expressado por ela não foram as percepções verbais conscientes que seriam conseguidas numa psicanálise contemporânea, ou numa psicoterapia dinâmica orientada para o *insight*. Não obstante, a segunda intervenção de Freud constituiu um claro exemplo de como é útil o discernimento do conflito inconsciente por parte do terapeuta, demonstrando a aplicação da intuição psicanalítica num rápido contato psicoterápico. A psicoterapia psicanalítica contemporânea aplica a compreensão analítica a uma vasta gama de distúrbios e pode voltar-se para o *insight* ou para o apoio auxiliar ao ego, ou, na maioria das vezes, para combinações de sugestão, apoio e discernimento. Mesmo numa psicoterapia breve ou numa intervenção em crise, um pouquinho de compreensão pode ser de grande serventia.

Freud usou a hipnose em seu tratamento dos pacientes desde 1887, pouco depois de iniciar sua clínica, até aproximadamente 1896, quando a abandonou em favor da associação livre e do início do método psicanalítico. Antes disso, já havia declarado: "Nem o médico nem o paciente conseguem tolerar indefinidamente a contradição entre a negação resoluta no distúrbio, na sugestão, e o necessário reconhecimento dele fora da sugestão."[7]

O interesse de Freud pela psicopatologia fora despertado pela extraordinária pesquisa e tratamento realizados por Breuer, um eminente clínico geral e pesquisador. Quatorze anos mais velho do que Freud e médico de Brahms e muitas outras personalidades de Viena, Breuer lhe falara de seu tratamento de Anna O., conduzido entre dezembro de 1880 e junho de 1882, antes da experiência de Freud com Charcot.

Anna O. era uma moça de 21 anos, com todos os sintomas da grande histeria: sofria de paralisias histéricas, contraturas, anestesias, distúrbios da percepção e da fala e estados alterados de consciência. Tinha uma pan-neurose, que ora incluía a impossibilidade de comer e beber, ora era acompanhada de fantasias e alucinações assustadoras. À noite, ela conversava com Breuer sobre seu dia desagradável e, à medida que narrava os detalhes de seus sintomas, eles desapareciam. Anna O. chamava esse método de "tratamento pela fala" ou "limpeza da chaminé". Breuer começara a visitá-la até duas vezes por dia, induzindo a hipnose nas consultas matinais e dando continuidade à investigação de seus sintomas. Esse intenso tratamento diário, no qual a paciente falava de seus distúrbios e procurava descobrir a origem de seus sintomas com e sem hipnose, foi chamado de método "catártico". Infelizmente, Anna O. acabou desenvolvendo uma gravidez imaginária, que acabou em sintomas histéricos de parto. Foi acalmada através da hipnose e de sedativos, e Breuer deu por encerrada essa psicoterapia que constituiu um marco. Seu relato foi-se filtrando, na mente de Freud, enquanto ele observava Charcot e outros praticarem a hipnose, traduzia as publicações e conferências de Charcot e Hippolyte Bernheim e dava suas próprias aulas sobre hipnotismo. E esse relato viria a exercer uma influência profunda em sua teoria e terapia posteriores.

Freud inferiu que o amor transferencial de Anna O. por Breuer é que levara este último a se afastar do tratamento. Tivera uma experiência semelhante com uma paciente "em quem o hipnotismo me permitira promover os mais esplêndidos resultados e a quem eu estava empenhado em livrar do sofrimento, procurando descobrir a origem de seus ataques de dor. Em certa ocasião, ao despertar, ela se atirou sobre mim, envolvendo-me em seus braços... [e], desse momento em diante, houve entre nós o entendimento tácito de que o tratamento hipnótico deveria ser interrompido".[8] Freud observou que o tratamento podia ser drasticamente afetado pela relação entre médico e paciente; resultados brilhantes podiam ser jogados fora se essa relação fosse perturbada, ou a melhora podia ser resgatada caso se restabelecesse a relação médico-paciente.

Durante a hipnose, na verdade, o sujeito fica num estado alterado de consciência, nem acordado nem dormindo, e pode passar por alterações neuropsicológicas. A hipnose, ou até a sugestão consciente, pode modificar subjetivamente a experiência, a sensação e a percepção do sujeito. O estado alterado de consciência pode permitir a indução e a eliminação de sintomas, o acesso a lembranças e fantasias e a possibilidade de fazer associações etc., que não ficam acessíveis ao sujeito no estado habitual de vigília.

Embora cônscio dos aspectos filogenéticos e neurobiológicos da hipnose, Freud explicou psicologicamente os fenômenos da sugestão e da sugestionabilidade como manifestações da transferência. A transferência é a transposição ou deslocamento de uma representação intrapsíquica de um objeto infantil de amor (ou ódio) para a representação de uma pessoa atual. As figuras significativas da infância são revividas nas relações atuais, e os padrões de pensamento, sentimento e conduta, bem como os modos de reação e relacionamento com os pais e irmãos, são deslocados para a figura atual. A transferência de fantasias inconscientes para uma pessoa atual indica que nossas reações aos outros nunca são totalmente realistas ou objetivas. O processo de transferência é inconsciente, e o sujeito não tem uma percepção consciente de que as fantasias infantis de amor e ódio, obediência e desafio se repetem, sob formas disfarçadas ou distorcidas, na relação com o hipnotizador ou o psicoterapeuta. Existem fantasias transferenciais associadas à predisposição à hipnose ou à resistência a ela, bem como a ordens hipnóticas específicas e a reações pós-hipnóticas. Uma fantasia de submissão masoquista, por exemplo, pode estar associada ao despertar defensivo ou à excitação erótica. A transferência em si pode ser entendida como um agente poderoso da mudança terapêutica mesmo que o sujeito dificilmente seja capaz de chegar a uma resolução dos conflitos inconscientes subjacentes. O alívio dos sintomas através da sugestão é uma forma de "tratamento transferencial", e a melhora da transferência responde por grande parte dos bons resultados da psicoterapia breve.

A transferência é onipresente, embora a psicanálise crie as condições em que ela pode se concentrar, ser reconhecida e explicada ao paciente. A análise da relação transferencial é um aspecto fundamental da psicanálise, ajudando o paciente a compreender e resolver os conflitos da infância e as atitudes infantis.

Antes das descobertas de Freud, não se sabia o quanto a recuperação do paciente do sofrimento neurótico dependia da relação com o hipnotizador, o médico ou o psicoterapeuta. Breuer não compreendeu o efeito poderoso de sua relação íntima com Anna O. no distúrbio histérico da paciente nem o progresso e a melhora terapêuticos ocorridos durante o tratamento. Em termos psicanalíticos contemporâneos, faltou-lhe a compreensão da transferência erótica evolutiva da paciente e de sua própria contratransferência.

Para Freud, escutar os pacientes tornou-se não apenas uma arte, mas uma ciência. E ele escutava não somente o conteúdo dos conflitos de seus pacientes, mas também as críticas que eles faziam à sua técnica. Depois de ter feito muitas perguntas insistentes[9] à sua paciente Emmy von N. (baronesa Fanny Moser), esta pediu que ele parasse de lhe perguntar de onde vinha isto ou aquilo e a deixasse dizer o que tinha a dizer. Resistente à hipnose, Elisabeth von R.[10] ficava na posição reclinada e era solicitada a concentrar a atenção num sintoma particular e a procurar reavivar qualquer lembrança que dissesse respeito à sua origem. Para permitir maiores progressos, e seguindo uma técnica de Bernheim, Freud pressionava-lhe a testa com a mão. Após várias tentativas, a paciente declarou que, no começo, poderia ter-lhe dito algo que ele julgava importante, mas não tinha achado que fosse o que ele queria. Isso levou Freud a lhe pedir que ignorasse qualquer limitação auto-imposta ao que ela lhe dizia e a dizer tudo que lhe ocorresse, independentemente de considerá-lo sem importância ou desagradável. Tal com Emmy von N., Elisabeth von R. também o recriminou por interrompê-la com perguntas, o que o ajudou consideravelmente a aprimorar e aperfeiçoar o tratamento pela fala que Breuer fizera com Anna O.[11] Bastou-lhe escutar para aprender que tudo o que ocorria no paciente, em última instância, tinha alguma ligação com o conflito inconsciente. A mudança técnica para uma conversa sem empecilhos em estado de vigília representou mais uma transição da sugestão hipnótica para a associação livre e do método catártico para a psicanálise. Substituindo a hipnose, a psicanálise transformou sua aplicação à medida que as formulações analíticas foram-se tornando o quadro de referência da psicanálise e das psicoterapias dela derivadas. A teoria psicanalítica tornou-se a modalidade e o fundamento unificador de diversas psicoterapias, inclusive a terapia analítica de grupo.

Em seu trabalho com os pacientes, Freud continuou a aprender com os erros e os impasses, com os silêncios e outras formas do que passou a entender como uma "resistência". A resistência não era a simples falta de cooperação do paciente; servia para afastar a angústia e a conscientização de idéias e sentimentos desagradáveis. Podia ser entendida e superada ao se provocar a compreensão por parte do paciente, a qual, mais tarde, viria a ser designada por interpretação. Invocando uma metáfora arqueológica, que depois continuou a usar no trabalho psicanalítico, Freud comparou o processo terapêutico à técnica de escavação de uma cidade soterrada.

Em termos de uma metáfora política e social, a situação psicanalítica era muito mais democrática e igualitária do que a estrutura autocrática da hipnose. O paciente não ficava reduzido à condição de um sujeito que tinha de obedecer sem questionamento aos comandos do terapeuta hipnotizador. Em vez de assumir uma postura de dependência e submissão abjetas, ele preservava a completa liberdade de pensamento e expressão e podia criticar qualquer figura de autoridade, inclusive o terapeuta ou um de seus pais, sem ser ameaçado de rejeição ou retaliação. O amor e o ódio, o erotismo e a agressão, as idéias e sentimentos enaltecedores ou denegridores podiam ser admitidos na percepção consciente e francamente expressos a um terapeuta analítico isento de juízos de valor.

Ao contrário do hipnotizador, o psicanalista evitava as tentativas deliberadas de fazer sugestões, dirigir ou doutrinar o paciente, ou de se entregar a uma "persuasão amistosa". A psicanálise procurou limitar a influência do analista sobre o paciente, embora se reconhecesse que sua personalidade tinha uma influência inevitável no processo analítico. Alguns elementos de sugestão eram inevitáveis, mas a análise visava minimizar e interpretar essa influência sugestiva, ao passo que, na hipnose, o resultado dependia da transferência não analisada para o hipnotizador e da influência intencional deste. Na hipnose, a fantasia transferencial do poder mágico e da ordem onipotente costumava permanecer inconsciente, ao passo que, na psicanálise, era interpretada para o paciente, assim como o era na auto-análise que o analista fazia de sua contratransferência.

Na hipnose, o paciente regredia a um estado de desamparo infantil e dependência de uma figura parental investida de um poder e autoridade onipotentes; a abordagem psicanalítica devolvia ao paciente sua responsabilidade por suas idéias, sentimentos e condutas. Era uma abordagem que promovia o crescimento e fomentava o autoconhecimento e a compreensão, enquanto a terapia por hipnose obtinha seus resultados através do amor transferencial e da submissão a uma autoridade parental. Além disso, a delegação de importantes funções reguladoras e de realidade à figura parental do hipnotizador, em geral, nunca era duradoura nem completa. O sujeito hipnotizado não costuma cumprir ordens que sejam totalmente inaceitáveis para sua personalidade vígil.

Sempre interessado na esfera mais ampla da sociedade e da cultura, Freud aplicou suas teorias psicanalíticas à formação de grupos. O hipnotizador e o sujeito podiam ser descritos como um grupo de dois, uma situação especial em que a regressão infantil do sujeito hipnotizado levava à dependência e à carência de pensamentos, sentimentos e atos baseados nele mesmo. Num grupo regressivo, o indivíduo, "hipnotizado" por um líder grupal carismático, é governado por esse líder e pelas atitudes da "mentalidade do grupo". Gustave Le Bon considerava hipnótica a situação do indivíduo no grupo, e Freud[12] assim o citou:

> Vemos, pois, que o desaparecimento da personalidade consciente, a predominância da personalidade inconsciente, o direcionamento dos sentimentos e idéias num caminho idêntico, por meio da sugestão e do contágio, a tendência a transformar imediatamente em atos as idéias sugeridas, tudo isso são as características principais do indivíduo que faz parte de um grupo. Ele deixa de ser ele mesmo e se torna um autômato que não mais é guiado por sua vontade.[13]

Freud encontrou na formação dos grupos, à parte o reforço grupal dos ideais, valores e atitudes, uma dinâmica semelhante à da hipnose. O hipnotizador é o líder grupal que exerce uma autoridade e poder parentais sobre os indivíduos do grupo, que são os filhos simbólicos. Essas descobertas ajudaram a esclarecer o poder hipnótico do orador e do líder carismático. O rebanho, a horda ou a massa perdem a individualidade e podem se portar de maneira incompatível ou até contraditória com as normas e valores habituais do indivíduo. Os indivíduos reagem como se estivessem "hipnotizados", isto é, funcionam como sujeitos numa regressão transferencial hipnótica. Freud interpretou o contágio das idéias e sentimentos num grupo, que antes era atribuído à sugestão, como decorrente da transferência e da identificação dos membros do grupo uns com os outros e com o líder. Mais tarde, os analistas formularam a idéia do grupo como uma nova família: o grupo e seu líder podem funcionar como um genitor benevolente ou destrutivo, ou como um objeto coletivo.

A psicanálise abriu novos caminhos para a compreensão da violência das massas, da atividade das gangues e dos fenômenos cotidianos do preconceito social, do racismo, da política do poder e dos mitos institucionais e nacionais. O surgimento da reflexão psicanalítica sobre a relação entre os fenômenos hipnóticos e alguns fenômenos grupais contribuiu para ampliar os conhecimentos sobre a dinâmica da lavagem cerebral, dos cultos e da histeria das massas. O desenvolvimento posterior da teoria psicanalítica permitiu uma nova compreensão dos processos grupais e das terapias de grupo, bem como do papel do indivíduo na nova família do grupo.

O caso freudiano de Dora

PROVA CRUCIAL DO CONCEITO PSICANALÍTICO DE TRANSFERÊNCIA

Hannah S. Decker

Durante os primeiros anos de sua carreira como psicanalista, Sigmund Freud publicou cinco relatos de casos clínicos que se tornaram famosos. Esses casos são familiarmente conhecidos como Pequeno Hans, Dora, Homem dos Ratos, Schreber e Homem dos Lobos, e em cada um deles Freud relevou algo de novo que havia aprendido sobre a psicologia humana ou a técnica psicoterápica. Embora quase cem anos se tenham passado desde que eles foram escritos, os analistas em formação continuam a usar esses casos para adquirir um domínio das descobertas freudianas. Mas essa não é a única razão da persistência do interesse nesses relatos: eles continuam a ser populares por constituírem uma leitura cativante, que magnetiza e atrai o leitor. Foi por ótimas razões que Freud recebeu o Prêmio Goethe de literatura de 1930, concedido pela cidade de Frankfurt.

O próprio Freud cedo reconheceu — antes mesmo de cunhar o termo "psicanálise" para descrever seu novo tipo de terapia — que estava fazendo algo de especial ao redigir o material de seus casos clínicos. "Nem sempre fui psicoterapeuta", escreveu, ao discutir a situação da "Fräulein Elisabeth von R." em 1895:

> Como outros neuropatologistas, fui preparado para empregar diagnósticos localizados e eletroprognósticos, e ainda me causa estranheza que os casos clínicos que escrevo pareçam contos e que lhes falte, digamos, a chancela de seriedade da ciência.... A verdade é que o diagnóstico localizado e as reações elétricas não levam a parte alguma no estudo da histeria, ao passo que a descrição pormenorizada dos processos psíquicos, como a que estamos acostumados a encontrar nas obras dos autores de ficção, ajuda-me, com o uso de algumas fórmulas psicológicas, a obter ao menos algum tipo de discernimento sobre o curso dessa afecção.[1]

Em particular, o caso clínico de Dora — oficialmente, o "Fragmento da análise de um caso de histeria" — é conhecido há muito tempo, entre os analistas, por sua vívida ilustração do fenômeno da "transferência". A transferência ocorre, no tratamento psicanalítico, quando os pacientes "transferem" para o analista os sentimentos que nutrem por figuras importantes de sua vida. A história freudiana da paciente Dora (pseudônimo que ele deu a Ida Bauer) não apenas esclarece o conceito de transferência, como mostra ainda como Freud deixou escapar a importantíssima transferência ocorrida durante o tratamento dessa paciente, numa omissão que pode ter tido conseqüências significativas na vida dela.

Recentemente, esse caso clínico despertou muita atenção, ofuscando em alguns círculos seu papel tradicional de instrumento de aprendizagem e sua capacidade de cativar. O caso Dora deve sua fama, ou melhor, sua má fama atual, às feministas e aos críticos literários que descobriram no tratamento prestado por Freud à sua paciente uma arrogante tendenciosidade masculina, um tratamento abusivamente insensível e erros significativos de técnica. Entretanto, seja qual for o motivo de o caso chamar a atenção, a história que ele relata é absorvente.[2]

Em outubro de 1900, Dora, então com pouco menos de 18 anos, foi levada a Freud por seu pai, Philipp Bauer, um próspero industrial do ramo têxtil que tinha 47 anos de idade. Fazia dois anos que Dora estava deprimida, comendo pouco, não usando suas jóias habituais e ficando em casa com freqüência. Vez por outra, comparecia a palestras para mulheres, estudava sozinha ou freqüentava galerias de arte, mas estava fundamentalmente insatisfeita consigo mesma, tinha dificuldade de se concentrar, cansava-se com facilidade e havia-se retraído dos contatos sociais. Relacionava-se mal com a mãe, Käthe Bauer, de 38 anos, e se recusava a ajudá-la no trabalho doméstico. As coisas começaram a atingir um clímax quando os pais encontraram um bilhete de suicídio na escrivaninha da filha. Pouco depois, em meio a uma discussão com o pai, Dora havia desmaiado, tivera convulsões e, mais tarde, não conseguira lembrar-se de nada que se relacionasse com esse incidente. Seus pais haviam convivido com a depressão e a irritabilidade da moça, mas esses acontecimentos recentes impeliram-nos a buscar tratamento médico. Seis anos antes, Freud tratara com sucesso dos sintomas sifilíticos de Philipp, de modo que foi a esse neurologista conhecido que o pai de Dora levou sua filha para tratamento nessa ocasião. Dora não queria ir, mas Philipp insistiu.

As consultas a médicos não eram ocorrências raras para Dora; remontavam à sua infância. Ela fora tratada de uma enurese noturna de surgimento tardio aos sete ou oito anos de idade e, depois, de uma falta de ar "nervosa" que havia durado seis meses (embora os episódios de dificuldade respiratória continuassem a ocorrer de vez em quando). Aos oito anos, observou-se que toda a sua personalidade havia-se modificado, passando de uma "criatura indomável" para uma criança silenciosa e bem-comportada. Aos doze anos, começara a sofrer de enxaquecas, perdia a voz por semanas a fio e desenvolveu uma tosse seca e metálica. Diversos médicos tinham sido consultados, sem que de nada adiantasse. As enxaquecas foram desaparecendo aos poucos, mas a afonia, a rouquidão e a tosse persistiam tenazmente.

Na tentativa de se livrar de seus sintomas incapacitantes e enervantes, Dora havia passado pelos tratamentos habituais da época: eletroterapia e hidroterapia. Na eletroterapia, aplicavam-se correntes elétricas ao corpo ou em áreas localizadas, muitas vezes com efeitos colaterais desagradáveis, como dor, empolamento da pele, pequenas queimaduras, náusea, tonteiras, tremores e defecação involuntária. A hidroterapia costumava envolver a vaporização com jatos de água fria (a 7ºC).[3] Nenhum desses tratamentos tivera a menor serventia para Dora, que passara a desprezar os médicos aos quais ia em busca de alívio.

Logo depois que Dora começou a consultá-lo, Freud tomou conhecimento da razão da depressão de que ela vinha sofrendo nos últimos dois anos. Dora havia nascido em Viena, mas, quando tinha seis anos, seu pai ficara tuberculoso e a família se mudara para Merano, uma região serrana no que hoje constitui o norte da Itália. Merano era muito famosa como estância de tratamentos de repouso, por seu clima ameno no inverno e pelas uvas supostamente curativas que cresciam em seu solo radioativo. Em dois anos, Philipp recuperara-se o suficiente para começar a fazer viagens de negócios, mas, a bem da preservação de sua saúde, os Bauer permaneceram em Merano. Foi na época em que Philipp recomeçou a viajar, rompendo um relacionamento estreito que havia estabelecido com Dora enquanto estivera doente, que a menina, então com oito anos, passou por sua mudança de personalidade.

Em Merano, a família de Dora fizera amizade com os "K.", uma família um pouco mais jovem. Quando Philipp apresentou sintomas graves de sífilis terciária, alguns anos depois, o Sr. K. recomendou que ele procurasse Freud para se tratar, e a Sra. K. tornou-se sua principal enfermeira. O surgimento das enxaquecas, dos problemas vocais e da tosse de Dora havia ocorrido nessas circunstâncias. Após um intervalo, Philipp ficou em condições de retomar suas atividades profissionais. Dora tornou-se uma espécie de babá/professora dos dois filhos pequenos dos K., um dos quais tinha problemas cardíacos.

Pouco tempo depois, soube-se que Philipp e a Sra. K. estavam tendo um romance. Nesse mesmo período, o Sr. K. passou a se mostrar afável com Dora, acompanhando-a em passeios a pé e lhe dando presentes. Não muito depois, começou a passar muito tempo com ela e a lhe mandar flores todos os dias, quando seus negócios o mantinham na cidade. Quando viajava, enviava-lhe cartões postais e informava unicamente a ela quando deveria estar de volta. Durante esse período, Dora e a Sra. K. tornaram-se mais íntimas, e era freqüente Dora dormir na casa dos K., no quarto do casal, ocasiões estas em que o Sr. K. se retirava. Dora parecia ter uma paixão adolescente pela Sra. K., referindo-se a seu "adorável corpo branco".[4] Nessas noites em que pernoitava por lá, as duas discutiam muitos assuntos íntimos.

Um dia, quando Dora tinha treze anos, o Sr. K. convidou-a a seu local de trabalho, para que ela assistisse, com ele e sua mulher, a uma festa da igreja. Lá chegando, Dora constatou que a Sra. K. e todos os funcionários haviam saído.

Depois de fechar as venezianas, o Sr. K. puxou-a para junto de si, à porta do escritório, e tentou beijar-lhe a boca. Ela se livrou com um safanão e desceu correndo as escadas, saindo porta afora. Não contou esse incidente a ninguém e, por algum tempo, certificou-se de não ficar sozinha com o Sr. K., mas os dois logo restabeleceram seu relacionamento.

Dois verões depois, quando estava com quinze anos, Dora acompanhou o pai à casa de veraneio dos K., no Alpes, onde Philipp deveria ficar alguns dias e Dora passaria várias semanas. Certo dia, Dora e o Sr. K. saíram para um passeio de barco num lago e, depois que o barco atracou, foram dar uma volta a pé. O Sr. K. começou a falar em tom sério com Dora, que logo percebeu que ele lhe estava fazendo uma proposta sexual. Mais tarde, só conseguiu lembrar-se de que ele lhe dissera: "Você sabe que não tenho nada com minha mulher".[5] Tão logo se deu conta do que o Sr. K. estava dizendo, Dora o esbofeteou e saiu correndo. Mais tarde, quando tirava um cochilo no quarto, acordou com o Sr. K. junto à cama, de pé, e se sentiu ameaçada. Quando seu pai se preparou para viajar, conforme o planejado, Dora recusou-se a ficar e insistiu em ir embora com ele. Durante uma semana, ficou em dúvida quanto ao que fazer, e depois contou o episódio à mãe, que o contou a seu pai. Philipp confrontou o Sr. K. com o relato de Dora, mas ele negou todo o incidente, dizendo que a menina devia tê-lo imaginado. O Sr. K. acrescentou ter sabido por sua mulher que Dora vinha lendo livros sobre sexo, que deviam tê-la deixado excitada demais. Para grande aflição de Dora, Philipp lhe disse que acreditava no Sr. K., numa implicação clara de que achava que a filha estava sob a influência de alguma aberração mental.

Dora mergulhou no desespero e em profundas ruminações. Nos dois anos seguintes, em vão implorou ao pai que ele rompesse a amizade com os K. Quando se sentia particularmente amargurada com sua situação, como nas ocasiões em que Philipp saía para se encontrar com a Sra. K., ela sucumbia ao peso da idéia de "ter sido entregue ao Sr. K. como prêmio pela tolerância dele para com as relações entre sua mulher e o pai de Dora".[6] Sentia-se tomada de raiva de Philipp. Remoendo a idéia de que os pais não acreditavam nela, de que o Sr. K. havia mentido e de que a Sra. K. traíra as confidências trocadas entre ambas, Dora mergulhou numa depressão que não cedeu durante dois anos, até seu pai levá-la a Freud.

A situação de Dora impõe-se à atenção, hoje em dia, por estarmos cientes da gravidade do assédio sexual de homens mais velhos a meninas e adolescentes, especialmente quando a isso se soma a recusa dos adultos a acreditar nos relatos da vítima. É evidente que, no caso de Dora, ela ficou seriamente enferma depois que o pai negou a realidade de sua experiência. Embora prontamente reconhecidos na atualidade, esses aspectos da situação de Dora foram ignorados pelos psicanalistas durante muitas décadas, mesmo depois de Freud haver publicado o caso em 1905. Em vez disso, os analistas concentraram-se no que Freud — que admitiu não ter conseguido ajudar a paciente — disse ter sido a grande lição extraída desse tratamento: a importância da transferência. Embora Freud falhasse com Dora, sua descoberta veio a ser de imensa importância para o desenvolvimento da psicanálise e, a rigor, de todas as psicoterapias.

Os sentimentos que o paciente "transfere" para o analista são, em sua maioria, inconscientes. As transferências mais comuns são a "erótica" e a "negativa", podendo ocorrer uma ou ambas. Em outras palavras, o paciente "apaixona-se" pelo terapeuta, reproduzindo um sentimento de amor do passado, ou desenvolve uma hostilidade contra ele, com base em raivas anteriores. O analista não deve tomar essas "neuroses de transferência" como realidade e retribuí-las na mesma moeda, mas sim levar o paciente a reconhecer a plena extensão do impacto de seus desejos e animosidades do passado, que, por não costumarem ser conscientes, muitas vezes têm um efeito adverso em suas relações sociais. A situação transferencial é complicada pelo fenômeno da "contratransferência", isto é, os sentimentos e atitudes que o analista introduz em sua relação com o paciente.

Freud começara a se dar conta da transferência — e do poder dela como obstáculo ao tratamento, caso o paciente não fosse ensinado a reconhecê-la — uns cinco anos antes de tratar de Dora.[7] Vemos em seus textos algumas referências ocasionais a esse fenômeno.[8] Depois, apenas seis meses antes de receber Dora em tratamento, ele mostrava começar a perceber a importância da transferência e um domínio ainda incipiente dela. Numa carta a seu amigo íntimo de Berlim, Wilhelm Fliess, na qual escreveu sobre a conclusão de uma análise de vários anos com um paciente, um certo "Sr. E.", Freud disse que este havia melhorado muito, mas sem se curar completamente, e disse ter uma idéia de por quê: "Estou começando a compreender que o caráter aparentemente interminável do tratamento é uma coisa que ocorre normalmente e que está ligada à transferência... Uma vez que [E.] teve de suportar todos os meus erros técnicos e teóricos, creio, de fato, que um caso futuro poderá ser resolvido na metade do tempo. Oxalá Deus mande o próximo agora."[9] Mas Deus só enviou dois pacientes novos (e um deles só durou um mês) antes que Dora entrasse em tratamento. Freud teve pouca oportunidade de aperfeiçoar seus conhecimentos sobre a transferência antes que ela aparecesse.

Dora começou a consultar Freud numa análise diária (só os domingos eram excluídos) no início de outubro de 1900. Na véspera do Ano Novo, abandonou o tratamento abruptamente, sem aviso prévio, para grande choque de Freud. Ele vinha achando que a análise estava correndo muito bem e esperava que fosse um sucesso no prazo de um ano. Num pós-escrito acrescentado à apresentação do caso, ele meditou sobre o que saíra errado. Por que não havia percebido a aproximação da partida de Dora? E chegou à conclusão de que "não consegui[ra] dominar a transferência em tempo hábil".[10] Hoje em dia, também percebemos que as questões do sexo e da raiva dominaram a análise de um modo que Freud, em sua inexperiência como psicanalista, mal chegou a suspeitar.

Até certo ponto, Freud se apercebeu de um dos aspectos da transferência: a analogia entre ele e o pai de Dora, aos olhos da moça. Reconheceu que Dora os via de maneira semelhante, pela proximidade entre a idade dos dois — Freud tinha 44 anos e Philipp, 47 — e pelo fato de ambos fumarem charutos. Ela chegou até a manifestar a preocupação de que Freud não estivesse sendo "franco" com ela, porque seu pai, segundo disse, "sempre preferia os segredos e os rodeios".[11] Mas a transferência paterna de Dora para Freud ia ainda mais longe do que este percebeu. Ele não reconheceu a resistência transferencial da moça, que tinha por base o fato de ele conhecer a família Bauer (que voltara de Merano para Viena e morava a três quarteirões de sua casa) e de haver conhecido o irmão mais velho e a irmã caçula de Philipp. Além disso, Freud tratara da sífilis de Philipp antes que Dora, a contragosto, fosse levada a sua presença. Com isso, Dora chegou a Freud com a suspeita de que ele seria um aliado de sua família.

Houve outro aspecto da transferência que passou despercebido a Freud. Dora acreditava ter sido sexualmente usada pelo pai para facilitar o romance dele com a Sra. K., fosse servindo de babá dos filhos dos K., todas as vezes que Philipp e a Sra. K. queriam ficar a sós, fosse sendo oferecida como um presente de seu pai ao Sr. K., a fim de mantê-lo calado a respeito do romance de sua mulher com Philipp. Também Freud estava usando Dora sexualmente através das perguntas e interpretações reiteradas que lhe fazia sobre suas fantasias sexuais e seus conhecimentos sobre o sexo. Numa sociedade em que esses assuntos não eram abertamente discutidos, em que as meninas só chegavam à puberdade aos 15 ou 16 anos, e em que se esperava que as moças de 18 soubessem poucas coisas sobre o sexo, Freud, desde o momento em que se iniciou a análise, falou com Dora sobre masturbação, felação, coito e desejos sexuais. Hoje em dia, os psicanalistas concluem "que a discussão do sexo na análise [de Dora] teve o significado transferencial de uma defloração, transformada numa fantasia transferencial [inconsciente] de que Freud — o fornecedor das informações sexuais — estava penetrando em Dora à força".[12]

Além de não haver percebido toda a extensão da transferência paterna da moça, Freud deixou escapar quase por completo os sentimentos que ela transferiu do Sr. K. para ele. Logo no começo, tivera uma pista de que Dora poderia abandonar o tratamento quando ela lhe relatou um sonho que tivera, pela primeira vez, depois dos incidentes ocorridos durante sua estada com os K. nos Alpes. Nesse sonho, ela se via numa casa em chamas, da qual seu pai a resgatava; e Dora teve o mesmo sonho durante a psicanálise. Freud interpretou esse reaparecimento como sinal de que a moça havia decidido fugir do tratamento tal como fugira da casa dos K.[13] Entretanto, como escreveu mais tarde, deixou de lhe dizer que "foi do Sr. K. que você fez uma transferência para mim".[14]

Além disso, o restante da transferência do Sr. K. passou despercebido. Dora sentiu que Freud, com sua grande ênfase nas questões sexuais, estava fazendo com ela, simbolicamente, o mesmo que lhe fizera fisicamente o Sr. K., ao agarrá-la e beijá-la em seu escritório e ao lhe sugerir uma união sexual naquele dia junto ao lago. E havia ainda o medo de que Freud viesse efetivamente a tentar uma investida desse tipo. Afinal, ele lhe dissera, ao interpretar um de seus sonhos, que ela devia estar querendo que a beijasse, uma vez que, tal como o Sr. K. e o pai dela, era um fumante contumaz.[15]

Houve ainda uma terceira transferência de que ele não se deu conta. Esta vinha de todos os médicos a quem Dora havia consultado durante toda a sua vida, mas particularmente daqueles que, nos últimos anos, haviam-na submetido a uma multiplicidade de terapias, muitas vezes dolorosas e aflitivas, mas que tinham sido totalmente incapazes de ajudá-la. O próprio Freud escreveu que "foi nessas circunstâncias que a menina transformou-se numa jovem madura, de idéias muito independentes, que se acostumou a rir dos esforços dos médicos e acabou por renunciar inteiramente à assistência deles".[16] Não obstante, não reconheceu a intensidade com que Dora aplicava ao relacionamento com ele as dúvidas e ressentimentos que tinha a respeito dos médicos.

A raiva era um fator fundamental na vida de Dora, mas Freud reconheceu apenas uma pequena parte dela. Na conclusão de seu pós-escrito, referiu-se aos "impulsos cruéis e [aos] motivos vingativos" da paciente em relação aos homens, os quais tinham "sido transferidos para o médico durante o tratamento".[17] Ele sabia, portanto, que Dora tinha raiva do pai e do Sr. K. Mas ela também era dominada por outras raivas, às quais Freud não parece haver prestado atenção. Em 1900, Freud estava concentrado no papel desempenhado pela sexualidade na psicologia humana, mas não particularmente no papel desempenhado pela raiva. Esse foi um fator que ele só veio a apreciar plenamente vinte anos depois.

Dora também transferiu para Freud sentimentos negativos provenientes de uma série de acontecimentos que a haviam decepcionado e amargurado, envenenando todos os seus contatos com o mundo adulto. Ela sentia raiva da Sra. K., que lhe parecera ser uma substituta calorosa e interessada de sua mãe, uma mulher fria e obsessiva (é assim que Käthe Bauer é retratada no relato do caso e nas fontes históricas). Mas a Sra. K. usara Dora como babá de seus filhos, passara muitas horas de intimidade com ela e, depois disso, traíra essa amizade íntima ao dar munição ao marido (revelando que Dora lera livros sobre sexo ao visitá-la) para que ele rebatesse a acusação que Dora lhe fez. Além disso, tal como em sua relação com a Sra. K., Dora ficou magoada ao descobrir que uma governanta em cuja afeição pensava poder confiar só estava interessada nela na medida em que, com isso, imaginava ter a chance de vir a manter um romance com Philipp.

Houve outras decepções e tristezas que afetaram particularmente o futuro de Dora. Havia uma clara diferença entre sua vida e a de seu irmão um pouco mais velho, Otto. Ela e Otto haviam estudado juntos até os oito anos de Dora e os dois tinham tido o mesmo desempenho escolar. Depois, por causa da doença e das dificuldades psicológicas, ela havia ficado para trás. Otto continuara a se sair brilhantemente no segundo grau e cursava uma carreira promissora na universidade. Dora, em contraste, estava deprimida e perdida, sem planos de casamento, como disse a Freud, estudando por conta própria e, vez por outra, freqüentando palestras para mulheres.

Pairando acima de tudo e afetando sua consciência e sua auto-estima, havia ainda o fato de ela ser judia e mulher numa sociedade anti-semita e misógina. Desde seu nascimento, ela e sua família vinham experimentando um crescente sentimento anti-semita e, a despeito das primeiras reivindicações de igualdade feminina na Áustria, vozes ainda mais sonoras pregavam a insuficiência intrínseca da mulher. Havia um consenso de que as mulheres eram inferiores, e os anti-semitas proclamavam com insistência que a prova da deficiência dos judeus estava em eles exibirem traços comumente associados às mulheres. O anti-semitismo e o antifeminismo, portanto, entrelaçavam-se na virada do século.[18] Dora ressentia-se tanto da hostilidade que os judeus tinham de suportar que, quando seu filho nasceu, em 1905, converteu-se ao protestantismo, para que o menino não tivesse de passar o que ela havia passado.

Uma das razões de Freud não haver reconhecido plenamente as origens da raiva de Dora foi sua contratransferência, isto é, as crenças e afetos que ele introduziu na análise e aplicou à sua relação com a paciente. A contratransferência é um aspecto do tratamento psicanalítico sobre o qual Freud nunca ponderou detidamente, mas que os psicanalistas modernos levam muito a sério.

Ernest Jones, membro fundador do movimento psicanalítico e um dos biógrafos mais notáveis de Freud, era um jovem neurologista quando o caso Dora foi publicado em 1905. Sentiu-se imediatamente cativado e converteu-se num freudiano entusiasta. "Lembro-me bem", escreveu, meio século depois, "da profunda impressão que me causaram a intuição e a rigorosa atenção aos detalhes que [o caso] exibia. Ali estava um homem que não apenas escutava com atenção cada palavra dita pela paciente, mas também considerava que cada um desses enunciados era tão completamente decisivo e necessitado de correlação quanto os fenômenos do mundo físico. Nos dias atuais, é difícil transmitir quão espantoso foi o fato de alguém levar tão a sério os dados da psicologia."[19]

Quase um século depois de publicado, o caso Dora continua vivo. Sua história é intrinsecamente absorvente e provocante, levanta questões oportunas e pertinentes para os feministas e ensina a todos os psicanalistas que desconhecer a transferência é condenar o tratamento ao fracasso. Aprender sobre a transferência não apenas revolucionou a psicoterapia, como também deixou claro que a transferência é um fenômeno onipresente. Uma vez que todos os nossos relacionamentos são uma combinação de realidade e transferência, reconhecer conscientemente a intensidade de nossos sentimentos em relação aos indivíduos importantes de nossos anos de formação é essencial para uma vida feliz e produtiva.

Freud não pôde ajudar Dora substancialmente, por ter sido limitado por seus conhecimentos incompletos nos anos em que estava desenvolvendo a psicanálise. Mais tarde, já quando analista sofisticado, escreveu vários artigos sobre técnica, nos quais reconheceu seus erros iniciais e mostrou haver feito avanços significativos. Mas eles chegaram tarde demais para ajudar Dora; por todos os dados de que dispomos, ela parece ter permanecido como uma pessoa infeliz e haver continuado a sofrer de múltiplos sintomas físicos.

Ainda assim, Freud a ajudou temporariamente, sobretudo ao lhe mostrar que levava suas palavras a sério, o que nenhum outro adulto da época se dispunha a fazer. Por mais imperfeita que tenha sido a relação entre os dois, o interesse que o médico demonstrou nela permitiu que, pela primeira vez, Dora falasse com outra pessoa sobre o beijo perturbador do Sr. K., aos seus treze anos de idade. Freud acreditou na afirmação de Dora de que seu pai estava tendo um romance com a Sra. K, coisa que Philipp negava com veemência, e endossou a crença da moça em que o pai a estava usando para promover seus interesses pessoais. Como resultado, a longa depressão de Dora cedeu e ela conseguiu reunir coragem para confrontar os K. Arrancou do Sr. K. confissão de que ele de fato lhe fizera uma proposta sexual junto ao lago, e, da Sra. K., a confissão de que ela estava tendo um romance com Philipp. Hoje sabemos que esse reconhecimento da realidade, por parte dos adultos cúmplices, é psicologicamente importante para a auto-estima da criança. Sabemos também que compreender o fenômeno da transferência, como toda a psicanálise aliás, tem a ver com descobrir o sentido através da exploração dos desejos ocultos, coisa que os grandes pensadores e poetas sempre nos ensinaram.

PARTE III

Assimilação e Disseminação

A influência de Freud não era encontrada em textos ou teses específicos, mas, como escreveu Auden em "Em memória de Sigmund Freud", em "todo um clima de opinião pública". O fundador da psicanálise assinalou com freqüência o "esplêndido isolamento" de seus primeiros anos, quando o descaso só parecia ser pontuado por explosões ocasionais de hostilidade. Talvez Freud precisasse acreditar que estava lutando com o mundo para manter seu compromisso com suas idéias e métodos. No fim da vida, entretanto, ele pôde ver que seu trabalho não apenas se espalhara por todo o globo, mas era usado para fins que ultrapassavam em muito os que havia pretendido. A psicanálise tinha-se tornado moeda corrente na cultura da elite e na cultura popular, na política e no romance, em quadros que pretendiam expressar o inconsciente e em histórias em quadrinhos que ridicularizavam o assunto inteiro.

Freud e a psicanálise têm sido uma das grandes áreas de pesquisa histórica de Peter Gay, que também usou as idéias psicanalíticas em sua abordagem de outros temas históricos. Em seu ensaio desta seção, entretanto, Gay assinala a vasta indiferença e até o antagonismo às teorias de Freud que se observam entre os historiadores. Apesar de os historiadores e os psicanalistas freqüentemente abordarem problemas semelhantes, as interações produtivas entre esses dois grupos têm sido escassas e muito espaçadas. Os demais ensaios desta seção descrevem a maneira como o estilo de pensamento freudiano difundiu-se através da instituição da psicanálise e dos vasos capilares da cultura popular. O tema de Edith Kurzweil é a notável disseminação da psicanálise nos Estados Unidos, a partir da viagem de Freud a Massachusetts em 1909. A Segunda Guerra Mundial foi o grande acelerador desse campo profissional, uma vez que analistas refugiados encontraram na América um lar para si e seus familiares (e, às vezes, para suas idéias). Robert Coles examina o lado avesso desse processo: a americanização da psicanálise. À medida que a vocação se profissionalizou, ela enquadrou seus praticantes e criou seu próprio tipo de ortodoxia em contraste (e, às vezes, em oposição a ele) com "o Papa de Viena". E. Ann Kaplan interessa-se por uma outra via de disseminação — o poderoso meio de comunicação que é o cinema. Já na época de Freud, havia cineastas ansiosos por levar suas idéias para a tela. Ele era cético, no entanto, quanto à possibilidade de representar qualquer dos processos inconscientes através do cinema. Nos filmes, a psicanálise aparece inserida e reinserida em diferentes contextos culturais, e Kaplan observa que, em nossa época, o analista é menos uma figura de autoridade, ou até de estranheza, do que, mais provavelmente, uma figura de diversão. As possibilidades cômicas da psicanálise são infindáveis e, no último ensaio desta parte, Art Spiegelman sugere por quê, enquanto demonstra mais algumas delas em seus "quadrinhos". Os chistes podem ser sintomáticos, mas os bons conseguem instruir enquanto divertem.

A psicanálise e o historiador

Peter Gay

Diversamente de outras ciências humanas — sociologia, economia ou antropologia —, a história nunca desfrutou de uma relação cordial com a psicanálise. Houve um breve lampejo de interesse, que podemos datar com precisão: início de 1958. Em janeiro, a *American Historical Review*, órgão oficial da classe, publicou o discurso presidencial proferido em dezembro do ano anterior por William L. Langer, intitulado "A próxima tarefa". Três meses depois, o psicanalista Erik Erikson publicou *O jovem Lutero*, ensaio biográfico que tinha o promissor subtítulo de *Um estudo de psicanálise e história*.

Langer havia afirmado que a tarefa seguinte seria a aplicação da psicanálise às investigações históricas. Seu discurso gerou um amplo e respeitoso interesse entre os historiadores, sobretudo porque Langer era um profissional de credenciais impecáveis, obtidas em campos tradicionais e totalmente respeitáveis, como a história documental. Se esse trabalhador honrado e experiente, um recruta sumamente improvável do regime freudiano, recomendava-o a seus colegas, talvez houvesse alguma coisa boa na psico-história, afinal.

Erikson, por sua vez, contribuiu com uma biografia psicanalítica escrita com talento, que exibia uma familiaridade gratificante e nada condescendente com as biografias anteriores de Martinho Lutero — uma bibliografia de porte. O texto de Erikson foi recomendado como exemplo. Foi também, como o tempo iria revelar, um trabalho precário que se pautou maciçamente num anedotário de autenticidade duvidosa. Embora Erikson tenha enfrentado algumas avaliações céticas desde o início — aliás, *O jovem Lutero* nunca recebeu uma resenha da *American Historical Review* —, durante algum tempo pareceu que, considerando-se o prestígio de Langer, a história esclarecida pela psicanálise estaria na ordem do dia do historiador.

Essa esperança desapareceu quase por completo. Alguns historiadores continuam a se basear no *corpus* freudiano de idéias em seu trabalho; vez por outra —

muito esporadicamente —, conseguem encontrar periódicos dispostos a publicar artigos pautados no pensamento psicanalítico; e existe ainda um ínfimo número de publicações, em condições bastante precárias, que lutam bravamente por manter viva a abordagem psicanalítica nesse campo. *Grosso modo*, no entanto, os críticos das versões psicanalíticas da história, raramente afáveis e quase sempre selvagens, levaram a melhor. Nem mesmo os historiadores que não se acanham em empregar termos técnicos como "recalcamento" ou "romance familiar", e outros similares, comprometem-se com a disciplina que lhes deu origem.

Isso requer uma explicação. Certamente, aqueles que vêem as teorias psicanalíticas como uma fraude, ou um absurdo, ou uma psicologia fracassada, não têm dúvida quanto às razões de os profissionais da história não haverem se dedicado a Freud. As razões por que Freud raramente convenceu os historiadores, tendem eles a afirmar, residem na falência de seu pensamento — inteiramente. Por que utilizar uma disciplina auxiliar desacreditada? Mas, quando não se tem tanta certeza dos argumentos contrários à psicanálise, a aversão dos historiadores realmente parece meio surpreendente. Afinal, a psicanálise, assim como a história, concentra-se em compreender o passado, trabalha no sentido de tornar legíveis as pistas ilegíveis e escava sob as superfícies até atingir as camadas ocultas, obscurecidas e distorcidas pela passagem do tempo ou pela necessidade dos autores — ou do público — de negar verdades desagradáveis. A psicanálise, tal como a história, é uma investigação empírica que, embora guiada pela teoria e apesar de todos os seus procedimentos misteriosos, tem um compromisso com a busca escrupulosa de provas. E mais, os praticantes mais sofisticados de ambos esses campos têm-se mostrado realistas críticos, e não ingênuos, cientes de que, embora se pautem na realidade daquilo que buscam, essa realidade nunca é óbvia.

No entanto, quase todos os historiadores, profissionais e leigos, inclusive os que encontram no mapa freudiano da natureza humana um conjunto de generalizações úteis, mostram-se, se não indiferentes ou hostis à própria idéia de recorrer à psicanálise em seu trabalho, pelo menos nervosos diante dessa possibilidade. E justificam suas apreensões e sua repulsa fazendo uma lista dos obstáculos com que, em sua opinião, irá confrontar-se o historiador interessado em exibir um conhecimento psicanalítico, obstáculos que o tornam inútil, quando não prejudicial, para suas investigações. Resumindo os argumentos mais importantes: a história psicanalítica parece dar praticamente uma garantia de ser intoleravelmente reducionista, além de imprudente, em sua maneira de lidar com dados escassos ou elusivos. Mais ainda, a terminologia técnica que os historiadores psicanalíticos gostam de inserir furtivamente em seus escritos é um insulto à herança literária da profissão, herança da qual a maioria dos historiadores ainda se orgulha muito. Na melhor das hipóteses, a visão psicanalítica da natureza humana é uma coisa empobrecida, que se baseia, a bem da verdade, numa amostra altamente seletiva e sumamente não representativa da humanidade: judias vienenses da classe alta do fim do século XIX. E o objeto da investigação psicanalítica também não parece ser de interesse imediato para os historiadores, posto concentrar-se em fenômenos subjetivos como as fantasias e os sonhos. Os historiadores lidam com realidades que estão distantes das confessadas no divã. Pior ainda, a psicanálise é rigorosamente individualista e, por conseguinte, incapaz de abarcar as experiências coletivas que compõem o grosso do material do historiador. Não se pode psicanalisar os mortos.

Num ensaio curto, é impossível fazer um exame pormenorizado desses questionamentos. Não obstante, uma rápida revisão das idéias de Freud, de seu legado — e de seu trabalho no mercado das idéias —, não deixa de ser oportuna. Freud, convém lembrar, após anos de reflexão sobre a natureza e o tratamento da neurose, retornou à sua ambição original de solucionar alguns dos mistérios da vida humana. Certamente, no final da década de 1890, ao concluir o trabalho sobre *A interpretação dos sonhos*, havia-se convencido de estar desenvolvendo uma psicologia que explicaria não apenas a vida psíquica dos neuróticos, mas também a das chamadas pessoas normais. É precisamente o cunho ambicioso de seu pensamento — um pensamento que, por sua própria natureza, professa uma validade universal — que o torna relevante para as perguntas rigorosas que os historiadores formulam e para as respostas rigorosas que tentam fornecer.

O mais superficial levantamento da bibliografia psico-histórica mostra que seus críticos têm razão. Pelo menos parte dessa bibliografia é reducionista, imprudente, ou ambas as coisas. Inebriados com a promessa estonteante de um instrumento psicológico refinado, capaz de penetrar no cerne da matéria, os psico-historiadores tendem, sabidamente, a supersimplificações descuidadas. Poderíamos citar textos que dão a acontecimentos históricos e biografias históricas um tipo de tratamento que poderíamos chamar de "nada além de". Não se pode nem deve reduzir uma revolução a uma aparatosa versão ampliada do complexo de Édipo em ação, nem reduzir os pronunciamentos e as vidas exaltadas dos reformadores religiosos a algumas privações traumáticas na infância. É certo que tem havido grande exagero na acusação de que os psico-historiadores escrevem mal. Embora o jargão seja incômodo em qualquer situação, os mais sofisticados dentre os historiadores que recorrem à psicanálise — como, por exemplo, o eminente historiador norte-americano Richard Hofstadter — têm demonstrado, em sua obra, que é possível ser ao mesmo tempo um estilista brilhante e um estudioso receptivo de Freud.

Além disso, os defensores da psico-história não hão de ter dificuldade em admitir que não existe a menor possibilidade de psicanalisar os mortos. Mesmo depois de deixarmos de lado os céticos que insistem em que também não é possível psicanalisar os vivos, temos de reconhecer que essa afirmação aponta para algumas diferenças significativas entre os métodos do psicanalista e os do historiador. O analisando fala, não faz quase nada além de falar; num contraste evidente, Clio* é

*Na mitologia greco-romana, Clio é a musa da história. (N.T.)

silenciosa, resiste à análise, quase desafia o investigador a descobrir a verdade sobre ela. Os personagens históricos sonham e, em alguns casos, deixam em seus diários ou em seus escritos algum fragmento tentador de sonhos manifestos. Salvo em alguns casos extremamente raros, porém, esses personagens, ao contrário dos analisandos, quase nunca dão indicações de haverem interpretado seus sonhos ou de terem seguido os fios dos elementos oníricos até onde eles pudessem levar. Em suma, Clio não responde às interpretações do analista — ou do historiador — e, portanto, não pode aprofundar nem complicar as descobertas. O historiador está fadado a dar palpites — palpites bem informados, espera-se — para preencher as lacunas existentes nos dados.

Tudo isso é incontestável, mas não desacredita automaticamente qualquer tentativa de aplicar categorias psicanalíticas a indivíduos e grupos que já não estejam acessíveis ao tratamento analítico direto. Desde Tucídides (pensemos em sua análise da peste que atingiu Atenas e de seus efeitos traumáticos), não há dúvida de que todos os historiadores agem como psicólogos amadores. É fatal que atribuam motivos, descrevam conflitos internos e percorram as vias tortuosas que vão das intenções às ações. Contudo, não há dúvida de que qualquer sistema psicológico empregado pelo historiador está fadado a incluir uma certa dose de especulação. O que está em jogo, portanto, não é se os historiadores devem ou não abrir mão de fazer conjecturas sobre os motivos da ação — coisa à qual eles não têm como renunciar —, mas qual a teoria psicológica com maior probabilidade de dar bom resultado. Mesmo reconhecendo a distância entre a situação analítica e o trabalho do investigador histórico, seja num arquivo, em sua escrivaninha ou em campo, a psicanálise pode reivindicar uma utilidade suficiente para merecer consideração, uma utilidade que vai aos próprios alicerces do sistema freudiano. Por mais que os psicólogos, psiquiatras e biólogos possam rever detalhes desse sistema, seus elementos essenciais permanecem intactos e vão mais fundo do que qualquer outra psicologia. Ele reconhece o abismo entre o funcionamento mental consciente e os desejos inconscientes, a importância central dos conflitos, as pressões urgentes das pulsões e as manobras das defesas psicológicas para controlá-las — as tabelas do desenvolvimento humano.

Aliás, o que está implícito nessas proposições fundamentais da psicanálise transcende o que com freqüência se considera a exígua base de comprovação freudiana. Como observamos, o próprio Freud considerou suas descobertas aplicáveis à humanidade inteira, presente e passada. À semelhança dos historiadores filosóficos do Iluminismo, seus inequívocos ancestrais intelectuais, Freud confiava em que certas forças universais, como o amor e o ódio, e certas reações universais, como o recalcamento e a angústia, não eram monopólio de sua época e sua classe, mas tinham sido dotes indispensáveis desde que o animal humano começou a se erguer sobre duas pernas. É intrigante, nesse contexto, assinalar que, embora não tenhamos um inventário completo dos pacientes de Freud — pelo menos nenhum que seja publicamente acessível —, sabemos que ele analisou mulheres norte-americanas, russas, inglesas e francesas, bem como homens e mulheres austríacos, cristãos e judeus. Além disso, fez incursões imaginativas pelos personagens da ficção, por artistas italianos mortos há mais de três séculos, e por outros "analisandos" muito distantes do que se costuma supor que tenha sido sua clientela exclusiva.

Mais importante ainda, não é válida a objeção de que as idéias de Freud não tocam nas realidades que constituem o feijão com arroz do historiador. Em primeiro lugar — e é mérito da psicanálise haver enfatizado isso —, as fantasias são realidades, em geral realidades poderosas a rigor, que exigem um estudo tão intensivo quando os dados materiais mais óbvios. Não foi uma descoberta da psicanálise que os seres humanos não são inteiramente racionais, que as preocupações neuróticas não são específicas deste ou daquele indivíduo. Ela não desvendou o fato de que os preconceitos nacionais ou raciais coletivos, ou as paixões religiosas, impelem os seres humanos a atitudes e atos que seriam completamente inexplicáveis, se estudados sob a rubrica sensata do exclusivo e simples interesse pessoal. Essa é uma descoberta muito antiga, que remonta pelo menos a Tucídides. O que Freud fez foi sistematizá-la, mostrar como surgem as fantasias e quais suas conseqüências mais prováveis. Admitimos que as fantasias são coisas meio vagas, difíceis de identificar e que, muitas vezes, mal chegam a deixar vestígios visíveis, mas o historiador que as descobre em ação pode dar-se por muito satisfeito, pois está no caminho das verdades históricas. É obrigado a levar em conta as realidades históricas. "Quando os homens definem as situações como reais", como disse há muito tempo a célebre frase do sociólogo W.I. Thomas, "elas são reais em suas conseqüências."

E não é só isso. Ao contrário das convicções largamente aceitas, a psicanálise não é distante nem antagônica às realidades corriqueiras do dia-a-dia — digamos, as realidades "brutas". Por se concentrarem em fenômenos mais intangíveis, os psicanalistas enfraqueceram sua posição ao deixarem de frisar esse aspecto, que é de importância crucial para os historiadores. Na última teoria freudiana do aparelho psíquico, a chamada teoria estrutural, desenvolvida depois da Primeira Guerra Mundial, o isso é inteiramente inconsciente, enquanto o eu e o supereu o são em parte. Isso significa que o eu e o supereu, mas especialmente o eu, enfrentam sistematicamente o mundo externo. Um conflito tão íntimo e particular quanto o complexo de Édipo, na visão de Freud, é significativamente moldado por forças externas, por experiências na escola, nas brincadeiras ou na leitura. A cultura externa, ainda que ocupe apenas o pano de fundo da maioria das sessões de psicanálise, está sempre presente. O eu calcula, julga e faz previsões à medida que elabora uma multiplicidade de sinais do ambiente: sinais dos pais, das babás, dos irmãos, dos professores e dos sacerdotes; e dos compromissos religiosos, de classe e nacionais.

A maneira como a mente elabora esses impulsos não distorce, necessariamente, o material que inunda o indivíduo. "Das pessoas normais", observou

Freud certa vez, "esperamos que mantenham sua relação com o dinheiro inteiramente livre de influências libidinais, e que a regulem por considerações realistas." No esquema simbólico da psicanálise, o dinheiro pode representar as fezes, mas de modo algum é isso que sempre acontece. Parafraseando a afirmação mais freqüentemente citada que Freud nunca enunciou, às vezes um dólar é apenas um dólar. Na verdade, uma decorrência dessa visão do eu humano é que a análise completa de um ser humano, ou de grupos humanos, não pode prescindir das interações entre a vida interna e a externa. E é nesse ponto que o historiador entra em cena.

Essa interação, é claro, complica a perspectiva individualista de Freud. É fato que o contato entre analista e analisando, encerrados na hermética situação psicanalítica, parece ser a própria epítome do individualismo: um sofredor solitário que fala com um terapeuta isolado, tendo sua comunicação protegida, simbolicamente e de fato, pelas portas duplas do consultório deste último. Mais uma vez, porém, o Outro, o mundo, é sempre uma presença invisível. Quando um casal tem relações sexuais, disse Freud certa vez, há sempre quatro pessoas presentes.

Esse mesmo mundo complexo e multi-estratificado é o mundo dos grupos — congregações religiosas, partidos políticos, comunidades étnicas, classes econômicas — que compõem, em conjunto, os temas nos quais os historiadores mais tendem a concentrar sua investigação. Nesse ponto, mais uma vez, podemos ser injustos com a psicanálise, se deixarmos de lançar uma ponte entre suas descobertas e as necessidades do ofício do historiador. Em 1977, quando a Associação Psicanalítica Americana organizou uma mesa-redonda sobre o conhecimento psicanalítico dos processos grupais, seu presidente, Burness E. Moore, assinalou com pesar que a última mesa-redonda a versar sobre a psicanálise social fora organizada em 1956, 21 anos antes. De fato, praticamente todos os analistas, presos à sua formação especializada e relutantes em sair de trás do divã, demoraram enormemente a entrar no campo da história, fosse como praticantes, fosse como críticos. Talvez haja um saber nessa modéstia, mas, com a possível exceção de Erikson, os analistas não procuraram transcender suas limitações ao reconhecê-las.

Essa grande recusa teve a conseqüência de que os historiadores que desejam aplicar as idéias psicanalíticas aos "processos grupais" têm muito pouca orientação da psicologia social psicanalítica com que contar. O próprio Freud não escreveu nenhum texto de história e tinha profundas suspeitas das biografias; sua única investida séria na conduta coletiva foi um panfleto fininho, embora altamente sugestivo: *Psicologia das massas e análise do eu* (1921). Esse texto proporciona um discernimento fascinante dos laços eróticos que mantêm unidas as organizações coletivas e ligam os seguidores aos líderes, mas deixa inexplorada a maior parte de seu vasto campo. Em geral, porém, as idéias fundamentais de Freud, longe de serem avessas a essa psicologia, podem servir de importante ponto de partida para os historiadores, embora estes, ao que parece, tenham que concluir o trabalho sozinhos.

Supondo que se quisesse reconciliar a psicanálise com a história, como se poderia chegar a esse acordo e qual seria a vantagem dele? Como observei anteriormente, os historiadores sempre ocuparam seu próprio universo cultural, recorrendo livremente a disciplinas correlatas — teologia, filosofia, sociologia, antropologia — em busca de orientação prática e teórica. Nenhum historiador que pretenda escrever um estudo abalizado (e não meramente anedótico) sobre a Grande Depressão deixará de, no mínimo, explorar e, se possível, apreender em toda a plenitude os fundamentos da economia. Mas é verdade que, comparada às ciências sociais, por mais ricas, complexas e controvertidas que sejam, a psicanálise oferece uma resistência muito maior a uma assimilação e aplicação bem-sucedidas.

Num espírito excessivamente restritivo, Freud afirmou, mais de uma vez, que só se podia compreender sua disciplina depois de passar por uma análise pessoal. Mas, quantos historiadores podem ter a expectativa, em nome de sua profissão, de passar por esse "aprendizado" complexo, demorado, dispendioso e perturbador? Raramente os historiadores resistem a aprender novas línguas, mas, passar cinco ou seis anos no divã? Mesmo quando alguém rejeita as condições exigentes de Freud para ingressar no santuário da psicanálise, mesmo quando ele se apóia em livros e cursos, é verdade que, durante um longo tempo, o pensamento psicanalítico continua a ser esotérico. Além disso, com demasiada freqüência, sua aplicabilidade ao material que o historiador consegue desencavar é tudo menos evidente, ou sequer apropriada. Se, como afirmava Freud, os anos da infância e, mais tarde, a vida oculta dos afetos adultos são de importância preponderante para assegurar a compreensão das idéias e atos de um personagem histórico ou um grupo histórico, a maioria das interpretações psicanalíticas do passado está destinada ao fracasso, simplesmente por haver muito pouco material com que trabalhar. Até os historiadores que rejeitam as generalizações reducionistas têm dificuldade de vincular os pensamentos e atos manifestos, que são seu foco de interesse habitual, às constelações mentais subjacentes e de formular teses causais convincentes através dessas vinculações.

Felizmente, o lugar-comum que diz que não se pode psicanalisar os mortos é mais do que uma simples crítica severa a qualquer tentativa de traduzir as técnicas analíticas em métodos históricos. É também, sobretudo por implicação, uma sugestão do que os historiadores poderiam fazer com o sistema de idéias de Freud. Para o historiador, em suma, a psicanálise não deve ser um livro de receitas, mas um modo de pensar. Há momentos em que é possível aplicá-la de maneira bastante direta. Ao descobrir um diário explícito e detalhado, o historiador pode arriscar-se a se portar como faria um analista, oferecendo uma interpretação dos sonhos com base num relato perfeitamente detalhado, ou nas associações que, por alguma razão, o sonhador tenha julgado interessante anotar. Em tal situação, o historiador teria uma oportunidade de extrair inferências plausíveis.

Em geral, porém, os historiadores que simpatizam com a psicanálise são mais ajudados pelas perguntas que Freud os habilita a fazer do que pelas respostas que ele lhes permite dar. Isso quer dizer que a propensão para a análise permite que os historiadores fiquem atentos a certas nuances que provavelmente passariam despercebidas a seus colegas não analíticos. Seria um absurdo depreciar os historiadores que viveram em épocas muitos remotas, ou que hoje se mostram muito relutantes em se prover de uma perspectiva psicanalítica. A sabedoria, essa rara mas esplêndida via para o conhecimento, permitiu no passado, e deverá permitir no futuro, que os historiadores levem em conta o que seus colegas de menor discernimento estão fadados a deixar escapar. Recomendar a psicanálise como disciplina auxiliar para o historiador não implica que nos sintamos superiores a um Jacob Burckhardt, um Theodor Mommsen ou um Marc Bloch simplesmente por eles não haverem conhecido a teoria freudiana.

Essa discussão é importante para o que talvez constitua a crítica mais difundida que os historiadores tendem a fazer uns aos outros: a falta de objetividade. Em geral, eles confiam em que compreendem as fontes da parcialidade nos outros — nos outros, é claro, uma vez que se sentem confiantes em estar agindo de maneira científica em seu próprio trabalho. Os historiadores dificilmente esperam que um católico devoto tenha muitas coisas positivas a dizer sobre Martinho Lutero, que um marxista fiel elogie John D. Rockefeller ou Andrew Carnegie, ou que um zeloso patriota inglês se deixe arrebatar pelas virtudes da nação alemã. Por que essa confiança em si e esse ceticismo em relação aos outros? Os historiadores profissionais tentam aproximar-se do que consideram ser toda a verdade sobre o passado, de um modo geral seguindo as regras de seu ofício: ir diretamente aos fatos, não descartar provas que contradigam as próprias teses, usar aspas nas citações e reconhecer os empréstimos de terceiros em notas de rodapé. Enveredase por esses caminhos da virtude com um sadio temor dos críticos. Mesmo assim, a marcha para a objetividade histórica afigura-se a muitos um ideal remoto e inatingível.

É nesse ponto que a categoria psicanalítica técnica da contratransferência pode revelar-se útil. A contratransferência é a maneira como os analistas reagem a seus analisandos, para além da atenção flutuante benevolente, mas estritamente neutra, que é uma das exigências mais significativas de sua profissão. Os psicanalistas não concordam plenamente quanto às conseqüências das atitudes contratransferenciais. Já houve quem argumentasse, como este autor, que o engajamento apaixonado do historiador, embora acarrete sérios riscos, pode levá-lo a fatos ou a qualidades de caráter que simplesmente escapam aos colegas menos apaixonados. Deixando de lado essa interpretação especial, a postura clássica enunciada por Freud foi a de que a contratransferência prejudica a capacidade do analista de analisar livremente.

O analista que experimenta as angústias da contratransferência — quer elas se manifestem como um tédio na análise, um enamoramento pelo paciente ou, o que é igualmente ruim, uma hostilidade a ele — tem saídas para isso. Para reduzir ou eliminar essas interferências, pode fazer uma breve auto-análise ou consultar um colega para chegar ao fundo dessa atitude essencialmente antiprofissional. Durante muito tempo, mesmo sem Freud e ainda que informalmente, os historiadores vêm tentando fazer algo parecido ao confrontarem seus amores e ódios, suas fidelidades e suas aversões aos assuntos, com isso ajudando a neutralizar um pouco as interferências emocionais. Tal como os psicanalistas, os historiadores são seres humanos e nunca se transformarão num instrumento perfeitamente neutro e inteiramente objetivo de registro da verdade. Entretanto, a compreensão psicanalítica desse tipo de implicação pode servir para intensificar o autoconhecimento do historiador. Essa talvez seja a primeira ponte que podemos lançar entre a análise e a história. E deve haver outras.

A receptividade a Freud nos Estados Unidos

Edith Kurzweil

A psicanálise chegou aos Estados Unidos em duas grandes levas. A primeira ocorreu não muito depois da visita de Freud em 1909 à Universidade Clark, em Worcester, Massachusetts, e a segunda, depois da chegada dos emigrados europeus na década de 1940. Cada leva trouxe adeptos entusiasmados, ansiosos por explorar o potencial científico e terapêutico da psicanálise, apelando ao mesmo tempo para um público norte-americano mais amplo. Nas duas ocasiões, essa dupla acolhida gerou ambigüidades e mal-entendidos, ameaçou crenças arraigadas e carreiras e criou expectativas injustificadas, que levaram a decepções inevitáveis.

No início do século, eminentes neurologistas norte-americanos, como Morton Prince, James Jackson Putnam e S.E. Jelliffe, e psicólogos como Stanley Hall, William James e Boris Sidis, seguiam os passos da "escola francesa" — Jean-Martin Charcot, Hippolyte Bernheim e Pierre Janet. Eles vinham usando a sugestão e (vez por outra) a hipnose para tratar os conflitos neuróticos causados pela chamada moral civilizada.[1] Ao lerem que Freud, um neurofisiologista, fizera os sintomas histéricos de seus pacientes desaparecerem despertando-lhes as lembranças e fantasias inconscientes, quiseram descobrir em que os métodos do vienense diferiam dos seus e de que modo ele havia chegado ao reconhecimento de que esses sintomas eram devidos ao recalcamento sexual. As afirmações de Freud também despertaram muito interesse por parte de alguns médicos e psiquiatras norte-americanos que cuidavam de pacientes psicóticos em instituições e que não sabiam como tratar as neuroses. Os médicos haviam observado que era freqüente surgirem traços patológicos em pessoas muito jovens, mas não lhes haviam conseguido discernir as raízes. Em 1904, Stanley Hall afirmara que, "se conhecêssemos suficientemente a psicologia genética, 'toda a sinfonia dos sentimentos e atos sexuais dos adultos' poderia ser atribuída às sensações genitais infantis".[2]

A maioria dos grandes médicos da América, na época, tinha vínculos estreitos com a Europa e conhecia os livros de Freud. O mesmo acontecia com alguns dos principais pastores protestantes, que temiam não mais conseguir refrear seu rebanho com base no temor a Deus. Muitos intelectuais, entre eles William James, Edward Bradford Titchener, Franz Boas e Emma Goldman, ao lado de psiquiatras e neurologistas eminentes, como A.A. Brill, Adolf Meyer e James Jackson Putnam, foram assistir às palestras de Freud.

Durante sua viagem pelo Atlântico, em companhia de Ferenczi e Jung, Freud pensou pela primeira vez em como expor um esboço abrangente de sua nova ciência. Essas "conferências introdutórias" revelaram-se talhadas sob medida para sua platéia ilustre. Nelas, Freud enfatizava suas esperanças de uma investigação científica das leis que regiam o inconsciente, bem como os eventuais benefícios libertários que tais descobertas trariam para a humanidade. Frisou o papel da sublimação, do trauma e da catarse. Pintou um futuro promissor, concentrando-se na eficácia e nos benefícios da intervenção psicanalítica.

Apesar da descrença e das críticas manifestadas por alguns médicos e neurologistas, muitos deles quiseram ter uma compreensão mais ampla do inconsciente, enquanto as feministas e outros radicais viram nas teorias de Freud um meio de combater a repressão sexual e social. Os praticantes da Ciência Cristã e do Novo Pensamento, ao lado dos terapeutas religiosos do movimento de Emanuel, constataram que Freud estava dando respostas a questões problemáticas e oferecendo um método para ajudar os pacientes sofredores (e os que se faziam de doentes). Assim, a psicanálise tornou-se um ponto de encontro para o que eram, sob outros aspectos, esferas e disciplinas, objetivos e interesses díspares.*

Enquanto, em sua Viena natal e no restante da Europa, o pensamento de Freud era predominantemente desprezado ou denegrido, a cobertura sensacionalista dada à análise dos sonhos pela imprensa norte-americana apelou para a imaginação de um vasto segmento do público norte-americano, o qual, por sua vez, viu na psicanálise o novo caminho para a felicidade. Freud, entretanto, não aprovou a utilização de suas teorias por religiosos, assistentes sociais, especialistas em educação infantil ou criminologistas.[3] Considerou que todos eles haviam modificado seus métodos para uso próprio e, com isso, deixado de lado "o ouro da psicanálise" — os esforços extremamente laboriosos de penetrar no inconsciente de cada paciente. "Os norte-americanos chegaram com excessiva facilidade a verdades que outros lutaram por descobrir", declarou Freud, "e se contentam depressa demais com aparências superficiais."[4]

Imediatamente após sua visita, Freud correspondeu-se com diversos norte-americanos. Em 19 de novembro de 1909, por exemplo, Putnam escreveu-lhe dizendo que já havia começado a ler a psicanálise, com interesse crescente, e que tinha muitas perguntas específicas a fazer.[5] Menos de um mês depois, informou a Freud que "a verdadeira psicanálise começa onde termina a 'confessional'".[6] Mas

---

* Essa própria atenção foi uma resposta aos ideais utópicos e democráticos que Freud havia sugerido desde cedo e nos quais viria a se estender em *Totem e tabu* (1912-1913) e em *O mal-estar na cultura* (1930).

Putnam foi apenas um dentre os muitos correspondentes norte-americanos de Freud que queriam aprender mais sobre a teoria e a terapia psicanalíticas, sobre a interpretação dos sonhos e sintomas e sobre problemas éticos e pessoais. Para que eles aprofundassem suas pesquisas (e se distinguissem dos charlatães), Freud os exortou a criarem uma organização.

Em 1911, doze médicos fundaram a American Psychoanalytic Association (APA). No mesmo ano, quinze médicos, sob a liderança de Brill, criaram a New York Psychoanalytic Society (NYPS). Em 1914 surgiu a Boston Psychoanalytic Society, com Putnam na presidência. Esses grupos, assim como outros na área de Washington/Baltimore e Chicago, instituíram-se como filiados à International Psychoanalytical Association (IPA), que fora fundada em 1910 — pelas 42 pessoas que se reuniram com Freud em Nuremberg — para facilitar a comunicação entre seguidores espalhados por toda a Europa.

Na América, as iniciativas organizacionais não foram acompanhadas por muitas pesquisas clínicas e teóricas, mas, paradoxalmente, só nos Estados Unidos é que a psicanálise teve um impacto geral na cultura. Somente na América é que um psicanalista praticante como Isador Coriat publicaria uma cartilha para responder às perguntas que o público pudesse formular sobre a psicanálise.[7] Nas palavras de Nathan Hale:

> Entre 1915 e 1918, a psicanálise recebeu três quintos da atenção dedicada ao controle da natalidade, mais atenção do que a dada ao divórcio e quase quatro vezes a que era dedicada à higiene mental... O inconsciente transformou-se num Titã darwiniano, e a análise do sonho, na via para domá-lo.[8]

Os jornalistas faziam perguntas aos freudianos sobre seus casos. Numa ânsia proselitista, alguns gabavam-se de tratamentos milagrosos; os clichês dos repórteres aliavam-se aos exageros e acentuavam o entusiasmo do público. A psicanálise ganhou circulação de massa nas revistas femininas e passou a ser lecionada em cursos de extensão, cursos de verão e "colégios de moças" em Nova York. Max Eastman escreveu: "Ela é uma espécie de 'magia' que vem ganhando rapidamente a atenção das mentes mais científicas no mundo da medicina." Em suma, versões simplificadas da psicanálise, em todos os níveis, ainda que ela não houvesse adquirido muito prestígio entre a maioria dos médicos, começaram a permear a cultura norte-americana.

Antes mesmo do rompimento com Alfred Adler (1911), que conceituou a psicanálise como um meio de instituir o socialismo, e com Jung (1913), que enraizou o inconsciente num passado genealógico distante, e não no indivíduo, Freud escreveu a Putnam sobre sua aflição diante das discordâncias intelectuais, aparentemente irreversíveis, entre seus seguidores mais próximos. Para reduzir ao mínimo esses danos, ele havia confiado o futuro de seu movimento a seus seis seguidores mais íntimos, seu "Comitê", que deveriam supervisionar as práticas psicanalíticas nas sociedades integrantes da IPA. Em outras palavras, a IPA deveria ter a última palavra sobre as qualificações para a aceitação dos membros e sobre as regras da formação e da terapia em todas as suas afiliadas, inclusive as da América.

Entretanto, havia diferenças consideráveis na formação educacional e nos pressupostos gerais de norte-americanos e europeus. Freud e seus primeiros seguidores estavam todos impregnados dos clássicos. Eram um produto do Iluminismo e anteviam que o futuro da civilização seria dominado por descobertas que somente a ciência poderia promover. Daí os textos de Freud serem perpassados por visões de avanços científicos; ele estava empenhado em apurar a ciência da psicologia humana através da revelação dos padrões psíquicos típicos, formados em resposta às experiências primitivas, e que depois norteariam o comportamento do indivíduo. Como presumiu que o inconsciente humano fosse universal na humanidade — em perfeita consonância com as crenças morais ilustradas nos textos de autores como Goethe, Schiller, Shakespeare e Homero —, ele postulou que a psicanálise, ao penetrar no psiquismo inconsciente, esclareceria verdades universais. Especialmente antes de terem muitos pacientes, Freud e seus discípulos aplicaram a psicanálise ao estudo de obras literárias e à personalidade de escritores e poetas. Mais tarde, alguns deles psicanalisaram membros de sociedades tribais e líderes políticos. Em conjunto, tinham a expectativa de que a psicanálise acabasse por explicar todo o comportamento humano, fosse em termos individuais, fosse no plano grupal.

Na verdade, ao se concentrarem no que havia de comum na humanidade, os discípulos de Freud passaram por cima de diferenças individuais na criação, na educação e nos pressupostos culturais. Além disso, ao contrário dos freudianos europeus, que de bom grado acolhiam artistas, psicólogos e filósofos em seu círculo íntimo, os norte-americanos fundadores das sociedades psicanalíticas eram médicos que escolhiam a si mesmos e, muitas vezes, tinham uma formação autodidata. Dadas as formas de popularização e as práticas heterodoxas comuns na sociedade norte-americana, eles julgaram ter de proteger a psicanálise (bem como sua reputação e sua carreira) dos charlatães e dos "analistas selvagens". Não obstante, os freudianos norte-americanos perceberam que era escasso o seu conhecimento das teorias e métodos evolutivos e, sendo assim, foram a Viena e Berlim para se analisar e receber formação clínica.

De modo geral, os primeiros psicanalistas levaram em conta a influência das variáveis culturais no psiquismo individual, inclusive o deles. Nos Estados Unidos, onde o sucesso popular, por mais indireto que fosse, era um empecilho às pesquisas significativas e às análises aprofundadas, os analistas médicos sentiram que precisavam guardar distância dos praticantes populares. Assim, insistiram com veemência em manter os "leigos" fora de suas organizações, e seu número permaneceu relativamente reduzido. Essa postura, por sua vez, criou uma tempestade no interior do movimento, que irrompeu nas reuniões da IPA em Innsbruck, em 1927. Foram apresentados 28 trabalhos sobre a questão da análise leiga. Para se distanciarem dos charlatães, os freudianos norte-americanos insistiram em ignorar as regras da IPA — e as recomendações de Freud —, restringindo exclusivamente a médicos o acesso futuro a suas organizações. Conquanto se referissem a Freud como "o Papa de Viena", eles se recusaram a capitular. Freud abordou esses problemas em *A questão da análise leiga* (1926) e em seu "Pós-escrito" (1927).

Como percebessem que não estavam à altura dos avanços científicos, os psicanalistas norte-americanos procuraram convidar vários europeus para o trabalho de analistas didatas (inclusive Freud, que se recusou por motivos de saúde). Isso levou à criação do Instituto de Chicago, em 1930, sob a égide de Franz Alexander, e à fundação do New York Psychoanalytic Institute (NYPI), em 1931, sob a direção de Sandor Radó.

A cisão entre os freudianos europeus e norte-americanos continuou a se aprofundar no tocante à questão da aceitação de analistas leigos. Em 1936, para se opor à insistência da IPA nesse assunto, a APA declarou que vetaria qualquer resolução daquela organização que concernisse sob qualquer aspecto a problemas norte-americanos. Em 1938, a APA formulou suas próprias normas sobre a "formação mínima dos médicos" em seus institutos afiliados, explicitou o que julgava ser a conduta adequada dos membros e proibiu a aceitação de leigos. Além disso, informou à IPA que seus membros europeus não deveriam aceitar candidatos norte-americanos que já não tivessem sido aprovados pela APA.[9]

O próprio Freud havia previsto algumas dessas dificuldades. Afirmara que, por ser a psicanálise um movimento social e intelectual, uma terapia clínica e uma teoria da mente, era fatal que essas pressões fundamentais entrassem em conflito de tempos em tempos. Mas não tinha como prever que os nazistas tomariam o poder, que a maioria de seus discípulos se mudaria para a América e que a Segunda Guerra Mundial iria, de fato, acabar com a prática da psicanálise no continente europeu.

A segunda grande vaga da psicanálise norte-americana começou com a chegada dos imigrantes europeus. Desde o começo, Freud havia se referido a seus discípulos como pioneiros que estavam explorando as trilhas ocultas do inconsciente. E agora, a maioria deles encontrava-se no "país dos pioneiros". Como resultado, a psicanálise nos Estados Unidos teve um crescimento fenomenal. Os números falam por si: em 1920, a NYPS tinha 20 membros, que subiram para 68 em 1936. Em 1925, a IPA tinha 210 membros, dos quais 16% viviam nos Estados Unidos; em 1931, dos 307 membros, 22% encontravam-se nos Estados Unidos e, em 1952, dos 762 membros, 64% vivam nos EUA.[10] Em 1968, a APA tinha 1.255 membros e a participação nas sociedades locais elevava esse número para 1.846, mas, embora a participação na APA tenha chegado a 2.000 membros em 1972, os pedidos de ingresso já haviam começado a diminuir.

A acolhida inicial dada aos imigrantes (quase todos judeus) foi dúbia. Apesar de quase todos os psicanalistas norte-americanos terem enviado declarações juramentadas que garantiam o apoio financeiro a seus colegas europeus, e embora Lawrence Kubie houvesse organizado um Comitê de Emergência extremamente eficiente para ajudá-los a entrarem no país, muitos afiliados da Associação Americana de Medicina temiam que os europeus viessem a concorrer com eles no mercado de trabalho. Legalmente, os estrangeiros não tinham permissão de exercer a medicina nos estados norte-americanos, à exceção de cinco — exigia-se que fossem aprovados por bancas examinadoras de medicina para se tornarem psicanalistas —, mas eles eram obrigados a provar que seriam capazes de se sustentar no prazo de um ano para conseguirem entrar no país. Além disso, o preconceito contra os judeus, apesar de nem sempre explícito, era bastante difundido. O Comitê de Emergência superou esses problemas, conseguindo empregos em hospitais para muitos dos seguidores de Freud.

Nesses meios hospitalares, os freudianos puderam demonstrar a eficácia do "tratamento pela fala" a seus colegas, que ficaram tão impressionados que recomendaram que todos os aspirantes à medicina estudassem os rudimentos dos princípios psicanalíticos. Assim, em 1942, os manuais dos alunos de medicina incluíam uma parte que discorria sobre a influência dos fatores inconscientes no comportamento dos pacientes. Mais tarde, muitos desses alunos se interessariam por adotar a psicanálise como sua especialidade. Nesse contexto, os imigrantes proporcionaram a seus colegas norte-americanos uma rica fonte de recursos. Em pouco tempo, tornaram-se analistas didatas e passaram a ocupar as posições de maior prestígio nos novos institutos que, quase sempre sob sua liderança, foram surgindo por todo o país. Entretanto, as discordâncias acerca da restrição do exercício da psicanálise aos médicos continuavam sem solução. A morte de Freud, em setembro de 1939, e a guerra, depois dela, ganharam precedência; os assuntos da IPA só viriam a ser retomados muito mais tarde.

O pensamento de Freud modificou-se ao longo de sua extensa vida profissional, à medida que ele foi procurando entender a dinâmica do inconsciente. Isso resultou em muitas ênfases e interpretações diferentes, e não raro opostas, à medida que se construía a rede organizacional. Nos Estados Unidos, onde a cisão entre analistas médicos e leigos determinava quem obteria permissão de ingressar na APA e em suas afiliadas, começaram a proliferar as associações dos chamados desviantes. Além disso, depois da anexação da Áustria, o Comitê de Emergência abriu exceções para alguns psicólogos que tinham sido íntimos de Freud e estendeu sua proteção, por exemplo, a Ernst Kris, Siegfried Bernfeld, Bruno Bettelheim, Erik Erikson, Otto Fenichel e Theodor Reik. Este último, que não gostou de ser transformado em "membro honorário", criou sua própria sociedade em 1948 e começou a dar formação a psicólogos. Seus formandos, por sua vez, deram formação a outras pessoas. Situações semelhantes surgiram em cidades de todo o país, especialmente nas duas regiões costeiras. Em 1941, Karen Horney deixou o

Instituto Psicanalítico de Nova York (NYPI) em decorrência de uma longa controvérsia teórica. Basicamente, ela sustentava que a psicanálise praticada por seus colegas, voltada para o *ego*, era mais cultural do que universal, e que, muitas vezes, era mais produtivo abordar o presente do paciente para compreender seu passado do que começar por provocar descobertas sobre o passado a partir da história individual.

A essa altura, alguns livros de Horney — *A personalidade neurótica do nosso tempo* (1937) e *Novos rumos na psicanálise* (1939) —, juntamente com *O medo da liberdade* (1942), de Erich Fromm, já vinham apresentando os conceitos psicanalíticos ao público em geral, um público que não dava realmente grande importância às disputas teóricas entre os psicanalistas. Essas disputas surgiram em torno dos métodos clínicos e de divergências quanto à melhor maneira de atingir os conflitos inconscientes dos pacientes. Os tipos de psicanálise de Horney e Fromm eram de compreensão mais fácil para o leigo, mais voltados para as questões sociais e menos concentrados em técnicas e em minúcias técnicas do que os dos freudianos clássicos. Na verdade, as teorias de Horney e Fromm, embora estivessem longe de ser simplistas, apelaram para a propensão norte-americana a acreditar em soluções rápidas e para o otimismo nacional quanto à maleabilidade da natureza humana. Eles foram pioneiros das psicoterapias "culturais" e "aplicadas" que acabariam por inundar o país.

Entre os freudianos norte-americanos, contudo, as teorias postuladas por Freud em *O eu e o isso* (1923) predominariam por muito tempo. A divisão da psique em três componentes estruturais — isso, eu e supereu — prestava-se com mais facilidade à investigação científica do que a categorização anterior nos elementos consciente, pré-consciente e inconsciente e do que as indagações subseqüentes sobre o comportamento narcísico. De fato, o que viria a ser chamado de "psicologia norte-americana do ego" adotou a linguagem da medicina e a metodologia científica de seu exercício. Essa é uma das razões por que, a princípio, os psiquiatras aceitaram tão prontamente a psicanálise, e depois a abandonaram com a mesma rapidez, quando ela não se revelou tão eficaz quanto haviam esperado, sobretudo uma vez que se estavam desenvolvendo substâncias químicas capazes de alterar a mente.

Durante as décadas de 1940 e 1950, os elos entre os fenômenos psicológicos e os sociais também foram investigados por cientistas sociais. Por exemplo, em cooperação com analistas imigrantes, Talcott Parsons, um sociólogo de Harvard, procurou decodificar os vínculos entre a motivação humana e as instituições sociais. O cientista político Harold Lasswell começou a explicar o comportamento e as ambições de personalidades políticas em termos de sua composição psíquica, seguindo os postulados de Freud em *O eu e o isso*. Críticos literários, como Lionel Trilling, e críticos de arte, como E.H. Gombrich e Clement Greenberg, também responderam aos desafios intelectuais feitos pela psicanálise. As primeiras investigações da literatura e da arte, originalmente defendidas por Otto Rank[11] e aceitas, até certo ponto, por todos os discípulos vienenses de Freud, só começaram a ser feitas na América na década de 1940. A essa altura, porém, os acadêmicos começaram não apenas a apresentar os estudantes de humanidades à psicanálise, mas também a enriquecer seus próprios conhecimentos dela, muitas vezes colaborando com alguns dos imigrantes e, desse modo, promovendo a aceitação das descobertas psicanalíticas pela intelectualidade.

É importante assinalar que os mesmos analistas europeus que, na América, deram impulso à "psicologia científica do ego" — que se manteria como o paradigma dominante pela década de 1970 afora — foram também os que exploraram as questões literárias e sociais. Nesse campo, Heinz Hartmann, que chegou a Nova York em 1939, após uma breve temporada em Paris, tornou-se uma figura central. Em Viena, ele já se havia perguntado por que alguns indivíduos se adaptavam prontamente às alterações de seu ambiente, enquanto outros não conseguiam adaptar-se de modo algum. Sua inovação "adaptativa" incluiu o trabalho com médicos em ambientes hospitalares, numa época em que os avanços da tecnologia permitiam observações novas e precisas das reações químicas e neurológicas dos pacientes. Suas investigações concomitantes sobre as relações genéticas entre o instinto animal e a pulsão humana, assim como entre o instinto animal e a função humana do ego, levaram-no a examinar também as conseqüências da "diferenciação ego-id". Essa investigação, por sua vez, reforçou sua convicção de que a saúde mental do indivíduo dependia de uma combinação de influências culturais, emocionais *e* biológicas.

De um modo ou de outro, com certeza, as experiências de todos os psicanalistas imigrantes, durante sua fuga e seu reassentamento, foram angustiantes, como se pode perceber pelas cartas guardadas nos Arquivos Freud da Biblioteca do Congresso e em outros lugares. Eles tiveram que enfrentar a deslegitimação como psicanalistas, aprender a funcionar numa nova língua e encarar a dificuldade de se firmarem novamente numa profissão que lutava por sobreviver. Além disso, no plano pessoal, tiveram que enfrentar a exposição a um anti-semitismo virulento, de base racial, e à pobreza repentina, sendo desconhecedores da sociedade e da política norte-americanas. Para se adaptar a tudo isso, os psicanalistas imigrantes transformaram-se em seus próprios temas mais destacados. A multiplicidade de perigos e mudanças por que haviam passado, a confiança que haviam adquirido em seu trabalho com Freud e sua dedicação ao aperfeiçoamento da teoria e da prática psicanalíticas ajudaram a impelir suas idéias para o redemoinho da vida intelectual norte-americana.

O fato de os discípulos europeus de Freud haverem afluído para a psicanálise não apenas do campo da medicina, mas também dos da arte (Erik Erikson e Ernst Kris), da educação (Anna Freud), da filosofia (Robert Waelder) e da literatura (Henry Lowenfeld), deu-lhes a amplitude de horizontes necessária para avaliar as preocupações dos intelectuais norte-americanos. O alcance de seus interesses, por sua vez, deu um impulso adicional às tentativas de resolução dos problemas científicos, clínicos e teóricos associados à psicanálise. Em 1946, Hartmann, Ernst Kris e Rudolph Loewenstein escreveram um artigo que resumiu as muitas teorias que os freudianos haviam derivado de suas pesquisas e especulações, do trabalho clínico e da cooperação com intelectuais, assim como de observações cada vez mais diferenciadas de crianças e bebês.[12] Eles sintetizaram todos esses resultados num plano teórico sumamente abstrato.

Em 1944, alguns psicanalistas foram convidados pelo governo norte-americano (juntamente com algumas das melhores cabeças do país) para uma conferência secreta sobre a reeducação do povo alemão, depois que terminasse a guerra. Foram solicitados a tratar neuroses de guerra, a fazer um retrato psicanalítico de Hitler, a avaliar as qualidades de liderança entre os recrutas norte-americanos das forças armadas e a contribuir para um sem-número de simpósios que investigavam as ligações entre os fenômenos sociais e os sintomas psicossomáticos que eles produziam. Esses convites mostraram, sem sombra de dúvida, que a psicanálise tinha ganho muita estima e que, poucos anos depois de sua chegada, os freudianos haviam deixado sua marca na América.

Em 1947, David M. Levy, que saíra da NYPS — juntamente com Sandor Radó, George Daniels e Abram Kardiner — para fundar o Instituto de Formação Psicanalítica da Universidade de Columbia, escreveu um livro intitulado *Novos campos da psicanálise*. Nele, descreveu a assombrosa influência desse saber na orientação dos filhos e observou que a terminologia psicanalítica, como "superproteção materna", "rejeição materna" etc., passara a fazer parte da linguagem cotidiana. Levy também resumiu os dados psicanalíticos capazes de prever a recidividade, que eram usados pelos advogados em defesa de criminosos (e contra eles pelas juntas decisórias de liberdade condicional). Resumiu ainda as muitas formas de colaboração que os psicanalistas haviam estabelecido com assistentes sociais e com psiquiatras dedicados à educação, à indústria e às forças armadas. Sem dúvida alguma, os discípulos de Freud tinham se tornado esteios do *establishment* norte-americano.

As questões gerais que os freudianos estavam abordando nessa época, ao lado das questões clínicas, iriam estabelecer seus programas de pesquisa nos anos seguintes. Assim, não foi por acaso que, ao voltarem a se reunir no continente europeu depois da guerra, eles insistiram em impor suas teorias e métodos clínicos aos europeus, ou que suas práticas passaram a ser designadas por psicanálise "norte-americana".

O sucesso trouxe prestígio e verbas de pesquisa para a profissão. Até a década de 1970, a psicologia do ego foi a teoria preponderante, mas, já então, indivíduos e grupos não pertencentes à APA estavam ficando cada vez mais impacientes. Ressentiam-se do status privilegiado de que desfrutavam os membros dessa sociedade, bem como do fato de que, através de sua filiação à IPA, eles conseguiam exportar suas idéias clínicas e teóricas para a Europa, inicialmente, e depois para a América Latina. Ademais, os então já numerosos dissidentes, a começar pelos que seguiram os passos de Horney, William Silberberg, Clara Thompson, Harry Stack Sullivan, Fromm e Reik — aqueles que tinham discordâncias teóricas dos seguidores da psicologia do ego e seus alunos —, estavam praticando a terapia com pacientes em hospitais e em seus consultórios. E estavam analisando psicólogos e assistentes sociais que, mais cedo ou mais tarde, formariam suas próprias associações. Em suma, como observou Philip Rieff em *The Triumph of the Therapeutic* (1966), a América se transformara na sociedade terapêutica por excelência.

Nessa ocasião, os pacientes que esperavam que os psicanalistas curassem seus sintomas neuróticos ou seu mal-estar geral eram muito diferentes dos histéricos recalcados que haviam levado Freud a formular suas teorias cada vez mais complexas. Além disso, as análises feitas por seu diversos descendentes desencadeavam mais e mais discussões sobre quadros e problemas clínicos mutáveis, com suas possíveis soluções. Pouco a pouco, as técnicas clínicas baseadas na teoria estrutural foram sendo questionadas, já não parecendo tão eficazes quanto antes.

Em 1971, Heinz Kohut, um neurologista formado no Instituto de Psicanálise de Chicago depois da Segunda Guerra Mundial e um antigo vienense, ficou tão insatisfeito que resolveu explorar as teorias freudianas do narcisismo e trazê-las para o centro dos debates. Ele havia observado que as crianças tendem a compensar as "inevitáveis deficiências" dos cuidados maternos e o concomitante narcisismo primário (o autocentramento do bebê no nascimento), quer desenvolvendo uma *auto-imagem grandiosa* e exibicionista, quer criando uma *imagem parental idealizada*. À medida que a aprovação aos olhos da mãe espelha a exposição exibicionista da criança, constatou ele, a auto-estima e a grandiosidade da criança aumentam. Isso exigiria técnicas diferentes na condução da análise, interações mais empáticas e exigentes com os pacientes e o abandono da abstinência afetiva que tinha sido uma das técnicas consagradas dos analistas clássicos. A chamada psicologia do *self* kohutiana, concentrada nas interações entre a mãe e o bebê, passou a ser aceita por alguns freudianos. Pouco depois, uma outra teoria clínica, baseada nas relações de objeto (a afinidade específica criada entre a mãe e seu bebê), e que fora inicialmente proposta por Melanie Klein em Londres, foi adicionalmente desenvolvida por Otto Kernberg, outro psicanalista emigrado.

É discutível se essa busca de novas abordagens deveu-se apenas a uma mudança da sintomatologia ou ao fato de a própria aceitação da psicanálise ter feito promessas terapêuticas que ela não podia cumprir. Com certeza, a mudança dos padrões culturais, o contato com psicanalistas da Europa e da América do Sul, os avanços feitos pelos interacionistas (sobretudo Horney e Sullivan) e muitos outros fatores vinham contribuindo para o desenvolvimento de teorias e métodos clínicos. Os próprios psicanalistas eram o produto e os criadores de sua cultura.

A receptividade dada à psicanálise passou por muitas fases, acompanhando as mudanças ocorridas na cultura, os grandes avanços nas terapias medicamentosas e comportamentais e os progressos do saber psicanalítico. Em todas essas mudanças, houve uma tensão constante — e muitos mal-entendidos quanto aos vínculos — entre o que fazem os que exercem a psicanálise e o lugar atribuído às idéias de Freud na cultura como um todo ou no meio intelectual. Os vários aspectos da psicanálise que são enfatizados ou negados continuam mudando, de modo que suas primeira e segunda grandes receptividades foram seguidas por ondas menores de reação e de teorias. Sem dúvida, o fato de se haverem aceitado membros qualificados na APA e na IPA, em conseqüência do processo judicial movido pelos psicólogos norte-americanos em 1985, reduziu as dissidências entre facções. Por isso, quando os membros dos principais institutos psicanalíticos britânicos e norte-americanos reuniram-se em Nova York, em 28 de fevereiro e 1º de março de 1998, o que eles debateram, acima de tudo, foram os prós e contras dos métodos clínicos. Se esse é o início de mais uma grande vaga, ainda teremos que ver. Está claro, porém, que os principais conceitos da psicanálise são largamente aceitos. Pelo menos nesse aspecto, Freud alterou irreversivelmente a tradição ocidental.

Psicanálise: a experiência norte-americana

Robert Coles

No início de 1933, quando Erik H. Erikson e Joan, sua mulher, disseram a seus amigos de Viena que estavam planejando partir para os Estados Unidos, a reação não foi nada aprovadora. Na verdade, esses dois jovens membros do chamado círculo de Freud foram recebidos por aquele tipo singular de ceticismo psicológico que, na pior (e mais freqüente) de suas formas, transforma-se em puro reducionismo: *por que* uma mudança tão drástica, por que razões pessoais? Erikson acabara de se formar no Instituto Psicanalítico de Viena e tinha pela frente uma carreira como analista de crianças — analisara-se com Anna Freud, fizera sua formação com pessoas como Heinz Hartmann e August Aichhorn e, é claro, o "supervisor" de sua analista não fora outro senão Sigmund Freud. "Saímos de Viena, saímos da Europa", disse-me Erikson em 1970 quando o entrevistei para um estudo biográfico de sua vida e sua obra, "porque vimos a mensagem terrível na parede." Fez uma pausa e baixou seus brilhantes olhos azuis, fitando o chão por alguns segundos, e depois ergueu abruptamente o olhar, voltou-o para fora, pela janela do gabinete da Biblioteca Widener, dirigindo-o ao resto do edifício e, mais adiante, foi pousá-lo na segurança enclausurada do pátio de Harvard. O silêncio estava ficando um pouco longo demais e eu já começava a procurar uma pergunta para interrompê-lo, para nos levar adiante, quando ele continuou: "Hitler havia acabado de assumir o poder na Alemanha, e os austríacos ansiosos por seguir seu exemplo já estavam assanhados." Outra pausa, enquanto eu pensava comigo mesmo: essa última palavra, esse verbo — safra especial do Erik. (Eu lecionava no curso dele, freqüentando os seminários que ele oferecia, e durante anos seus escritos tinham sido uma tremenda ajuda em minha tentativa de ligar a psicanálise ao tipo de trabalho de campo que eu fazia. "Você pode chamá-lo de psiquiatria infantil documentária", dissera Erik certa vez, sensivelmente cônscio da necessidade que todos temos, inclusive os que somos errantes, de algum tipo de pátria para nosso trabalho.) Recomeçou o incômodo do silêncio da sala, interrompido por minhas mudanças de posição, pelo arrastar de meus sapatos no chão, quando eu levantava um pé ou mexia o outro. Por fim, uma aula contínua daquele sábio professor e psicanalista, então no auge de uma brilhante carreira:

> Acredite, a mensagem *estava* na parede — bandidos pelas ruas de Viena e por toda a Alemanha, agora agindo em nome do governo alemão: a guarda avançada das coortes assassinas que iriam ameaçar todo o mundo civilizado. "Por que 'eles' não enxergam?", perguntávamo-nos Joan e eu. Não estou tentando ser pretensioso, olhando para trás para me cumprimentar por meu momento de visão! Mas lembro-me de ter visto aqueles desordeiros nazistas — o que é uma maneira *delicada* de descrevê-los. Logo se percebia que eram assassinos abomináveis, preparando-se para se divertir à larga!
>
> É preciso lembrar, eu acho, que Freud estava velho, com setenta e tantos anos, e doente, com as dores constantes do câncer na boca — e tivera que enfrentar o anti-semitismo a vida inteira, de modo que é difícil pensar: *Isto* é diferente, é uma coisa realmente diferente! Nossos amigos da comunidade psicanalítica de lá diziam a si mesmos que, quando o povo alemão enxergasse a verdade, a verdade sobre quem — e o que — eram os nazistas, viraria as costas para eles, derrubá-los-ia pelo voto. Vê-se, nisso, a confiança da psicanálise, que faz parte do "Iluminismo liberal": a verdade vencerá, prevalecerá sobre os "instintos inferiores", sobre "o lado vil do homem". Eu ouvia isso com freqüência naquela época — e que preço todos acabamos tendo que pagar para conseguir essa vitória [sobre os nazistas]!
>
> O mais difícil, acredite, é a gente retroceder no tempo, de maneira a apreciar devidamente o que estava acontecendo, mas sem a visão decorrente do que hoje se sabe que ia acontecer. Naquela época, não víamos nada além de problemas no futuro. Naquela época, muitos de nossos amigos [psicanalistas] estavam preocupados, mas não *tão* preocupados assim. Alguns anos depois, Joan e eu os recebíamos na América — e todos prendíamos a respiração e esperávamos que Hitler acabasse sendo derrotado. Durante algum tempo, você sabe, não havia nada de certo nisso — muito pelo contrário. Acho que foi durante esses anos [a década de 1930 e o início da de 1940] que comecei a perceber como era importante para nós [na psicanálise] compreender a importância da "sociedade", da "história" e da "política" em nosso pensamento, em nossa "vida interior". Estou usando abstrações, mas estou pensando na maneira como a criança ou o adulto são moldados pela... bem, usei a palavra "sociedade" no livro em que estava trabalhando nos anos 40 [*Infância e sociedade*]. [Com isso,] eu queria fazer uma afirmação, com certeza, sobre uma ligação.[1]

Eu teria mais a ouvir, é claro, muito mais. Um psicanalista que havia aprendido a levar a sério a "sociedade" (um aspecto fundamental de nossa vida cotidiana, a importância do onde e como vivemos como influências poderosas em nossa subjetividade, na própria maneira como isso contribui para definir nossa objetividade) estava agora intimando a história a fornecer o contexto dos acontecimentos que definiram o curso de um modo de pensar específico: a psicanálise. O Freud que visitara a América logo no início deste século, mas que não sentia grande amor por ela, viria um dia a exercer uma enorme influência na vida cultural e intelectual dessa nação. E como, sob muitos aspectos, este foi um século norte-americano, ele foi também um século psicanalítico. Num certo sentido, portanto, os Erikson foram pioneiros de uma espécie de movimento, muito embora, na época, eles se vissem como jovens indivíduos vulneráveis, tão assustados que atravessaram o Atlântico em busca de uma vida menos ameaçadora. Em pouco tempo, dezenas de outros chegariam a cidades que iriam produzir institutos de psicanálise: Boston, Nova York, Washington, Filadélfia, Chicago, San Francisco, Los Angeles — lugares onde um numeroso grupo de pessoas instruídas ansiava por saber mais a seu respeito, por se tornar mais sólido e sadio, por se converter em maridos, mulheres, pais e profissionais mais capazes. Essas pessoas buscariam avidamente horários diários naqueles divãs, os quais, por sua vez, tornar-se-iam objeto de grande interesse especulativo e humor (este último como uma medida do primeiro). Em pouco tempo, como diria Erikson em outro momento, "um pequeno grupo de homens e mulheres relativamente obscuros, que não eram tidos em muito alta conta [no mundo acadêmico de Viena], veria todo o mundo, ao que parecia, beber cada uma de suas palavras". Seguiu-se mais um de seus silêncios reflexivos, e então: "Isso [esse tipo de fenômeno] pode ser muito sedutor — mas também pode ser tão perigoso quanto é embriagador. Enfim, o que é construído pode ser rapidamente derrubado — ou abandonado: as pessoas, com ou sem razão, voltam-se para outras coisas."

Havia muito de história nesse comentário aparentemente trivial. Em 1950, quando foi publicado *Infância e sociedade*, a psicanálise estava claramente a caminho da predominância cultural nos Estados Unidos — e de uma absorção deliberada e buscada na conservadora medicina, a despeito das concepções de Freud (expressas em *A questão da análise leiga*). Esse era um livro do "mestre" (como o chamava Hans Sachs) que até seus seguidores mais devotados dispunham-se a desconsiderar ou criticar. O resultado, é claro, foi uma profissão que ficou associada a outra. Os psicanalistas passaram a ser médicos, não perdendo para ninguém em matéria do respeito e da autoridade que lhes eram conferidos por um público leigo, interessado, digamos, *neles mesmos*: no que eles pensavam, sonhavam, esperavam e temiam, nesse breve intervalo de tempo que lhes fora concedido pelo destino, pelo acaso ou pelas circunstâncias. Em seu epílogo em *Infância e sociedade*, Erikson fez uma crítica muito penetrante de sua profissão, pelo tanto que acontecera com ela nos menos de vinte anos que ele havia passado na América. Já nessa época, estava muito preocupado com a postura "isenta" de alguns de seus colegas, com seu insistente distanciamento de um sem-número de lutas sociais, políticas e econômicas que, na opinião dele, deveriam estar muito presentes na cabeça de todos, inclusive daqueles que, presumivelmente, eram informados dia após dia da luta de seus concidadãos para sobreviver, num país que não estava livre de muito sofrimento social, conflitos culturais, dificuldades econômicas e desigualdades. Fazendo uma avaliação global da profissão, ele se atreveu a dizer:

> As várias identidades que se prestaram, a princípio, a uma fusão com a nova identidade do analista — identidades baseadas no debate talmúdico, no ardor messiânico, na ortodoxia punitiva, no sensacionalismo dos modismos e na ambição profissional e social —, todas elas, assim como suas origens culturais, devem agora tornar-se parte da análise do analista, para que ele possa desconsiderar os rituais arcaicos de controle e aprender a se identificar com os valores duradouros de sua tarefa de esclarecimento. Só assim ele poderá liberar, em si mesmo e em seu paciente, aquele vestígio de indignação judiciosa sem o qual a análise não passa de uma pluma levada pelos ventos mutáveis da história.

Foi um questionamento duro, sem dúvida; uma jeremiada, a rigor, que fez pontaria certeira numa profissão que estava em alta e que, exatamente por essa razão, ficava moralmente exposta ao perigo da enfatuação e da vaidade que freqüentemente acompanham o sucesso. Em 16 de abril de 1968, a analista de Erikson, Anna Freud, estava às voltas com algumas dessas mesmas questões, embora de maneira mais indireta e com mais tato, ao se dirigir a seus colegas no Instituto Psicanalítico de Nova York. Estava proferindo a Conferência de Aniversário de Freud, lembrando a seus ouvintes que, para muitos, naquele momento, o psicanalista "já não [era] um excluído", e sim, na verdade, uma pessoa muito "reconhecida" — posição que não deixava de ter certas conseqüências, as quais ela via com desagrado. Anna Freud estabeleceu um contraste histórico que tinha a sua contundência própria, a sua melancolia implícita, apesar de seu tom imparcial e sereno:

> Ao examinarmos de perto as personalidades que, por escolha própria, transformaram-se na primeira geração de psicanalistas, não nos resta nenhuma dúvida sobre suas características. Eram as pessoas avessas às convenções, as que duvidavam, aquelas que estavam insatisfeitas com as limitações impostas ao saber; entre elas estavam também as excêntricas, as sonhadoras e as que conheciam o sofrimento neurótico por experiência própria. Esse tipo de inserção passou por uma alteração decisiva, a partir do momento em que a formação psicanalítica foi institucionalizada e, sob essa forma mais rigorosa, passou a atrair um tipo de personalidade diferente. Além disso, a auto-seleção deu lugar ao exame criterioso dos aspirantes à carreira, que resulta na exclusão dos mentalmente perturbados, dos excêntricos, dos autodidatas e dos que têm vôos excessivos da imaginação, e promove a aceitação dos indivíduos sóbrios e bem preparados, suficientemente trabalhadores para querer aprimorar sua eficiência profissional.[2]

Não há dúvida de que ela estava pensando em seu pai, em si mesma, em seu analisando mais conhecido, Erik H. Erikson, em seus amigos íntimos August Aichhorn, Helen Ross e Dorothy Burlingham, e em outros mais, como Helene

Deutsch — homens e mulheres que se atreveram a adotar em sua vida rebelde e "peculiar" toda sorte de principados e nações, com a determinação de sua mentalidade original de sondar as aparências, olhar de frente para aquilo que tendemos a esconder de nós mesmos e não se importar com os outros. Eram indivíduos que estavam interessados em mudar as coisas, exploradores que examinavam não apenas o que havia do lado de dentro, mas também do lado de fora; muitos deles queriam ver uma ordem política e social radicalmente diversa da que prevalecia na Europa da época, ou mesmo nos Estados Unidos. Eram indivíduos que queriam ajudar a "juventude transviada", que queriam ajudar os professores a desenvolver um trabalho melhor com as crianças, sobretudo com as magoadas, as menosprezadas e as incompreendidas; que estendiam as mãos às crianças indígenas norte-americanas, às sobreviventes dos campos de concentração, às que lutavam sob a ameaça cotidiana dos ataques aéreos repentinos com que a Luftwaffe brindava a Londres dos tempos de guerra. A "eficiência profissional" não era exatamente o objetivo maior que norteava a vida desses indivíduos — e havia uma espécie de grande transformação em andamento, como a Srta. Freud lembrou àqueles da platéia que quisessem dar-se ao trabalho de prestar atenção.

Ela enfatizou as questões em termos teóricos, em vez de simplesmente oferecer meia dúzia de observações fortuitas. Assinalou que as motivações de cada um, sua "psicodinâmica", reagiam à mudança das regras, dos hábitos e costumes do local de trabalho. A palavra "institucionalizado" tinha sua significação psicológica (em contraste com a sociológica): não apenas os aspirantes variavam, dependendo dos valores e preferências de cada organização (no caso, dos institutos), como variavam também os professores, quaisquer que fossem seus antecedentes ou mesmo sua formação. À medida que a psicanálise norte-americana transformava-se cada vez mais numa sub-especialidade de pós-graduação, cursada por médicos que se haviam tornado psiquiatras, os psicanalistas mais antigos que lecionavam naqueles institutos e conduziam as análises didáticas tinham que fazer suas próprias adaptações, enfrentar e controlar seus conflitos. Grete Bibring, que também fora membro do "círculo freudiano" de Viena, falou das mudanças que havia testemunhado na profissão durante a década de 1950:

> Naquela época (e lá!), éramos um grupo pequeno e não muito respeitado — não nas universidades, certamente. Muitos de nós queríamos entender nosso modo de pensar e ajudar nossos pacientes a levarem uma vida diferente em termos psicológicos, é claro, mas também tínhamos em mente um mundo diferente. Achávamos... bem, a nossa fantasia, como se diria hoje, era assim: quanto mais pessoas fossem analisadas, melhores seriam as coisas de um modo geral, porque as pessoas tratariam as outras com mais sensibilidade. Freud disse isso (não disse?) em suas *Novas conferências introdutórias*. Havia aquele mundo maior com que muitos de nós nos preocupávamos, e tínhamos a esperança de mudá-lo, e pensávamos na psicanálise como parte do progresso social e político, e não apenas do progresso intelectual. Tínhamos esperança de que as escolas e os hospitais e as prisões e as

universidades... achávamos que nosso saber modificaria essas instituições. Achávamos que as pessoas das profissões liberais, das artes e ciências, da educação, do direito e da administração, e não apenas da medicina, abraçariam a psicanálise, e o resultado seria... revolucionário: a sociedade se modificaria. Agora, nossos olhos estão voltados, digamos, para uma direção diferente, ou será que devo dizer inferior? Lembrem-se, não se trata apenas dos candidatos [os aspirantes selecionados para a formação analítica], trata-se de nós [os analistas didatas]: nós fazemos a seleção e, antes disso, nós estabelecemos os critérios — portanto, houve (como é que se diz?) uma "evolução".[3]

Uma evolução, sem dúvida, e uma evolução que ainda está ocorrendo, uma vez que a ênfase biológica domina profundamente a psiquiatria e exerce também uma ascendência cultural. Em certo sentido, é claro, a psicanálise chegou à América, inicialmente, com a visita de Freud à Universidade Clark em 1909, que passou relativamente despercebida. Naquela época, a psicanálise era uma idéia, um modo de pensar na vida psíquica. No fim dos anos 20, decorridas duas décadas, tornou-se uma profissão. A essa altura, Freud tinha investigado não apenas as diversas "instâncias" psíquicas, mas também as várias maneiras como seus pacientes e ele mesmo reagiam a esse esforço de investigação através da transferência e da contratransferência. Além disso, ele e seus primeiros colegas não apenas recebiam outros do mundo inteiro como visitantes intelectuais ou médicos interessados, como investigadores ou parceiros em potencial, mas começavam também a recrutar homens e mulheres para formação — aqueles que viriam a se transformar nos "candidatos" mencionados pela Dra. Bibring, nos diversos "institutos" que iriam surgir por toda a Europa e pelo mundo, incluindo os Estados Unidos, sem dúvida. No fim da década de 1930, repetindo, o avanço homicida de Hitler por todo um continente impeliu os analistas que tinham se mostrado céticos à idéia dos Erikson em 1933 a seguirem seus passos, e o resultado foi um enorme avanço na psicanálise norte-americana. Na década de 1950, a psiquiatria nos Estados Unidos era muito psicanalítica e, não incoerentemente, nossa cultura também estava amplamente dominada pelo pensamento freudiano. Aos poucos, aliás, os conceitos psicanalíticos tornaram-se abalizados e até normativos, um meio muito difundido de julgar as pessoas: aquelas cujas "defesas" eram "ego-sintônicas", em contraste com as de defesas "primitivas"; aquelas que pareciam "fixadas" na "fase oral" ou na "fase anal" — na célebre descrição de W. H. Auden, "todo um clima da opinião pública". Nessas circunstâncias, é difícil para qualquer grupo de indivíduos, em qualquer organização, resistir às conseqüências da atenção, da aceitação e da aclamação largamente disseminadas.

A ortodoxia que já preocupava Erikson em 1950 só faria entrincheirar-se ainda mais nos anos imediatamente posteriores à publicação de *Infância e sociedade*. Em 1964, quando comecei a conversar com ele e a entrevistá-lo, Erikson costumava dizer, secamente, que "somos vítimas do nosso sucesso", depois do que, como não chegava a surpreender, vinha uma longa dissertação sobre esta ironia histórica: um bando de forasteiros da Europa Central, não apenas ignorados mas insultados, aos poucos ia conquistando adeptos por todo o mundo civilizado, até eles mesmos se dispersarem pelos quatro cantos desse mundo. Dir-se-ia que, quase da noite para o dia, esses homens e mulheres, em número crescente, haviam se tornado "especialistas", quando não figuras reverenciadas, dotadas de um saber mágico que permitia o acesso à mente (que é tudo o que existe na sociedade laica, depois de abandonada a alma). "Todos se voltam para nós para tudo", costumava observar um Erikson altamente requisitado, então professor de Harvard, e não com um prazer triunfal, mas com a certeza de que a avidez dos necessitados mais do que levaria os solicitados à tentação de uma arrogância que não lhes cairia nada bem, para dizê-lo em termos delicados. Recorrendo novamente a Erikson, em seu linguajar esplendidamente franco e direto: "É difícil dizer 'eu não sei', quando todos parecem achar que você sabe todas as respostas." E, minutos depois, este poslúdio: "Não demorou muito para que muitos de nós começássemos a aceitar sem reservas a confiança que nos era votada."

Esta última frase expressava uma observação social e histórica diplomática mas rigorosa, que nos traz implicitamente à questão da "fé" num sentido amplo. Na verdade, Erikson estava falando de um exemplo moderno de idolatria — a paixão pela submissão doutrinária que pressiona até mesmo os membros da intelectualidade agnóstica. A análise sagaz e contundente de Freud sobre o que prevalece entre os dois que, em conjunto (com sua vida, seus aspectos racionais e irracionais e sua história), compõem qualquer situação analítica (a regressão do analisando a uma dependência infantil da figura parental reverenciada — e temida —, o analista) também pode ser aplicada à esfera mais ampla que se conhece, em termos abstratos, como momento cultural ou momento histórico; daí a submissão de muitos à emergente arrogância, à presunção e à certeza irrestrita das próprias convicções que podiam ser encontradas em alguns círculos psicanalíticos da América de meados do século XX. Como era inevitável, entretanto, a crítica em resposta a isso surgiu dentro do meio profissional (Erikson, Anna Freud, Allen Wheelis, Leslie Farber) e fora dele, como nas reflexões extremamente influentes de Philip Rieff não apenas sobre Freud, mas sobre aqueles dentre nós para quem a psicologia tornou-se, cada vez mais, uma espécie de religião, aliás uma religião bastante piegas e moralmente desorientada. A propósito disso, disse Anna Freud em 1970:

> Nos primeiros anos da psicanálise, podíamos contar com o supereu: ele *existia* como uma grande presença na vida de nossos analisandos. Agora, nem sempre isso acontece — agora, muitos de nós chegamos quase a ficar surpresos ao deparar com alguém que quer se analisar e que é movido por uma consciência moral implacável, que não solta as rédeas. Agora, as pulsões é que estão — como é que se costuma dizer isso hoje em dia? — por toda parte, sem nenhuma voz interior que diga não, não, ou então, talvez eu deva dizer, com um mero sussurro, em

comparação ao passado [a relativa autoridade da consciência moral naquela época, em contraste com a de hoje].[4]

É uma ironia considerável, é claro, que uma profissão voltada para ajudar a compreender (e, portanto, a reduzir) a angústia tenha se tornado instrumento de um novo tipo de angústia. Antes, havia a angústia dos intensamente culpados; agora, existe a angústia dos que são praticamente desprovidos de culpa e parecem ficar à mercê das pulsões. A Srta. Freud, em *Normalidade e patologia na criança*, escreveu: "Quando, por sua vez, a severidade do supereu se reduz, as crianças manifestam a mais profunda de todas as angústias, isto é, o medo experimentado pelos seres humanos que se sentem desprotegidos diante da pressão de seus impulsos."[5]

Em uma só frase, a filha de Freud nos fala de muito do que aconteceu com as idéias de seu pai: a princípio, elas eram desconhecidas; depois, foram ignoradas ou censuradas, vilipendiadas; mais tarde, foram continuamente levadas em consideração e, em pouco tempo, abraçadas a ponto de não apenas mais e mais pessoas se tornarem psicanalistas e serem psicanalisadas, mas também de milhões de outras, com ou sem conhecimento disso, virem a pensar e agir em resposta a idéias que supostamente extraíam sua credibilidade da psicanálise, cuja credibilidade, por sua vez, pelo menos por algum tempo, passou a ser aceita de maneira inteiramente acrítica. Não é preciso dizer que muitos psicanalistas resistiram a essa idolatria cultural, lembrando a si mesmos e aos outros que estavam aprendendo e ainda tinham muito que aprender. Mais uma vez, porém, é difícil para qualquer de nós resistir aos encantos da condição de ícone, que é um "risco ocupacional" até numa análise particular, como assinalou Allen Wheelis em "Dos riscos vocacionais da psicanálise", capítulo de *A busca da identidade*:[6] uma vigorosa advertência sobre os claros riscos que a transferência representa para aqueles dentre nós que tratam de pacientes com perturbações psiquiátricas e que, em muito pouco tempo, passam a ser tidos em alta estima — alta demais para o nosso bem, sejam quais forem as razões desse ato por parte dos pacientes. Mais uma vez, nas palavras irônicas de Erikson: "Temo que, às vezes, não consigamos deixar de acreditar no que nos dizem nos consultórios."

Essa idolatria constante não deixa de ter suas conseqüências sociais e políticas. Na América, afinal, a psicanálise tornou-se uma experiência clínica sobretudo da alta burguesia, daqueles que podiam arcar com uma consulta médica quatro ou cinco vezes por semana, durante anos. Esses analisandos eram pessoas de influência nada insignificante e, se eram arrastados para posturas de admiração por conta da "transferência", havia sempre a "contratransferência" a arrastar seus médicos. Talvez ainda não tenhamos "analisado" suficientemente esse aspecto da experiência psicanalítica — a maneira como os médicos que só tratam de um tipo de paciente, de um só tipo de meio social, econômico e cultural (e até racial, talvez), são aos poucos atraídos pelos pressupostos e preocupações (se não pelas convicções) de seus pacientes. Além disso, à parte a questão de quem são as pessoas que tratamos e do que acontece conosco, existe a questão de quem somos, como Sara Lawrence Lightfoot deixou muito claro (de maneira polida, mas inflexível) na biografia de sua mãe, Margaret Lawrence, que foi a primeira psicanalista negra a emergir da formação na América, na Clínica Psicanalítica do Instituto de Psiquiatria da Universidade de Columbia.[7] Ser negra e, além disso, ser uma pessoa de formação religiosa (filha de um clérigo) não foi uma experiência fácil para Margaret Lawrence. Algumas das histórias contadas por sua filha são mais um lembrete de que aqueles que receberam uma boa formação e foram bem analisados, e que se tornaram professores ou analistas didatas, nem por isso estão imunes às tentações do provincianismo, do isolamento e de uma espécie de ignorância crua, que assume uma expressão persecutória por demais conhecida: aja de acordo com nossas idéias, nossos costumes, nossos hábitos e nossas crenças, ou então você estará *fora*; dar-lhe-ão um rótulo reducionista, dirão que você precisa de mais (e mais e mais) análise, ou então, Deus nos livre e guarde, decretarão que você não se presta para a formação psicanalítica, em virtude da "resistência" ou de uma "estrutura de caráter" que não se curva aos requisitos estabelecidos por aqueles que se apropriaram do poder de formular esses julgamentos.

Se isso cheira a autoritarismo ideológico, a uma política de poder mascarada de "processo decisório científico", ou a uma descompostura mal disfarçada, é assim que se entra no mundo acadêmico ou médico, no qual nenhum de nós perde nossas fraquezas humanas, nossa suscetibilidade aos aspectos da pulsão chamada de "agressão" ou "Tânatos" na bibliografia psicanalítica, a nossa mesquinhez, nosso rancor ou, na expressão de Freud, ao "narcisismo das pequenas divergências" que responde pelas brigas mesquinhas, pelos mexericos e pela intriga institucional.

Passou-se um século inteiro desde que o jovem Freud iniciou sua busca (em si mesmo e em seus pacientes) das verdades grandes e importantes que acabaria por descobrir — não sem muito esforço valente e decidido, alguns passos em falso e um bocado de isolamento e solidão. No final, no exílio, lutou arduamente por sua amada psicanálise. Foi um protagonista hábil, capaz de redigir uma prosa lúcida e cativante e de reunir argumentos convincentes e persuasivos na elucidação de suas idéias, as quais teve a considerável coragem de alterar, rever e até abandonar, em nome de uma franqueza psicológica que ele sabia como buscar. Viveu o bastante para ver suas idéias persistirem, para arregimentar a fidelidade das centenas de pessoas que se uniriam a ele como psicanalistas e dos muitos milhares que se tornariam analisandos. Viveu o bastante, também, para ver aquele mundo maior de pessoas carentes, seres humanos como ele, olharem com crescente interesse para seus livros, suas concepções e a profissão a que ele deu origem. Agora, à medida que vai chegando ao fim este século XX, tão moldado por sua genialidade e por sua força de ser, pensar e escrever, e à medida que sua própria profecia (de que, um dia, a bioquímica restringiria consideravelmente o reino da psicologia) vai se aproximando da realização, restam-nos importantes lembranças dele e de seus seguidores, através de seus livros, suas cartas e suas palavras e atos, testemunhados e recordados por outros. Esse é um grande legado, mas o maior dos legados, com certeza, é o que é conhecido pelos milhares de nós que aprendemos imensamente sobre nós mesmos, e que por isso fomos poupados da dor, das angústias e dos medos que Freud sabia que todos temos.

Quando todo o rancor intelectual gerado pela disputa psicanalítica estiver esquecido, quanto todas as tensões organizacionais e pessoais, dentro e fora das diversas instituições, tiverem deixado de ter importância, e quando novas teorias, formulações e modalidades de tratamento psicológico (e psicobiológico) se houverem tornado, uma a uma, cada vez mais proeminentes, a psicanálise ainda continuará a representar algo de realmente precioso: a maneira como uma determinada pessoa pode ajudar outra em sua vida através da escuta paciente, persistente e atenciosa que está no cerne da psicanálise. No fundo, o desejo de ajudar é um aspecto de nossa própria humanidade, pois somos aqueles que procuram entender este mundo através da linguagem e compartilhar com os outros o que aprendemos. Isso é o que acontece em todos os consultórios psicanalíticos, entre dois seres humanos que, por consentimento mútuo, têm uma oportunidade de se comprometerem um com o outro de maneira sumamente franca e indagadora.

Freud, cinema e cultura

E. Ann Kaplan

Nas duas últimas décadas, aproximadamente, o psiquiatra tornou-se objeto de humor, num drástico contraste com sua imagem, anterior e imediatamente posterior à Segunda Guerra Mundial, de imponente presença douta e barbuda, amiúde com um sotaque alemão ou eslavo e uma aparência judaica, cuja testa de sulcos profundos era prova de ele (*sic*) estar acostumado a longas horas de profunda meditação (o médico idoso de *Quando fala o coração*, de Hitchcock [1945] tipifica essa imagem). Não é que estivessem totalmente ausentes as imagens alternativas, como, por exemplo, o médico arrogante, incompetente e pouco profissional que foi o Dr. Judd de *Sangue de pantera* (1942), de Jacques Tourneur, ou a rara psicanalista levada à tela por Ingrid Bergman, também em *Quando fala o coração*. Em qualquer época, há sempre muitas imagens variadas dos psiquiatras; no texto que se segue, concentro-me nas predominantes.

Se as décadas que se seguiram à guerra foram os "anos dourados" do psiquiatra masculino no cinema[1] (lembremo-nos do terapeuta engajado, atuante e flexível de *Gente como a gente* [1980]), os anos 90 talvez representem a era de maior ridicularização cinematográfica do terapeuta. Além disso, talvez não seja por coincidência que o terapeuta ridicularizado é quase sempre *uma mulher*. Se até então as psicanalistas eram raras nas representações cinematográficas, agora estas oferecem uma espécie de oportunidade dupla: por si só, a imagem da analista tende a divertir, de modo que a imagem de analistas tolas deve ser duplamente divertida, o que reforça, conseqüentemente, a concepção popular da psiquiatria como uma profissão de incompetentes. Basta pensarmos no ridículo a que foram submetidos os terapeutas no seriado de televisão *Ellen*: nos episódios do outono de 1996, a heroína experimenta um terapeuta após outro (muitos deles mulheres, mais uma vez) para ajudá-la a pôr sua vida em ordem, mas todos lhe oferecem conselhos banais ou inúteis. Talvez a mais extrema dessas imagens, em 1996, tenha sido a da psiquiatra do filme *O clube das desquitadas*. Trata-se de uma mulher completamente imoral e incompetente, que não apenas é incapaz de ajudar sua paciente, cujo papel foi representado por Diane Keaton, como também, durante todo o desenrolar da ação, tem um caso amoroso com o marido dela.

Como é possível explicar essa mudança na maneira de retratar os psiquiatras? Talvez a sombra do próprio Freud tenha pairado sobre as décadas imediatamente subseqüentes a sua morte, garantindo o respeito por suas teorias. Ou, talvez, a profusão de terapias alternativas produzida pela década de 1960 tenha acarretado a mudança, de modo que o aumento da ridicularização imposta aos terapeutas nos anos pós-60 estaria vinculado ao relaxamento dos costumes puritanos dos Estados Unidos, historicamente severos, durante esse período. O filme *A voz do meu coração* (1996), de Allison Anders, faz uma breve paródia de um terapeuta dos anos 60 que é chamado para ajudar o perturbado herói suicida. Embora os métodos pouco ortodoxos do médico consigam retirá-lo de seu isolamento, o herói se afoga logo depois. Em *Shine* (1997), o herói não é curado pelos psiquiatras do manicômio nem pela terapia de choque a que é ali submetido, e é uma astróloga que acaba conseguindo atingi-lo e ajudá-lo.[2]

Como fica claro por esses exemplos recentes, a cultura popular (especialmente tal como expressa no cinema) tem-se mostrado fascinada por Freud e representado suas teorias de maneiras muito variadas, desde a época em que o discurso freudiano começou a circular nos Estados Unidos. Embora, em alguns filmes, os psiquiatras possam ter sido um instrumento narrativo útil para permitir a transmissão eficiente de informações sobre a vida dos protagonistas aos espectadores, a psicanálise parece, de um modo geral, haver formalizado e aberto caminhos para a descoberta de algo que sempre despertou a curiosidade dos seres humanos: saber como funciona a mente e, o que é mais importante, compreender o significado de quando ela parece *não* funcionar. Em muitas eras e culturas, a doença mental foi considerada uma coisa vergonhosa, algo a ser escondido dos olhos do público. A razão por que a doença mental evoca tanto medo e vergonha, enquanto a doença física desperta a reação oposta, de solidariedade, cuidados e interesse, é uma questão complexa, que ultrapassa o âmbito deste ensaio. O fato é que, ao mesmo tempo, as pessoas sentem-se fascinadas pela doença mental — daí sua presença em tantas narrativas hollywoodianas —, mas têm atitudes estranhas para com aqueles cuja profissão é tentar tratá-la. Na tentativa de compreender o sofrimento psíquico, os psicanalistas expuseram-se à idealização, à rejeição ou, em nossa época, à ridicularização, tanto no cinema quanto, vez por outra, na cultura em geral.

Para muitas pessoas, ainda há algo de insólito na disfunção mental. Entretanto, o fascínio de Hollywood mostra que, por baixo do medo e da rejeição, as platéias norte-americanas querem ver histórias de doença mental, de comportamentos socialmente inadequados e de formas estranhas de relacionamento com os outros. Elas se mostram curiosas a respeito dos métodos de terapia e cura, talvez em decorrência da angústia quanto a seu próprio funcionamento mental e da inquietação quanto a aspectos delas mesmas que são tocados pelas teorias de

Freud. Em outras palavras, como sempre, o recalcado busca uma forma de se libertar.

O protótipo dos filmes sobre doença mental, terapia ou cura surgiu ainda na época de Freud, no filme de G.W. Pabst intitulado *Segredos de uma alma* (1926), produzido com orientação de um analista freudiano, e em filmes semelhantes feitos mais tarde em Hollywood, dentre eles *O segredo da porta cerrada*, de Fritz Lang (1948), *Quando fala o coração*, de Alfred Hitchcock (1945), e *As três faces de Eva*, de Nunnally Johnson (1957). Muitas explicações freudianas popularizadas do comportamento dos personagens apareceram em filmes da década de 1950, como *Juventude transviada*, de Nicholas Ray (1955), e em alguns filmes posteriores, como *Suave é a noite*, de Henry King (1962).[3] Em muitos filmes — como *Sangue de pantera*, de Jacques Tourneur (1942), *Ninho de cobras*, de Anatole Litvak (1948), *Tormentos da alma*, de Hubert Cornfield (1962) e, em época mais próxima da nossa, *Gente como a gente*, de Robert Redford (1980) e *Dancing in the Dark*, de Leon Marr (1986) —, o psiquiatra é chamado quando o comportamento do protagonista torna-se extremado ou disfuncional.

Nesses filmes, a análise hollywoodiana freqüentemente se apóia em conceitos freudianos "padronizados", como a neurose de angústia causada por um complexo edipiano, o recalcamento de um trauma infantil que impede uma mulher de ter uma relação conjugal normal, ou a amnésia resultante de um acontecimento traumático que evoca uma culpa infantil recalcada; e, na maioria deles, há uma cena em que o pesadelo repetitivo do protagonista é apresentado aos espectadores. De um modo que condensa o processo inevitavelmente lento do tratamento analítico, quando o sonho é interpretado pelo psicanalista em Hollywood, o recalcamento é suspenso e o paciente tem alta. A mais famosa dessas seqüências oníricas é a que foi produzida com a ajuda de Salvador Dali em *Quando fala o coração*. Mestre do surrealismo, Dali conseguiu evocar uma paisagem onírica estranha e irreal, com seus saltos ilógicos, seu desafio das leis da física terrestre e suas formas e objetos fora do comum. Por fim, mostra-se que cada elemento do sonho, de um modo meio improvável, alude a um aspecto do trauma do herói e revela, ao ser associado à sua infância, sua culpa injustificada por um acidente. Em análises hollywoodianas de sonho como essa, o público norte-americano recebe do cinema sua introdução à psicanálise. Ele também extrai do cinema a satisfação de enfrentar seu próprio medo dos doentes mentais, e ainda a fascinação com o funcionamento da mente.

Os sonhos e seu significado constituem o elemento da vida psíquica que há mais tempo tem fascinado os seres humanos. A humanidade sempre sonhou e sempre acreditou que os sonhos têm um significado; a análise freudiana do sonho foi apenas mais uma forma de interpretação. E os seres humanos sempre criaram encenações ou artefatos simbólicos que, tal como os sonhos, funcionam como mecanismos de descarga das tensões, pressões, temores e desejos de todo e qualquer contexto ambiental ou social em que eles se encontrem. O mais interessante, entretanto, é o vínculo especial entre a "descoberta" da psicanálise e a do cinema — duas tecnologias com estreitas associações com a capacidade humana de sonhar —, aproximadamente no mesmo momento histórico. O que foi, exatamente, no século XIX de Freud, que criou o clima para o surgimento dessas tecnologias interligadas continua obscuro. Mas podemos dizer com segurança que, nos contextos capitalistas, as tecnologias acompanham de perto (ou têm uma ligação circular com) as mudanças sociais. Ao menos no Ocidente, o "cinema" pareceu inevitável, depois que a perspectiva tridimensional passou a dominar os estilos visuais do Renascimento. As tecnologias cinematográficas, com histórias sobre a vida urbana e familiar, atenderam às necessidades desse período histórico.

Enquanto isso, para a burguesia alemã, especialmente para suas mulheres, as tensões e pressões da vida moderna exigiam uma tecnologia diferente para serem acolhidas, liberadas e tratadas. Os desejos e anseios recalcados dessa classe não podiam ser resolvidos pela identificação vicária com heróis e heroínas da tela, como era viável para as classes proletárias e de imigrantes. Dada a sua ambiência proletária (chamada de "vulgar" pela burguesia), o cinema, a princípio, foi proibido aos filhos e filhas da classe média. As tensões e pressões, em vez disso, falavam através do corpo dessas moças e rapazes burgueses, manifestando-se, como freqüentemente acontece, em sintomas histéricos e doenças. Embora as tensões e pressões da vida do proletariado também falassem através do corpo dos trabalhadores de ambos os sexos, a psicoterapia raramente lhes surgia como uma alternativa; para eles, era o cinema ou o hospício.

Freud desenvolveu a psicanálise como uma tecnologia para a liberação das tensões da vida burguesa; vista dessa maneira literal, portanto, a psicanálise foi uma tecnologia paralela ao cinema. Isso porque, se o cinema era o lugar onde os sonhos e fantasias de algumas pessoas encontravam espaço para se expressar, a psicanálise era o lugar onde os sonhos e fantasias de outras pessoas também podiam ser expressos, mas através de uma tecnologia diferente. Christian Metz apontou as semelhanças e diferenças entre o texto onírico do "divã" e o texto onírico do cinema,[4] enquanto outros analisaram as semelhanças entre o cinema e a psicanálise.[5] A operação de representação em imagens, na produção e circulação do desejo, é parecida na teoria psicanalítica do sonho e nos filmes, embora os laços entre o cinema e a cultura sejam complexos. O cinema tem influenciado cada vez mais os tipos de bens que as pessoas desejam e os valores que elas prezam. Por sua vez, a moda e as crenças vigentes influenciam as narrativas e os estilos cinematográficos.

De maior interesse é a relação das teorias e textos de Freud — seus casos clínicos — com a cultura popular e, em particular, com os melodramas do cinema. Freud foi um dos primeiros a teorizar que a ficção literária e os devaneios, bem como a própria arte, eram mecanismos mediante os quais as pessoas comuns e as talentosas podiam lidar com seus conflitos, lutas, desejos e temores íntimos nos moldes indicados acima, e, quem sabe, aliviá-los. Seus célebres estudos sobre grandes artistas, como Leonardo da Vinci, exemplificam suas teorias sobre os vínculos entre as tensões e pressões psíquicas e a grande arte, ao passo que seus ensaios "O autor literário e o devaneio" e "O romance familiar do neurótico" descrevem o modo como se expressam as necessidades e fantasias das pessoas comuns. Freud extraiu muitos de seus conceitos psicanalíticos da história da arte ocidental e de seu conhecimento minucioso da mitologia clássica. Pela leitura de Freud, fica claro o quanto ele estava impregnado da cultura erudita e dos grandes livros do cânone ocidental. Menos evidente é seu desprezo pela cultura de massa, pelo *Kitschik*, como ele decerto haveria de chamá-la. (No fim da vida, Freud recusou-se inflexivelmente a colaborar com um estúdio interessado em fazer um filme sobre sua vida e sua obra, pois temia que Hollywood só fizesse banalizar tudo.)

Sob todos esses aspectos, Freud foi um homem de sua classe e de seu momento histórico particular. O divisor entre a cultura superior e a inferior estava no auge de sua severidade no fim do século XIX, por causa do rápido desenvolvimento da cultura de massas e do entusiasmo que por ela demonstravam a classe trabalhadora e, cada vez mais, a baixa classe média. As classes média alta e aristocrática cristãs sentiam-se ameaçadas pela cultura popular, até porque os prazeres desta deviam-se largamente a suas imagens da sexualidade, as quais as classes superiores estavam decididas a reprimir em sua cultura oficial ou pública. Os pais dos pacientes de Freud também estavam decididos a reprimir a sexualidade de seus filhos. Muitas vezes, os pacientes sofriam com essa repressão e com a hipocrisia das façanhas sexuais secretas de seus pais por trás de um verniz de decência (a exemplo do caso clínico de Dora). A discussão freudiana explícita da criatividade e do "romance familiar", ou das fantasias de sedução, como ele as chamou, é particularmente interessante nesse contexto. Em certo sentido, as teorias freudianas sobre a criatividade lançaram as bases para a compreensão dos atrativos da cultura popular, uma vez que o interesse de grande parte dessa cultura por coisas como o sexo, o adultério, os filhos ilegítimos, a violência, o incesto, o abuso sexual e assim por diante também se evidenciava, ironicamente, nos desejos e medos dos pacientes de Freud. A cultura popular é o campo perfeito para a exposição das fantasias, desejos e medos inconscientes produzidos nos seres humanos através de seus vários constructos sociais — a família, o direito, a educação, os códigos sociais, os ditames institucionais e o governo.

As narrativas de fantasias inconscientes, encontradas por toda parte nos casos clínicos de Freud, são fáceis de reconhecer como o esteio dos melodramas que já inundavam os palcos teatrais e se transpunham para os enredos cinematográficos na época em que os pacientes de Freud se deitavam em seu divã. É significativo que Freud apresente seus casos — mais explicitamente do que o teatro ou o cinema — do ponto de vista da criança. Entretanto, assim como no melodrama cinematográfico, os arquétipos de Freud presumem que essa criança é do sexo masculino, e Freud não explora os processos femininos edipianos ou pré-edipianos. Foi preciso o advento das teorias feministas sobre o cinema (freqüentemente incluindo conceituações lacanianas e freudianas) para que se analisassem os melodramas que *de fato* discutiam o que oprimia a mulher.[6] As feministas procuraram compreender a complexidade dos processos inconscientes femininos, usando as teorias freudianas e indo além delas.[7]

Considerando que o cinema popular apoiava-se maciçamente no melodrama, e uma vez que seus temas, na verdade, eram os do "romance familiar", que o próprio Freud havia teorizado como algo que determinava muitos dos infortúnios psíquicos de seus pacientes, seria de se presumir que ele encontrasse na cultura popular — especialmente nos melodramas sentimentais que antecederam as "novelas" do rádio e, mais tarde, da televisão — justamente o terreno em que eram explorados os problemas de seus pacientes. Freud poderia ter entendido, antes de qualquer outra pessoa, a função do cinema como *locus* de um repertório imaginário de fantasias e medos parecidos com os que ele encontrava nos sonhos de seus pacientes. Em nossa era, essa função da cultura popular tornou-se bastante consciente, especialmente no que se denominou de discurso "terapêutico" das novelas de televisão, no qual os conceitos freudianos popularizados são tidos como um fato.

Entretanto, em vista de sua parcialidade contra a cultura de massas, Freud não pôde dar esse salto. Ironicamente, ao escrever sobre o "romance familiar" de seus pacientes, no relato de casos clínicos como os de Dora, Anna O. e o Homem dos Lobos, ele mesmo escreveu histórias que se aproximavam do melodrama. Tal como no melodrama cinematográfico e teatral, ele moldava as vozes de seus sujeitos, freqüentemente femininos, a sua voz masculina, mas não conseguia contê-las muito bem. Como no cinema, as vozes das mulheres emergiam das lacunas e brechas dos casos clínicos. Dora, por exemplo, rejeitou a transferência, como fez a paciente lésbica de Freud (detalhada em seu ensaio de 1920, "Sobre a psicogênese de um caso de homossexualidade feminina"): ela se recusou a ser considerada "doente". Freud observou que, embora "a análise tenha prosseguido quase sem nenhum sinal de resistência...", era "como se não ocorresse nada parecido com uma transferência para o médico".[8] Nesse caso, ao contrário do de Dora, Freud não foi dispensado pela paciente, mas a dispensou, recomendando que, a se fazer algum tratamento, este deveria ser conduzido por uma mulher.[9]

Se Freud não pôde enxergar as semelhanças entre os temas que lhe interessavam e os do cinema, a indústria hollywoodiana certamente o fez. Ou seja, Hollywood pendeu, muito rapidamente, para uma versão popularizada das teorias de Freud no período posterior à Segunda Guerra Mundial, quando, em conseqüência dos traumas de guerra que requeriam tratamento psicanalítico, as teorias freudianas ganharam uma circulação ainda maior do que antes. As idéias de Freud pareceram conferir a autoridade da "ciência" às histórias que o cinema já vinha contando, e surgiu a figura austera e geralmente germânica do psicanalista como "cientista". Os produtores perceberam a relação entre os sonhos de suas platéias e os "sonhos" que Hollywood exibia na tela.

O sucesso de Hollywood dependia da capacidade de explorar desejos que fossem comuns a todos, satisfazendo, ao mesmo tempo, a imaginação individual.

Os cineastas, fosse por instinto, fosse conscientemente, procuraram usar aqueles dentre nossos sonhos que são coletivos e específicos da cultura (os sonhos de encontrar o verdadeiro amor, os sonhos de sucesso financeiro e mobilidade social ascendente, os sonhos com filhos perfeitos e harmonia familiar). Os medos coletivos — o lado avesso dos sonhos — seguem a mesma dinâmica.

A discussão da invenção do cinema e da psicanálise freudiana tem presumido que os espectadores masculinos e femininos são brancos. Como o público pode perceber rapidamente, poucos dos trechos de filmes de Hollywood que versam sobre a psicanálise exibem minorias étnicas na posição de pacientes ou de psiquiatras. As sofisticadas análises feministas das décadas de 1970 e 1980 examinaram, principalmente, as maneiras como a imagem da mulher "branca" era disseminada, a fim de acolher os desejos, medos e fantasias inconscientes específicos do homem (branco). Até hoje, poucos têm sido os trabalhos a respeito da articulação entre a psicanálise, o cinema e a raça, embora tenha havido um avanço nas pesquisas sobre as imagens étnicas de Hollywood.[10]

É interessante usar as teorias do próprio Freud para que elas nos ajudem a compreender a ausência de analistas e analisandos negros, asiáticos e hispânicos nas narrativas de Hollywood, bem como os estereótipos raciais tradicionalmente negativos do cinema hollywoodiano. Essas questões precisam ser abordadas em pelo menos dois níveis. Primeiro, quais são as razões sociais e práticas óbvias da ausência de analistas e analisandos das minorias no cinema? Elas incluem o racismo social que impediu que as pessoas desses grupos recebessem formação em psicanálise, as dificuldades econômicas de muitas minorias, que colocam a psicanálise fora de seu alcance, e, por último, o racismo da própria Hollywood, que faz eco ao da cultura norte-americana. Esse racismo significa que, até muito recentemente, raras vezes se contratavam atores étnicos para desempenhar papéis importantes e sérios no cinema.

Em segundo lugar, existe o nível dos processos culturais inconscientes ligados a essas realidades sociais e econômicas, que exercem um impacto nas imagens cinematográficas. Poucos estudaram os medos e fantasias inconscientes que talvez tenham sido aplacados, nos espectadores brancos, pela circulação de imagens hollywoodianas de "Outros" étnicos em papéis degradantes, ridicularizados ou depravados; tampouco tem havido muitas pesquisas sobre o impacto psicanalítico dessas imagens nos espectadores negros ou de outras etnias. Por fim, o uso hollywoodiano da sessão psicanalítica como uma estratégia para *normatizar* os afro-americanos requer atenção. Tais sessões têm sido usadas, no cinema, para transformar um analisando negro (por exemplo, em *Home of the Brave* [1949]) num cidadão modelo, explicando as experiências com o racismo norte-americano como sendo, na verdade, uma outra coisa.

A fundação institucional da psicanálise, tal como a do cinema, ocorreu na era do imperialismo europeu.[11] As categorias e conceitos que justificavam o imperialismo para os líderes europeus saturavam a vida intelectual da época, quase que independentemente das filiações políticas. Seria demais esperar que a psicanálise oitocentista fugisse a alguns dos discursos racializados que prevaleciam e se inseriam na linguagem, como a dualidade lingüística do "selvagem/civilizado" que se havia ligado à dicotomia negro/branco. A psicanálise não confrontou essas categorias da linguagem, nem na teoria nem na prática. Entrementes, no plano do indivíduo, havia o recalcamento inconsciente do conhecimento racial (e racista), porque ele trazia uma ameaça de conflito e/ou perigo. Como instituição, a psicanálise foi fundada, como disse Susan Handelman, com uma identidade e um método de estudo judaicos,[12] no sentido de que alguns dos métodos de Freud derivaram da tradição rabínica da época. Aliás, é possível que algumas das imagens negativas da psicanálise no cinema hollywoodiano decorram tanto do anti-semitismo quanto do incômodo da psicanálise em si.[13] No entanto, ela não foi capaz de confrontar o racismo com o Outro, que caracterizou o imperialismo e o pensamento ocidental pelo menos desde o Renascimento.[14]

Embora, como práxis, a psicanálise tenha se ligado originalmente à sua base fundadora institucional, desde então ela ficou exposta a diversas abordagens. Debates acerbos e intensos a cercaram, na teoria e na prática, desde a época de Freud, havendo-se intensificado com o correr dos anos. Onde quer que exista a psicanálise, existem comunidades e rivalidades apaixonadas; ela já não é um paradigma fechado, se é que algum dia o foi. Os paradigmas discursivos dominantes exercem um impacto sobre as formulações psicanalíticas onde quer que elas sejam feitas, de modo que a prática psicanalítica, *teoricamente*, parece adaptável a diferentes culturas. Aliás, pode-se dizer que a psicanálise é precisamente o instrumento de que se necessita para compreender o pensamento racializado e sexualizado, seja ele consciente ou inconsciente. Foi o que afirmou Joel Kovel em *White Racism*, já em 1970. As novas pesquisas que vêm sendo conduzidas por estudiosos de origens étnicas diferentes introduzirão, sem dúvida, novas perspectivas na psicanálise e na raça.[15]

Como exemplo da adaptabilidade da psicanálise a contextos culturais variados, convém considerarmos o trabalho pioneiro de Frantz Fanon. Psicanalista negro de Martinica, Fanon usou as teorias de Freud para fins muito diferentes dos que se concebiam em épocas anteriores. A voz de Freud é, basicamente, uma voz masculina de classe média, que fala a partir de uma cultura branca ocidental e patriarcal; mas é uma voz com hesitações importantes, certamente produzidas por sua "diferença" judaica e sua situação de oposição marginalizada na ordem estabelecida da medicina. Nesse sentido, a voz de Freud tem algumas semelhanças com a de Fanon, embora a deste seja conscientemente híbrida, ambivalente e conflitada: ora Fanon fala especificamente como homem negro, também de classe média, mas anticolonialista, ora, em seus casos clínicos, ao se concentrar no indivíduo, oscila entre interpretações que esvaziam a raça e o sexo como "causa" da doença e da neurose pessoal e interpretações que explicam a neurose do negro em termos sociais.

Em contraste com as concepções de Fanon, Hollywood e a cultura popular em geral têm exercido o papel de deslocar as causas do distúrbio psíquico da ordem social para o indivíduo, no caso das mulheres e dos negros. Muitos filmes de Hollywood procuram explicar a neurose simplesmente como um defeito do indivíduo, sem nenhum vínculo com as grandes questões sociais. Como já foi assinalado, Hollywood tem usado a sessão psicanalítica, e às vezes a transferência, explicitamente como recurso narrativo para produzir a mudança individual. Na verdade, sabemos que o distúrbio psíquico é um fenômeno muito complicado, produzido por interações complexas entre o meio familiar, a herança genética, os códigos, normas e contextos sociais, e a raça/classe/sexo do indivíduo. Toda essa rede de processos tem de ser levada em conta quando se lida com um caso específico de distúrbio psíquico, seja na sessão analítica, na análise cinematográfica ou nos textos sobre a doença mental.

Embora os inúmeros filmes que retratam psicanalistas e sessões psicanalíticas já sejam bem conhecidos,[16] isso talvez não aconteça com os que são particularmente pertinentes à Segunda Guerra Mundial e às questões raciais. Entre estes se incluem *Home of the Brave* (1949), *The Quiet One* (1948) e *Tormentos da alma* (1962). O racismo norte-americano não conseguiu mais ser encoberto com sucesso depois das experiências dos recrutas na Segunda Guerra Mundial, de modo que há alguns filmes pós-Segunda Guerra — dos anos 40 aos 60 — nos quais os cineastas usam a sessão psicanalítica para normalizar as relações raciais masculinas dos Estados Unidos. Em *Home of the Brave*, o soldado negro, Moss, é convencido pela hipnose psicanalítica de que sua experiência de racismo — por parte dos brancos de um pequeno pelotão de combate, isolado numa ilha japonesa — não foi a causa de sua paralisia. Esta surgiu, ao contrário, por ele ter se alegrado com o fato de seu amigo, e não ele, ter perdido a vida. No fim, a negritude de Moss é reduzida ao nível de uma certa "deficiência", semelhante à deficiência literal de um outro membro do pelotão cujo braço foi decepado; e os dois se afastam juntos em direção ao pôr-do-sol para se associarem na criação de uma empresa.

Mas é importante que, em *Tormentos da alma*, há uma história narrada em *flashback* na qual um analista negro (vivido por Sidney Poitier) analisa um neonazista americano branco (Bobby Darin) e enfrenta o racismo inconsciente da equipe médica branca do hospital presidiário onde trabalha. Como diretor de outra unidade psiquiátrica carcerária, responsável por vários analistas e muitos pacientes, Poitier enfrenta agora o desafio inverso de um paciente negro que se irrita ao lhe ser atribuído um terapeuta branco. O produtor Stanley Kramer, que experimentara pessoalmente o anti-semitismo e tinha visto o racismo no exército durante a Segunda Guerra Mundial, dedicou-se à árdua tarefa de introduzir imagens novas nas quais os personagens negros tinham ação, uma certa autoridade e um certo controle.

Um filme muito posterior merece ser comentado, em parte por mostrar (por pouco tempo) um analisando negro, mas também, em parte, por apresentar uma visão incomum do psicanalista branco como alguém que não manda nada. Trata-se de *A louca missão do doutor Schaeffer* (de Theodore J. Flicker, 1967). O analista está longe de ser a figura racional do "cientista" dos filmes anteriores, pretensamente no controle de tudo, como em *Sangue de pantera* (Tourneur, 1942). Na verdade, fica cada vez mais descontrolado, vítima impotente de forças que o ultrapassam. Além disso, começa a apresentar as tendências esquizo-paranóides que vinha curando em seus pacientes.

Enquanto isso, Godfrey Cambridge desempenha o papel de um agente da CIA que faz análise enquanto investiga o psiquiatra escolhido para analisar o presidente. A sessão psicanalítica, afinal, não tem grande lugar na narrativa, uma vez que não temos acesso aos encontros de Coburn com o presidente. Mas Cambridge tem uma das cenas psicanalíticas mais sérias e pungentes do filme — aliás, é o único dos analisandos de Coburn de cuja intimidade privam os espectadores (os outros são uma sucessão apressada e silenciosa de imagens, destinadas a dar ao espectador uma idéia da diversidade dos pacientes de Coburn e de seu estilo analítico).

Na cena em questão, Coburn descobre que Cambridge é um agente da CIA que tem permissão para matar. Fica intrigado e meio chocado com o fato de o arquivo que o identifica como agente da CIA permitir que se abandone a moral normal; mas Cambridge (já que está em sua sessão de análise) faz uma associação imediata com o que chama de sua história de "negro", ou de "como veio a ser um tição". A história implica o fato de Cambridge haver descoberto, através do irmão, que era objeto de ridículo dos amigos, quando acreditava estar ridicularizando um Outro com esses amigos ao chamá-lo de "negro". O irmão lhe informara que o "negro" era ele, daí Cambridge ter querido matá-lo. Sua agressão (normal) fora canalizada para o ato de matar em decorrência desse incidente. Entretanto, antes que Coburn possa tecer algum comentário, Cambridge se apressa a lhe falar sobre sua missão de contratá-lo como analista do presidente e o leva às pressas para um primeiro encontro.

Vista à luz dos anos 90, essa cena é meio perturbadora, na medida em que o que talvez seja o momento mais sério do filme é prontamente restituído à comédia. A história de Cambridge faz lembrar o famoso relato de Fanon sobre a alienação de si mesmo, em *Black Skin, White Masks*, e tem uma intensidade fanoniana. Tem-se a sensação de que ela merece uma elaboração maior, porém o gênero não permite nenhum retorno a Cambridge senão em seu papel cômico, como mais um agente que tenta capturar Coburn, desta vez para o governo norte-americano.

A pergunta de Fanon à psicanálise — a neurose não presta atenção à raça ou é causada pelo racismo? — continua sem resposta. Hollywood costuma optar quase sempre pela primeira alternativa, retratando a neurose como causada por outras coisas que não a raça ou o racismo. Com relação às mulheres, a maioria dos filmes mostra que as neuroses surgem quando elas saem do papel que lhes é prescrito como subordinadas aos homens.

Hollywood continua a flertar com a psicanálise, só que, agora, talvez com mais ridicularização do que empatia cômica, ou oferecendo uma imagem de "cientista" meio desastrada e autoritária. E mesmo essa ridicularização pode indicar, como talvez sugerisse o próprio Freud, seguindo suas teorias de *Os chistes e sua relação com o inconsciente*,[17] um processo defensivo (semelhante ao que ocorre nos sonhos) destinado a afastar o aflitivo reconhecimento da doença mental nos amigos ou nos entes queridos e sua necessidade de métodos de tratamento. As imagens contemporâneas oferecem modelos mais novos e menos estritamente freudianos de tratamento. Talvez surpreenda constatar quantos são os filmes em que há pelo menos uma cena (geralmente curta) de uma sessão psicanalítica. Foram mencionados alguns filmes em que as protagonistas estão em terapia ou se interessam por ela,[18] mas há aqueles que mostram homens em terapia, como *Ensina-me a viver*, de Hal Ashby (1971), *A outra*, de Woody Allen (1988), o já citado *Gente como a gente*, e assim por diante. A guinada para a comédia talvez reflita realidades econômicas que tornaram a terapia uma alternativa menos viável para as pessoas da classe média, ou talvez seja produto de um aumento do foco nos ambientes de gueto, nos quais os protagonistas parecem estar fora do alcance da terapia (como em *Irmãos de sangue*, de Spike Lee [1996]); quando a sessão de terapia chega a aparecer, isso se dá de uma forma muito negativa (*Candyman*, de Bernard Rose [1993]).

No entanto, essa cena — ainda aparentemente obrigatória — que aparece de tempos em tempos atende a uma necessidade social de compreender a disfunção psíquica e comportamental. Aliás, uma prova da integração das teorias freudianas na vida cotidiana e no discurso interpessoal norte-americano é o fato de que a cultura popular tem reivindicado muitos dos discursos terapêuticos antes restritos à sessão de psicanálise. Indivíduos da classe média entendem rotineiramente os conflitos, os desentendimentos, a raiva, a violência e o ciúme em termos freudianos popularizados. Analisam uns aos outros em termos do Édipo ou do "romance familiar", além de lidar com os sonhos de um modo freudiano popularesco. Se estivesse vivo, Freud talvez objetasse às versões popularizadas e meio reducionistas de suas teorias, do modo como são promovidas pela cultura popular, mas a penetração de suas idéias nessa cultura evidencia uma mudança radical na maneira como os seres humanos pensam em si mesmos e nos outros. É a Freud que temos de agradecer pela compreensão de nós mesmos a que todos temos acesso hoje em dia. Aliás, se o lançamento de *Gênio indomável*, de Gus van Sant (1998) — que, de certo modo, é uma refilmagem de *Gente como a gente* — serve de indicação, é possível que a próxima década assista a uma volta das imagens das importantes contribuições da psicanálise para a harmonia social.

A grande sombra de Freud ainda paira sobre o século XX à medida que ele vai chegando ao fim. Sua influência poderosa se faz sentir a despeito das teorias e contextos pós-modernos, que parecem estar produzindo novas idéias sobre o que significa ser humano e que, com isso, estariam tornando Freud obsoleto. Creio, ao contrário, que os estudos inovadores de Freud sobre a consciência humana passarão ao centro dos interesses humanos no século XXI. Como muitas vezes acontece, o fascinante filme *Sphere*, de Barry Levinson (1998), produzido a partir de um romance de Michael Crichton, sugere que os desejos, medos e fantasias inconscientes podem produzir efeitos sociais e políticos imensamente destrutivos se não forem controlados. Atentar para essas motivações inconscientes dos projetos humanos parece ser da máxima importância social. A sombra de Freud, portanto, continuará a se estender sobre o século XXI.

CRACKING JOKES
QUEM TEM UM QI DE 200?...
O CENTRO DE BURBANK!
"ARRGH", HOMENS!
TOALHA!
PANACA!
BEM, VEJA A MINHA MULHER... POR FAVOR!
RISADAS
O AUTOR
A RAQUEL WELCH!
Breve Investigação sobre Vários Aspectos do Humor ~ © 1975 art spiegelman
Uma piada:
UM CARA ACHA QUE ESTÁ MORTO, E A FAMÍLIA NÃO CONSEGUE CONVENCÊ-LO DO CONTRÁRIO...
... ASSIM, LEVA-O AO ANALISTA, QUE DIZ...
FIQUE OLHANDO PARA ESSE ESPELHO POR TRÊS HORAS E REPITA: "HOMEM MORTO NÃO SANGRA."
TRÊS HORAS DEPOIS, O ANALISTA ESPETA O DEDO DO SUJEITO COM UMA AGULHA...
PRICK
(A CAIXA DE SURPRESAS DAS CRIANÇAS É UM EXEMPLO PODEROSO DO CHISTE EM SUA FORMA PRIMITIVA. UMA SURPRESA MOMENTANEAMENTE AMEAÇADORA REVELA-SE INOFENSIVA. A CRIANÇA APRENDE A DOMINAR SEU MEDO ATRAVÉS DO RISO.)
... E LEVANTA TRIUNFALMENTE O DEDO ENSANGÜENTADO...
ENTÃO, ME DIGA, O QUE É QUE ISSO PROVA?
O CARA OLHA PARA O DEDO E DIZ...
QUE HOMEM MORTO SANGRA, SIM!
Introdução ~ Um pouco de história e teoria do humor:
O BOBO NÃO ACEITA A INTELIGÊNCIA E A LÓGICA DO MUNDO DOS ADULTOS. É A CRIANÇA REBELDE QUE SE RECUSA OBSTINADAMENTE A APRENDER.
ENTÃO, ME DIGA, O QUE É QUE ISSO PROVA?
A MAIOR PARTE DO HUMOR É UMA FORMA REFINADA DE AGRESSÃO E ÓDIO.
HYAR hee YUK HAW!
CEGO
NOSSOS ANCESTRAIS SELVAGENS RIAM, DESLAVADAMENTE, DOS ALEIJADOS, DOS PARALÍTICOS, DOS AMPUTADOS, DOS ANÕES, DOS MONSTRENGOS, DOS SURDOS, DOS POBRES E DOS LOUCOS. TODO MUNDO ERA UM INIMIGO POTENCIAL CUJAS FRAQUEZAS E DESGRAÇAS PODIAM NOS BENEFICIAR.
NOS TEMPOS MEDIEVAIS, O BOBO DA CORTE ERA VISTO COMO UM IDIOTA E ERA ALVO DE PIADAS CRUÉIS. AS BORLAS CAÍDAS DE SEU CHAPÉU SIMBOLIZAVAM A IMPOTÊNCIA. ASSIM TRANQÜILIZANDO OS OUTROS, ELE PODIA EXPRESSAR SUA AGRESSIVIDADE SOB A FORMA DO HUMOR.
PAPAI!
COM O TEMPO, O BOBO FOI SUBSTITUÍDO PELO PALHAÇO DE CIRCO (E, DEPOIS, PELO COMEDIANTE DO TEATRO DE VARIEDADES), CUJAS CALÇAS BUFAS FAZEM O CONTEÚDO PARECER PEQUENO E RIDÍCULO. ELE É O ANTIGO PAI GRANDE E AMEAÇADOR QUE AGORA É FRACO E IDIOTA. A FIGURA DO PAI CASTRADO ESTÁ NA BASE DE MUITAS COMÉDIAS.
HOJE, AINDA RIMOS DOS INFELIZES, DOS DEFORMADOS E DOS LOUCOS, MAS, PARA EVITAR UM SENTIMENTO DE CULPA CAPAZ DE BLOQUEAR O PRAZER DO RISO, TEM QUE HAVER UM EQUILÍBRIO SUTIL ENTRE A AGRESSÃO E A AFEIÇÃO.
PINTAR COM O DEDO É O MEU ÚLTIMO HOBBY!! CERTO, DOUTOR??

Personagens estereotipados nos chistes:
NOSSO CHISTE É UM DOS MUITOS QUE USAM OS ESTEREÓTIPOS DO ANALISTA E DO BIRUTA. INVERTENDO ESSES TIPOS, PARA O ANALISTA **NÃO** SER RETRATADO COMO FIGURA DE AUTORIDADE, NOSSA PIADA PERDE UM POUCO A GRAÇA.
(O CARICATURISTA BUSCA O PODER SOBRE A VÍTIMA DE SUA AGRESSÃO ATRAVÉS DE UM RECURSO PARECIDO COM O DO FEITICEIRO E SEUS BONECOS DE VODU.)
UM SUJEITO ACHA QUE ESTÁ MORTO, E ENTÃO É LEVADO A UM ANALISTA, QUE DIZ...
FIQUE OLHANDO PARA ESSE ESPELHO POR TRÊS HORAS E REPITA: *"HOMEM MORTO NÃO SANGRA."*
TRÊS HORAS DEPOIS, O ANALISTA ESPETA O DEDO DO SUJEITO COM UMA AGULHA...
PRICK
... E LEVANTA TRIUNFALMENTE O DEDO ENSANGÜENTADO...
ENTÃO, ME DIGA, O QUE É QUE *ISSO* PROVA?
O CARA OLHA PARA O DEDO E DIZ...
QUE HOMEM MORTO SANGRA, **SIM**!
CERTO!
A propósito:
PELA METÁFORA EM FORMA DE TROCADILHO, ESTE CHISTE ALIVIA AS ANGÚSTIAS DE CASTRAÇÃO. O ANALISTA/PAI TENTA, SEM SUCESSO, CASTRAR O BOBO/FILHO.
A agressão nos chistes:
APESAR DE NOS SENTIRMOS SUPERIORES AO BOBO E RIRMOS DE SEU MAL-ESTAR, QUANDO A HOSTILIDADE DA PIADA NÃO É BEM DISFARÇADA, **NÓS** COMEÇAMOS A NOS SENTIR CONSTRANGIDOS.
ÔPA!
ENGRAÇADO!
ESTOU COM CÂNCER!
ENGRAÇADO
UM SUJEITO ACHA QUE ESTÁ MORTO, E ENTÃO É LEVADO A UM ANALISTA, QUE DIZ...
FIQUE OLHANDO PARA ESSE ESPELHO POR TRÊS HORAS E REPITA: *HOMEM MORTO NÃO SANGRA."*
TRÊS HORAS DEPOIS, O ANALISTA ESPETA O DEDO DO SUJEITO COM UMA AGULHA...
PRICK
... E DECEPA O DEDO COM UM MACHADO...
CHOP
... E ABRE A BARRIGA DELE COM UM FACÃO!...
ENTÃO, ME DIGA, O QUE É QUE *ISSO* PROVA?
SLICE
O CARA CAI NO CHÃO, SEGURANDO OS INTESTINOS, E DIZ NUM GEMIDO...
HO-HOMEM MORTO SA-SANGRA, **SIM**!
SE O SEU SUPEREU DEIXOU VOCÊ RIR **DISSO**, TALVEZ A EXPOSIÇÃO EXCESSIVA À VIOLÊNCIA NA MÍDIA O/A TENHA IMUNIZADO CONTRA OS SENTIMENTOS DE CULPA. TENTE IMAGINAR ESSA SEQÜÊNCIA COM FOTOGRAFIAS, EM VEZ DE DESENHOS (FOTOS DE PESSOAS QUERIDAS).

Pergunta:
SERÁ QUE NOSSA PIADA TAMBÉM SERIA DIVERTIDA, SE OS PERSONAGENS FOSSEM RETRATADOS COMO MULHERES?
☐ SIM! ☐ NÃO!
FIQUE OLHANDO PARA ESSE ESPELHO POR TRÊS HORAS E REPITA: "HOMEM MORTO NÃO SANGRA."
Dicas sobre contar piadas:
CONHEÇA SEU PÚBLICO! É PRECISO DOMINAR A ANGÚSTIA PARA QUE A REFERÊNCIA HUMORÍSTICA A ELA POSSA SER APRECIADA. O PESSOAL DE VARSÓVIA NÃO TENDE A GOSTAR DE PIADAS SOBRE POLACOS...
... AÍ, O CARA OLHA PARA O DEDO E DIZ: "HOMEM MORTO SANGRA, SIM!"
É... SANGRA!
UM SUJEITO ACHA QUE É UM ESPELHO, E AÍ VAI PROCURAR UM ANALISTA...
DECORE DIREITO A PIADA ANTES DE CONTÁ-LA NAS FESTAS!
?
... E SE ESPETA COM UMA AGULHA!...
PRICK
TRÊS HORAS DEPOIS, ELE ASSALTA TRIUNFALMENTE O ANALISTA.
HAH!
... E DIZ...
DEDO MORTO SANGRA, SIM!
UM SUJEITO ACHA QUE ESTÁ MORTO,
A UM ANALISTA QUE DIZ:
AS PIADAS SÃO MECANISMOS DELICADOS. O TIMING É IMPORTANTE. A RAPIDEZ E A SURPRESA AJUDAM A OBTER UMA BOA RISADA!
SSE ESPELHO POR TRÊS HORAS E REPITA: "HOMEM MORTO NÃO SANGRA."
... AÍ, O CARA FICA TRÊS HORAS DIANTE DO ESPELHO E REPETE...
HOMEM MORTO NÃO SANGRA!...
... HOMEM MORTO NÃO SANGRA!... ... HOMEM MORTO NÃO SANGRA!...
... HOMEM MORTO NÃO SANGRA!... ... HOMEM MORTO NÃO SANGRA!...
... HOMEM MORTO NÃO SANGRA!... ... HOMEM MORTO NÃO SANGRA!...
... HOMEM MORTO NÃO SANGRA!... ... HOMEM MORTO NÃO SANGRA!...
... HOMEM MORTO NÃO SANGRA!... ... HOMEM MORTO NÃO SANGRA!...
... HOMEM MORTO NÃO SANGRA!... ... HOMEM MORTO NÃO SANGRA!...

... HOMEM MORTO NÃO SANGRA!...
... HOMEM MORTO NÃO SANGRA!...
... HOMEM MORTO NÃO SANGRA!...
... HOMEM MORTO NÃO SANGRA!...
... HOMEM MORTO NÃO SANGRA!...
... HOMEM MORTO NÃO SANGRA!...
... HOMEM MORTO NÃO SANGRA!...
... HOMEM MORTO NÃO SANGRA!...
... HOMEM MORTO NÃO SANGRA!...
... HOMEM MORTO NÃO SANGRA!...
... HOMEM MORTO NÃO SANGRA!...
... HOMEM MORTO NÃO SANGRA!...
... HOMEM MORTO NÃO SANGRA!...
... HOMEM MORTO NÃO SANGRA!...
... HOMEM MORTO NÃO SANGRA!...
... HOMEM MORTO NÃO SANGRA!...
... HOMEM MORTO NÃO SANGRA!...
... HOMEM MORTO NÃO SANGRA!...
... HOMEM MORTO NÃO SANGRA!...
... HOMEM MORTO NÃO SANGRA!...
... HOMEM MORTO NÃO SANGRA!...
... HOMEM MORTO NÃO SANGRA!...
... HOMEM MORTO NÃO SANGRA!...
... HOMEM MORTO NÃO SANGRA!...
... HOMEM MORTO NÃO SANGRA!...
... HOMEM MORTO NÃO SANGRA!...
... HOMEM MORTO NÃO SANGRA!...
... HOMEM MORTO NÃO SANGRA!...
BOCEJO
Portanto, em resumo, lembre-se:
QUE HOMEM MORTO SANGRA, *SIM*!
"TUDO O QUE É HUMANO É PATÉTICO. A FONTE SECRETA DO PRÓPRIO HUMOR NÃO É A ALEGRIA, MAS A TRISTEZA. NÃO HÁ HUMOR NO PARAÍSO."
— MARK TWAIN

PARTE IV

Heranças Contestadas

Freud achava que seu trabalho despertaria controvérsia porque suas descobertas não seriam fáceis de assimilar em nossa auto-imagem convencional. Não somos quem pensamos ser e, o que é mais importante, nem sequer controlamos nossos pensamentos e emoções, não somos "senhores em nossa própria casa". O fato de as teorias freudianas haverem provocado tantas críticas foi, para alguns, um indício de que a psicanálise estava no caminho certo, trazendo verdades desagradáveis à consciência e descobrindo meios de superar a resistência a essas verdades. Entretanto, como observa Frank Cioffi em seu ensaio, muito depende de aquilo a que se resiste ser realmente verdadeiro, e não apenas desagradável. Como saber? Os trabalhos de Cioffi e Adolf Grünbaum apontam para duas grandes correntes de argumentação na crítica à psicanálise: a biográfica e a teórica. Cioffi enfatiza que, dadas as qualidades específicas das afirmações teóricas formuladas, a questão da fidedignidade de Freud (e de seus seguidores) como relatores é uma dimensão crucial de qualquer avaliação crítica da psicanálise. De acordo com os críticos de orientação biográfica, questionar a fidedignidade de um psicanalista não é desferir um ataque *ad hominem*, mas examinar uma dimensão necessária da avaliação. Para Grünbaum, a chave está mais na questão da possibilidade de verificação empírica do que na avaliação biográfica. A psicanálise faz afirmações causais, por exemplo, sobre a formação dos sintomas, e Grünbaum concentra-se em saber se essas afirmações se coadunam com o que conhecemos sobre as doenças em discussão. A abordagem de Peter D. Kramer em seu ensaio é bem diferente das de Cioffi ou Grünbaum. A psiquiatria sofreu alterações dramáticas desde a época em que Kramer (como muitos outros, inspirando-se no exemplo de Freud) ingressou nesse campo — uma época em que a psicanálise estava no cerne de grande parte do ensino médico. Hoje existem explicações diferentes sobre a gênese das doenças, do desenvolvimento humano e dos tratamentos bioquímicos. Algumas delas foram elaboradas em oposição a Freud, ou em campos indiferentes a seu trabalho. Por essa perspectiva contemporânea e sob a influência da crítica biográfica, o que ainda podemos aprender com a leitura dos textos freudianos? A resposta de Kramer tem algumas afinidades com a conclusão de Grünbaum sobre o potencial heurístico da psicanálise, na esteira de uma avaliação crítica. A crítica feminista às idéias freudianas desenvolveu-se paralelamente à psicanálise. Muriel Dimen sublinha a natureza fundamental da crítica, ao mesmo tempo que reconhece como o pensamento psicanalítico e o feminista influenciaram um ao outro. A estranha ligação entre os dois gerou frutos criativos, polêmicos e perturbadores. Dimen observa como essa ligação também fez com que se atentasse para certas questões fundamentais acerca da maneira como a subjetividade e a sexualidade se relacionaram nos contextos culturais do patriarcado, e como podem desempenhar um papel crucial com respeito a esses contextos. O último ensaio deste volume retorna ao início da carreira profissional de Freud e a examina no contexto da neurociência contemporânea. Oliver Sacks interessa-se pelo modo como o Freud de orientação neurológica já estava caminhando para uma visão dinâmica do sistema nervoso, visão esta que lhe seria muito útil no momento de desviar seu interesse para a esfera psicológica. A rejeição freudiana da doutrina da localização (que diz que as funções específicas estão diretamente ligadas a determinadas localizações anatômicas) foi o gesto crucial de seu trabalho neurológico original, bem como a base de sua elaboração posterior da psicanálise. Tudo o que se construiu sobre essa base foi sumamente contestado, mas as construções também serviram de legado e inspiração para alguns dos progressos culturais mais significativos do século XX.

A controvérsia freudiana:

O QUE ESTÁ EM QUESTÃO?

Frank Cioffi

Ou estamos nos aproximando do centenário de nascimento da psicanálise ou acabamos de passar por ele recentemente, conforme consideremos sua data de nascimento como 1895, ano da publicação dos *Estudos sobre a histeria*, ou 1899, ano em que foi lançada a obra-prima de Freud, *A interpretação dos sonhos*. Seja como for, existe um problema. Por que, depois de quase um século de debates, não se chegou a um consenso quanto à autenticidade da realização de Freud?

A solução talvez esteja, em parte, em que as pessoas que se posicionam em oposição umas às outras não compartilham a mesma idéia do que seja uma realização. Por exemplo, na visão de L.L. Whyte, "Freud modificou, talvez de maneira irreversível, a imagem que o homem tem de si mesmo. Comparado a isso, é de importância secundária que algumas de suas idéias válidas não tenham sido novas, que suas concepções específicas sejam questionáveis e que seus métodos terapêuticos sejam duvidosos".[1] Mas há aqueles para quem está longe de ser "de importância secundária" que as "concepções específicas [de Freud] sejam questionáveis" e para quem alterar "a imagem que o homem tem de si mesmo" é de pouca serventia, se essa nova imagem não corresponder melhor a uma realidade que tenha existência independente.

Vamos supor que tomemos a precaução de restringir a discussão a um sentido do termo "conhecimento" que seja próximo do de Freud; chegaremos então a um consenso? Aparentemente não, pois enquanto alguns sustentam que Freud contribuiu mais para nosso conhecimento da humanidade do que qualquer outro pensador de nossa época, outros têm igual certeza de que a psicanálise "é o paradigma da pseudociência de nossa época",[2] e de que é "o mais estupendo conto-do-vigário intelectual do século XX".[3]

Essa gama de opiniões torna-se muito menos surpreendente se considerarmos improvável que as facções em disputa queiram dizer a mesma coisa com os termos "Freud" ou "psicanálise". A propósito do cristianismo, T.S. Eliot disse, certa vez, que ele está sempre se modificando, para ser algo em que se possa acreditar. Poderíamos fazer uma afirmação semelhante a respeito da psicanálise freudiana. Se tomarmos o cuidado de evitar certos termos vagos, como "psicanálise", e de substituí-los por teses específicas, ficará mais fácil saber o que está realmente em questão.

Consideremos uma das teses mais importantes dentre todas as que Freud formulou em qualquer época, uma tese que ele repetiu periodicamente ao longo de quarenta anos, que foi amplamente aceita como a marca característica de sua teoria (o próprio Freud chamou-a de sua pedra de toque) e penetrou em obras gerais de consulta como um fato inconteste, semelhante à altura do Everest ou à nascente do Nilo: o complexo de Édipo. O núcleo desse complexo é a necessidade que apresenta a criança do sexo masculino de resolver o conflito gerado por seu desejo sexual pela mãe e seu medo de uma castração punitiva por parte do pai. O status dessa tese tem mais uma razão para despertar o interesse, uma vez que, ao mesmo tempo, sua confirmação ratificaria a afirmação de Freud de haver descoberto uma nova técnica para resgatar os episódios formadores esquecidos dos primeiros anos de vida, através da interpretação dos sonhos e do comportamento dos pacientes na situação analítica. Uma queixa comum contra a teoria edipiana diz respeito a sua irrefutabilidade — não se admite que nada tenha importância contra ela. A razão dessa queixa é que, muitas vezes, ao serem confrontados com relatos de refutações da teoria, os freudianos as rejeitam e as imputam ao desconforto causado pelo reconhecimento da veracidade dela, isto é, à resistência.

Será o argumento da resistência um exemplo de fuga da invalidação?

Em "Sobre a história do movimento psicanalítico", Freud analisou as objeções de seus críticos: "Não causou surpresa que eles justificassem em bases intelectuais sua rejeição de minhas idéias, embora, na verdade, ela fosse de natureza afetiva. O mesmo acontecia com os pacientes... a única diferença era que, com os pacientes, tinha-se a possibilidade de exercer pressão..."[4] Adolf Grünbaum afirmou, em defesa de Freud, que este só invocava a resistência quando tinha razões independentes para crer na veracidade de suas teses — mas isso levanta imediatamente a questão de saber se o julgamento de Freud, nessa matéria, era suficientemente desinteressado para resolver o problema.

A tese da resistência foi particularmente invocada em defesa da concepção freudiana da sexualidade infantil (desejos edipianos, angústia de castração, inveja do pênis etc.). Por exemplo, o verbete de Charles Brenner sobre a psicanálise clássica, na *International Encyclopedia of the Social Sciences*, explica por que devemos ignorar os que negam "o papel preponderante da sexualidade infantil": "... Todo indivíduo adulto, por haver ele mesmo passado pelos conflitos do período edipiano, tem dentro de si defesas obstinadas contra seus próprios desejos infantis."[5] Provavelmente, foram argumentações como essa que provocaram a piada de

Thomas Szasz que diz que o complexo de Édipo desempenha nas crenças e práticas do psicanalista devoto o mesmo papel da Eucaristia nas crenças e práticas do católico medieval.[6] Como resolver essa questão? Teremos em Szasz alguém que foi incapaz de se haver com suas inclinações incestuosas e que por isso ridiculariza um fato comprovado, ou será que é Brenner quem tem um investimento ideológico tão maciço na teoria edipiana, que é capaz de recorrer aos mais deploráveis argumentos *ad hominem* para defendê-la? Além disso, não são apenas os analistas profissionais, mas até os admiradores leigos de Freud, que podem ficar sob suspeita de terem motivos ocultos para sustentar suas convicções. Foi o filósofo Ludwig Wittgenstein quem sugeriu que, embora Freud atribuísse o ceticismo com que eram recebidas suas teorias sexuais à repugnância que elas causavam, essa era também a razão por que, muitas vezes, elas recebiam uma acolhida calorosa. "Talvez seja o fato de uma explicação ser extremamente repulsiva que impele sua adoção."[7] Em seu íntimo, Freud parece ter tido consciência disso, já que no início da carreira escreveu a um amigo: "A questão da sexualidade atrai as pessoas. Todas saem impressionadas e convencidas, depois de exclamar: 'Ninguém jamais me perguntou isso!'"[8] Mas não é necessário recorrer ao apelo do repulsivo para fazer uma defesa plausível do caráter enfeitiçado do partidarismo freudiano. Freud tornou-se um símbolo de tantas coisas libertárias que é quase impossível criticá-lo sem provocar ressentimentos apaixonados. A observação do crítico literário Alfred Kazin, de que Freud substituiu a Bíblia como fonte de orientação e consolo, sugere por que é tão difícil, para as opiniões dissidentes, fazerem-se ouvir com imparcialidade. É verdade que o fato de uma teoria ser fonte de orientação e consolo para alguns não a impede de despertar um antagonismo irracional em outros. Mas, embora a invocação da resistência não precise ser prova de uma fuga da invalidação, ela tampouco resolve a questão a favor de Freud; em vez disso, conduz a um impasse.

A sugestionabilidade dos pacientes faz da teoria freudiana uma teoria que foge da invalidação?

Outra razão comum para a acusação de fuga da invalidação é que, em si mesmo, o método psicanalítico limita a possibilidade de se encontrarem refutadores. Afirmou-se que a sugestionabilidade dos pacientes de Freud explicava a aparente coerência entre a etiologia freudiana da sexualidade infantil e os dados clínicos. Ante a objeção de que a validade dos dados fornecidos pelos pacientes em análise era contaminada por suas próprias preconcepções sobre o papel da sexualidade, Freud retrucou que não fizera nenhuma preconcepção e, por conseguinte, não poderia ter contaminado os dados. Essa garantia não tinha fundamento. Em 1888, anos antes de começar a exercer a análise, ele havia escrito: "As situações funcionalmente relacionadas com a vida sexual desempenham um grande papel na etiologia da histeria (e de todas as neuroses), e o fazem em virtude da elevada importância psíquica dessa função, especialmente no sexo feminino."[9] Não obstante, ainda em data recente, em 1992, num trabalho pretensamente abalizado sobre Freud, o próprio artigo do qual acabo de extrair essa citação foi invocado como prova da "lentidão" e "relutância" com que Freud chegou à sua convicção do papel da sexualidade nas neuroses.[10] Embora a reescrita da história por Richard Wollheim sugira que o argumento pautado na sugestionabilidade revelou-se muito perturbador, o fato de não se haverem tomado precauções contra a sugestão, por ser isso uma coisa muito difícil de fazer, não justifica a acusação de uma fuga deliberada da invalidação.

Será que o abandono da teoria da sedução em prol da teoria edipiana mostra que Freud era receptivo às "provas contrárias"?

Adolf Grünbaum acredita haver rebatido a acusação de fuga da invalidação formulada contra Freud ao demonstrar que este buscava ativamente a refutação. Diz Grünbaum que o fato de Freud haver abandonado sua teoria "anteriormente prezada" da sedução — a teoria de que ninguém que não tivesse sido sexualmente molestado na infância poderia sofrer de neuroses — demonstra sua "receptividade às provas contrárias".[11] Mesmo que Grünbaum esteja certo ao afirmar que a teoria da sedução foi abandonada por ter sido refutada, o que é duvidoso, sua argumentação não prova que Freud fosse receptivo às provas contrárias, pois Grünbaum ignorou a incapacidade de Freud reconhecer como plausível que o fato demonstrado pelo erro concernente à sedução era que ele não podia, como havia afirmado, chegar a explicações corretas da história infantil de seus pacientes através da interpretação dos dados da sessão analítica. Foi isso que fundamentou a acusação mais eloqüente de fuga da invalidação. Em vez de questionar a validade de sua técnica de reconstituição, a reação de Freud foi substituir a teoria da sedução por uma teoria que, passado um século, ainda não se tem meios de avaliar empiricamente, pois ela confere um papel patogênico não apenas a acontecimentos públicos, como o abuso sexual da criança, mas também às fantasias infantis. O resultado é que proliferam as explicações psicanalíticas alternativas sobre o que acontece na infância para predispor os adultos à neurose. Ao abandonar a teoria da sedução, Freud passou de uma teoria epidemiologicamente verificável para outra que não pode ser testada em termos de epidemiologia. Os episódios de sedução distinguiam os neuróticos dos não neuróticos; as fantasias incestuosas, não. A sedução tinha implicações profiláticas; as fantasias não têm. A sedução tinha uma localização espaço-temporal; as fantasias, não. A moral da transição freudiana da sedução para as fantasias incestuosas, portanto, é o inverso da que Grünbaum lhe atribui. Mesmo assim, esse movimento em direção à não refutabilidade não é suficiente para justificar as acusações mais extremadas à teoria edipiana que sucedeu à teoria da sedução em Freud.

Deve-se distinguir o apego a uma teoria das afirmações espúrias de que ela foi confirmada

Mais de oitenta anos atrás, R.S. Woodworth objetou que a teoria edipiana era impossível de verificar, pois, enquanto "a expressão franca de interesse sexual na criança pequena é uma prova clara da sexualidade infantil, a ausência dessa expressão é uma prova do recalcamento".[12] Meio século depois, a imunidade da teoria à refutabilidade foi admitida por uma de suas defensoras, Sibylle Escalona, embora nem por isso ela tenha concluído que a teoria é pseudocientífica. Escalona declarou que, embora fosse "evidente" que nada que o menino pudesse fazer derrubaria a teoria edipiana, "já que a hipótese continuaria a ser aplicável se ele fizesse o contrário", a moral a ser extraída disso era que se fazia necessário desenvolver novos modos de avaliação. Isso tornaria a teoria protocientífica, em vez de pseudocientífica.

É importante distinguir entre aqueles que comunicam sistematicamente a confirmação dessa teoria impossível de confirmar, isto é, afirmam que ela é verificável, foi verificada e subsistiu à verificação, e os que, como Escalona, admitem francamente a atual não falseabilidade da teoria, e apenas expressam confiança em sua eventual refutabilidade. Devemos levar em conta a diferença entre nossa impossibilidade de testar uma teoria, em virtude do caráter imperfeito de nossos poderes de observação, e as afirmações espúrias de que ela tem sido repetidamente confirmada pela observação. Somente esta última postura é que justifica uma acusação tão extremada quanto a de "estupendo conto-do-vigário intelectual", formulada por Medawar.

Por que a etiologia edipiana, embora menos verificável do que a teoria da sedução, nem por isso é pseudocientífica

Enquanto a teoria da sedução implicava o desafio "Mostre-me um neurótico que não tenha sido sexualmente molestado na infância e eu admitirei que a teoria da sedução é falsa", esse tipo de avaliação epidemiológica não se mostrou viável no caso da teoria edipiana pós-sedução. Antes de abandonar a teoria da sedução, Freud tinha uma resposta para a pergunta "O que está para as neuroses como o isolamento do bacilo tubercular para a tuberculose?": um abuso sexual na infância. Depois, porém, que Freud substituiu a sedução pela atividade sexual da própria criança, não mais se soube ao certo o que seria preciso prevenir para assegurar que uma criança não ficasse neurótica. Mas havia uma forma alternativa de avaliar a teoria edipiana pós-sedução. O desafio de Freud passara a ser: "Mostre-me uma neurose à qual se possa dar tanto sentido quanto através da aplicação de minha teoria da sexualidade infantil incestuosa e perverso-polimorfa." Freud entendia esse "dar sentido" como a resolução de um quebra-cabeça. Nos textos originais sobre a sedução, ele havia escrito: "Assim como, ao montar quebra-cabeças infantis, ficamos absolutamente seguros, após várias tentativas, de qual peça cabe no espaço ainda não preenchido,... o conteúdo das cenas infantis revela-se a conclusão inevitável da estrutura associativa e lógica da neurose."[13] Depois de abandonar as "cenas infantis" que esse método o levara a postular, Freud substituiu as cenas de sedução por outras — por cenas em que a criança desejava, em vez de ser desejada. Mas estas foram sustentadas pela mesma argumentação. A propósito das fantasias sexuais infantis que sucederam à sedução como causa das neuroses, Freud disse a mesma coisa que afirmara a respeito dos episódios de sedução: "No fim, o que dá certeza [ao analista] é... como a solução de um quebra-cabeça,... de tal sorte que não resta nenhuma lacuna em parte alguma do desenho, e tudo se encaixa..."[14]

Entretanto, muitos daqueles para quem a lógica do quebra-cabeça é aceitável, em princípio, compartilham as dúvidas do filósofo da ciência Paul Meehl: "A analogia freudiana do quebra-cabeça não se coaduna de fato com a sessão analítica, porque simplesmente não é verdade que todas as peças se encaixem..."[15]

Por que a credibilidade e a autoridade do analista têm uma importância central

Alguns freudianos estão cientes — como estava o próprio Freud — da insuficiência das provas circunstanciais apresentadas nos casos clínicos de Freud. Mas têm uma resposta para objeções como as de Paul Meehl. Eles declaram haver um outro tipo de dados comprobatórios, que só são acessíveis ao analista efetivamente encarregado de tratar o paciente e não podem ser transmitidos ao leitor. Ernest Jones apelou para esse tipo de dados imponderáveis a fim de explicar o caráter pouco convincente de muitos casos publicados: "Uma dada interpretação, enunciável numa frase, pode basear-se em várias horas de observações detalhadas, a maioria das quais — cada enunciado do paciente, seu tom, seus gestos emocionais etc. — é impossível de reproduzir, embora sejam justamente elas que trazem a convicção inevitável da validade da inferência extraída."[16] É tão descabido esperarmos que Freud, ou qualquer de seus seguidores, forneça uma corroboração circunstancial irresistivelmente convincente de sua etiologia infantil quanto é descabido esperarmos que Bernard Berenson forneça razões convincentes para concluir que uma pintura é um Rafael autêntico. Sendo assim, é nossa confiança na argúcia do analista e em sua postura desinteressada que determina nossa aceitação de suas afirmações — não as provas que ele apresenta, mas as provas que ele afirma possuir.[17] Mas o que confere a Freud uma autoridade semelhante à de *conoisseurs* como Berenson? A resposta dos freudianos é que, assim como a análise química ou outros meios independentes de validação confirmam a autoridade de um Berenson, a investigação independente da infância confirmou a capacidade de Freud de reconstituir os eventos formativos infantis a partir dos sonhos, das associações e do comportamento de seus pacientes na situação

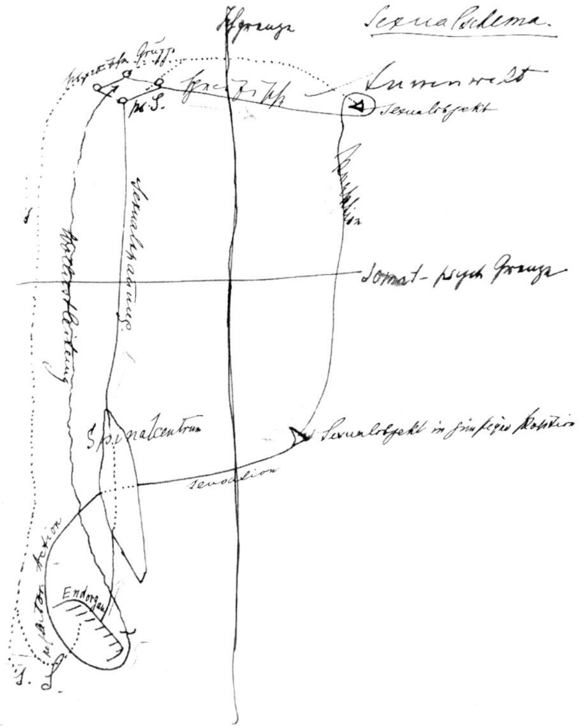

Esboço do "Sexualschema" no rascunho do manuscrito de "Melancolia", incluído na correspondência de Freud para Wilhelm Fliess, 7 de janeiro de 1895.
Coleção Sigmund Freud, Divisão de Manuscritos, Biblioteca do Congresso

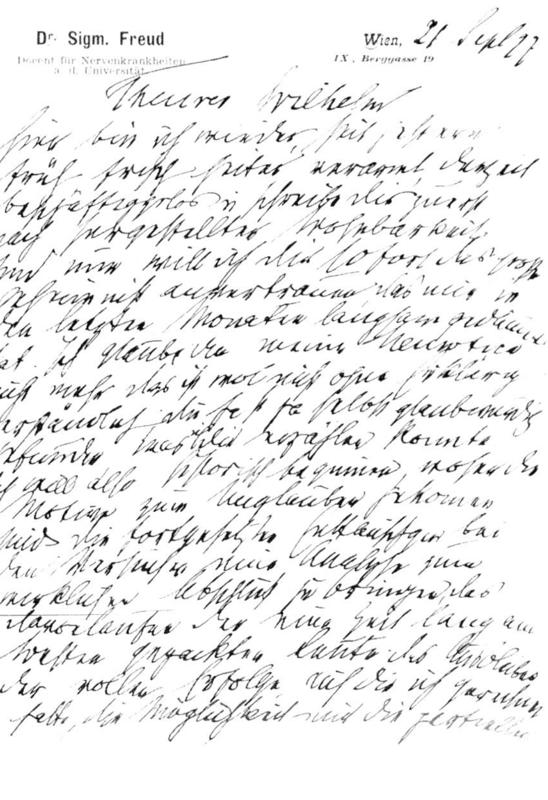
Dr. Sigm. Freud
Docent für Nervenkrankheiten a. d. Universität
Wien, 21 Sept 97
IX., Berggasse 19

Carta de Freud a Wilhelm Fliess, 21 de setembro de 1897, afirmando que "Não acredito mais em minha teoria da neurose". Nessa carta reveladora, Freud expôs a Fliess o que o levara a perder a confiança na teoria da sedução, fato este que constituiu um momento decisivo em seu trabalho.
Coleção Sigmund Freud, Divisão de Manuscritos, Biblioteca do Congresso

Fotografias do álbum de casamento, mostrando Martha Bernays em 1880 e Freud e Martha em 1886.
Coleção Sigmund Freud, Divisão de Gravuras e Fotografias, Biblioteca do Congresso

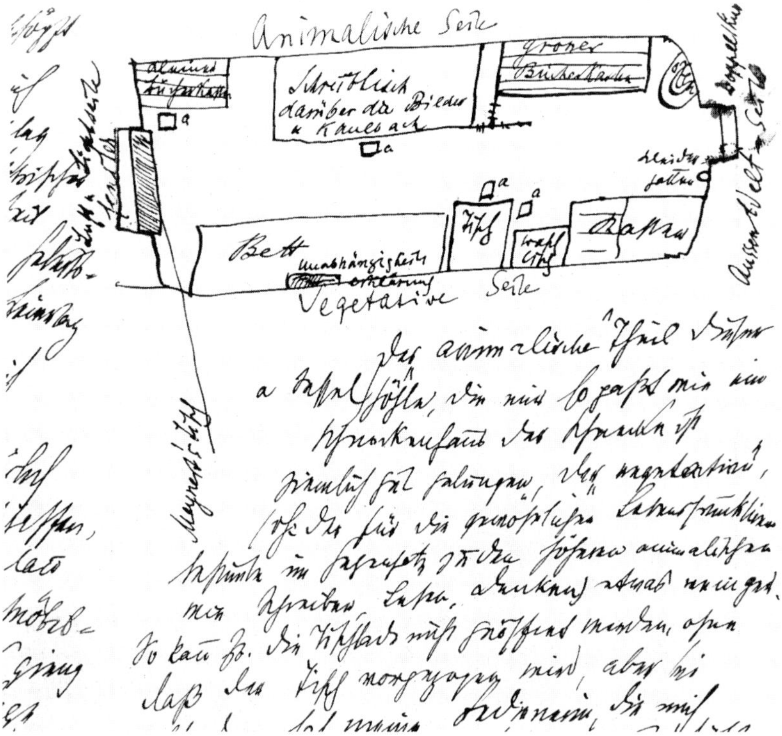

Uma das cartas de Freud a Martha Bernays, com um desenho de suas acomodações no Hospital Geral, 5 de outubro de 1883.
Coleção Sigmund Freud, Divisão de Manuscritos, Biblioteca do Congresso

Fotografia de Freud feita em estúdio, Ateliê Engel, Viena, 1885.
Coleção Sigmund Freud, Divisão de Gravuras e Fotografias, Biblioteca do Congresso

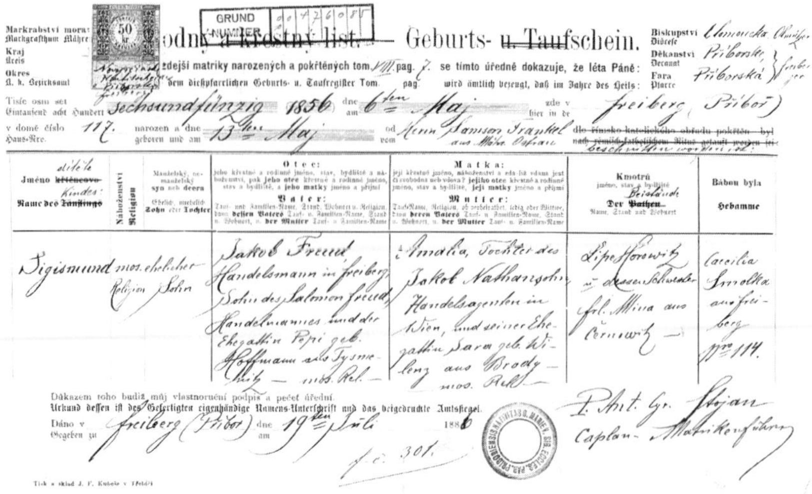

Geburts- u. Taufschein.

Sechsundfünzig 1856 6ten Maj freiberg (Příbor)

117. 13ten Maj

Sigismund mos. ehelicher Religion Sohn

Jakob Freud Handelsmann in freiberg, Sohn des Salomon Freud Handelsmannes und der Ehegattin Pepi geb. Hoffmann aus Tysmenitz — mos. Rel. —

Amalia, Tochter des Jakob Nathansohn Handelsagenten in Wien, und seiner Ehegattin Sara geb. Wilenz aus Brody — mos. Rel. —

Lipa Horowitz u. dessen Schwester fräul. Mina aus Černowitz —

Caecilia Smolka aus freiberg Nro 114.

freiberg (Příbor) 19ten Juli

Certidão de nascimento de Sigmund Freud, 6 de maio de 1856.

Coleção Sigmund Freud, Divisão de Manuscritos, Biblioteca do Congresso

A família Freud, Viena, 1876. Da esquerda para a direita, de pé: Paula, Anna, uma menina não identificada, Sigmund, Emanuel (meio-irmão de Freud), Rosa, Mitzi e Simon Nathansohn (primo de Amália Freud). Sentados: Dolfi, Amália, um menino não identificado, Alexander e Jacob.

Museu Freud, Londres

Freud com três de suas cinco irmãs e a mãe, junto ao túmulo de seu pai, Jacob Freud. Viena, 1897.
Museu Freud, Londres

Freud (na primeira fila, o quarto da direita para a esquerda) na Universidade Clark, em Worcester, Massachusetts, em setembro de 1909, onde fez uma série de palestras que apresentaram a psicanálise à América. Também retratados na foto encontram-se, na primeira fila, Franz Boas (o quarto a contar da esquerda), William James (terceiro da esquerda para a direita) e Carl Jung (terceiro da direita para a esquerda); na segunda fila, Ernest Jones (quarto da esquerda para a direita), A.A. Brill (terceiro da direita para a esquerda); e na terceira fila, Sandor Ferenczi (quinto da direita para a esquerda).
Coleção Sigmund Freud, Divisão de Gravuras e Fotografias, Biblioteca do Congresso

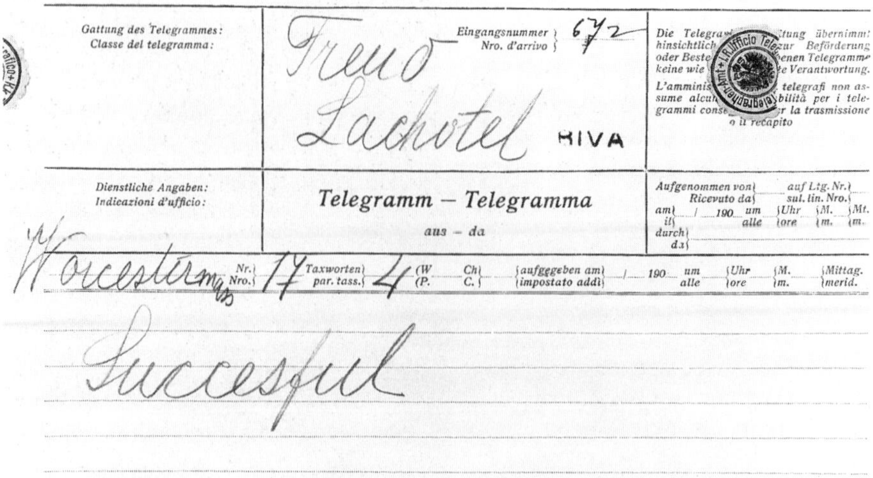

Telegrama enviado por Freud à sua mulher, Martha, de Worcester, Massachusetts, em 1909, referindo-se à sua recepção na América.
Coleção Sigmund Freud, Divisão de Manuscritos, Biblioteca do Congresso

Sergei Pankejeff, o "Homem dos Lobos" (à direita), e sua família em Odessa (sem data).
Sergei Pankejeff Papers, Divisão de Manuscritos, Biblioteca do Congresso

Sigmund e Anna Freud em férias nos Alpes Dolomíticos, na Itália, em 1913.
Coleção Sigmund Freud, Divisão de Gravuras e Fotografias, Biblioteca do Congresso

Manuscrito de "O Moisés de Michelangelo", com o esboço que o acompanhou. Publicado em 1914.
Coleção Sigmund Freud, Divisão de Manuscritos, Biblioteca do Congresso

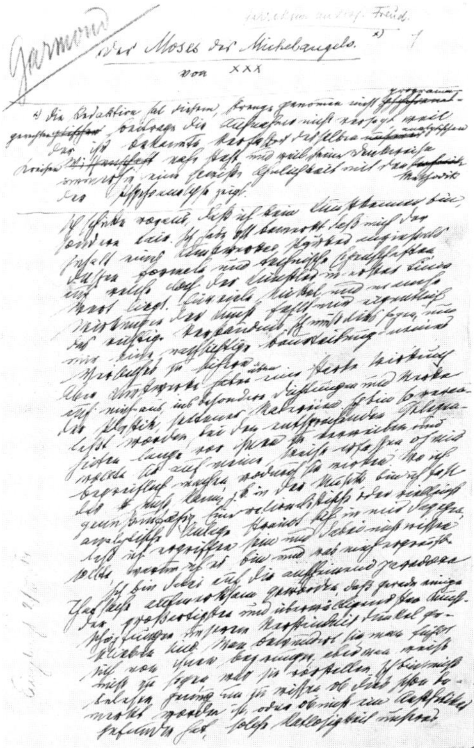
Der Moses des Michelangelo.
von XXX

Freud e seus filhos Ernst (à esquerda) e Martin. Salzburgo, agosto de 1916. *Foto de Carl Ellinger. Coleção Sigmund Freud, Divisão de Gravuras e Fotografias, Biblioteca do Congresso*

Freud no congresso psicanalítico de Haia, em 1920. *Foto de Henry Ferby. Coleção Sigmund Freud, Divisão de Gravuras e Fotografias, Biblioteca do Congresso*

O "Comitê", grupo de companheiros íntimos de Freud que se uniram em sua devoção à psicanálise e prometeram zelar por seu desenvolvimento e sua prática. Da esquerda para a direita, sentados: Freud, Sandor Ferenczi e Hans Sachs. De pé: Otto Rank, Karl Abraham, Max Eitingon e Ernest Jones. Berlim, 1922.
Coleção Sigmund Freud, Divisão de Gravuras e Fotografias, Biblioteca do Congresso

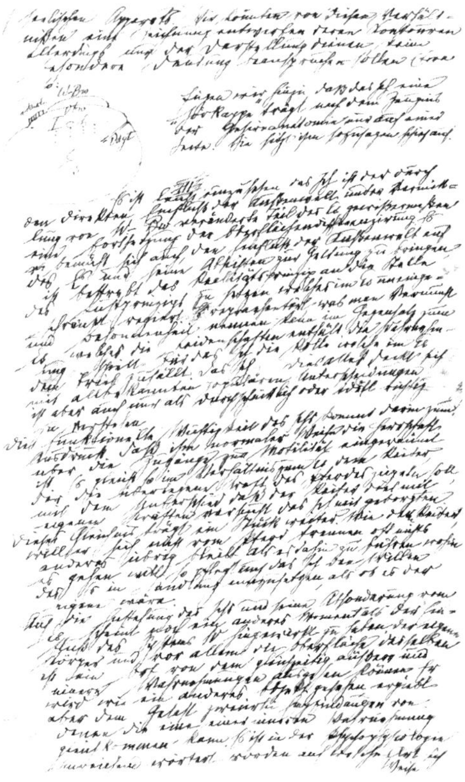

Página do manuscrito de
O eu e o isso, publicado em 1923.
Coleção Sigmund Freud, Divisão de Manuscritos, Biblioteca do Congresso

Freud e sua mãe, Amália, no apartamento dela em Viena, em 5 de maio de 1925.
Coleção Sigmund Freud, Divisão de Gravuras e Fotografias, Biblioteca do Congresso

Freud junto a seu divã analítico, numa residência de verão não identificada, 1932.
Museu Sigmund Freud, Viena

O consultório de Freud com o famoso divã analítico, Viena, 1938. *© Edmund Engelman. Coleção Sigmund Freud, Divisão de Gravuras e Fotografias, Biblioteca do Congresso*

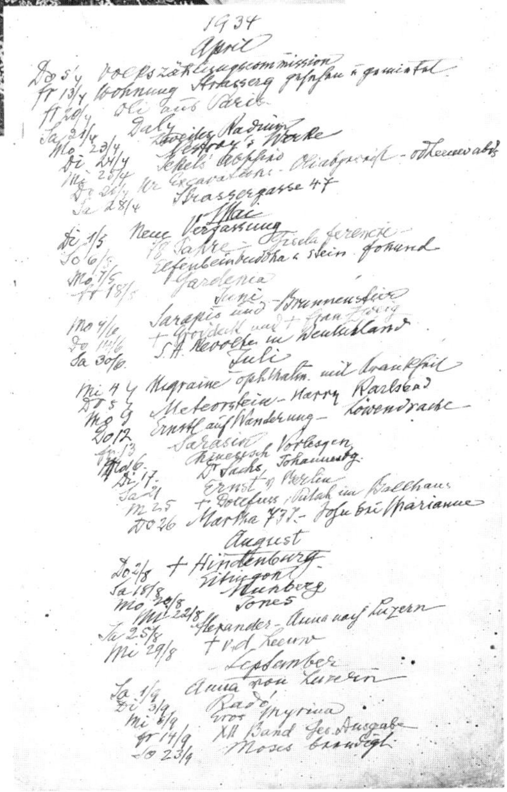

1934

April

Mai

Juni

Juli

August

September

Uma página da agenda abreviada de Freud, de abril a setembro de 1934, onde ele anotava acontecimentos correntes, visitas, compromissos e trabalhos em andamento. *Coleção Sigmund Freud, Divisão de Manuscritos, Biblioteca do Congresso*

Freud na sacada de sua casa de veraneio, em Hohe Warte, em 1933, com os cães da família.
© Edmund Engelman. Coleção Sigmund Freud, Divisão de Gravuras e Fotografias, Biblioteca do Congresso

O gabinete de Freud na rua Berggasse 19. Viena, 1938.
© Edmund Engelman. Coleção Sigmund Freud, Divisão de Gravuras e Fotografias, Biblioteca do Congresso

O número 19 da rua Berggasse com a suástica no alto da porta. Viena, maio de 1938.
© *Edmund Engelman*

Freud a caminho do exílio em Londres, com a princesa
Marie Bonaparte e William Bullitt. Paris, 13 de junho de 1938.
New York World-Telegram and Sun Collection, Coleção Sigmund Freud, Divisão de Gravuras e Fotografias, Biblioteca do Congresso

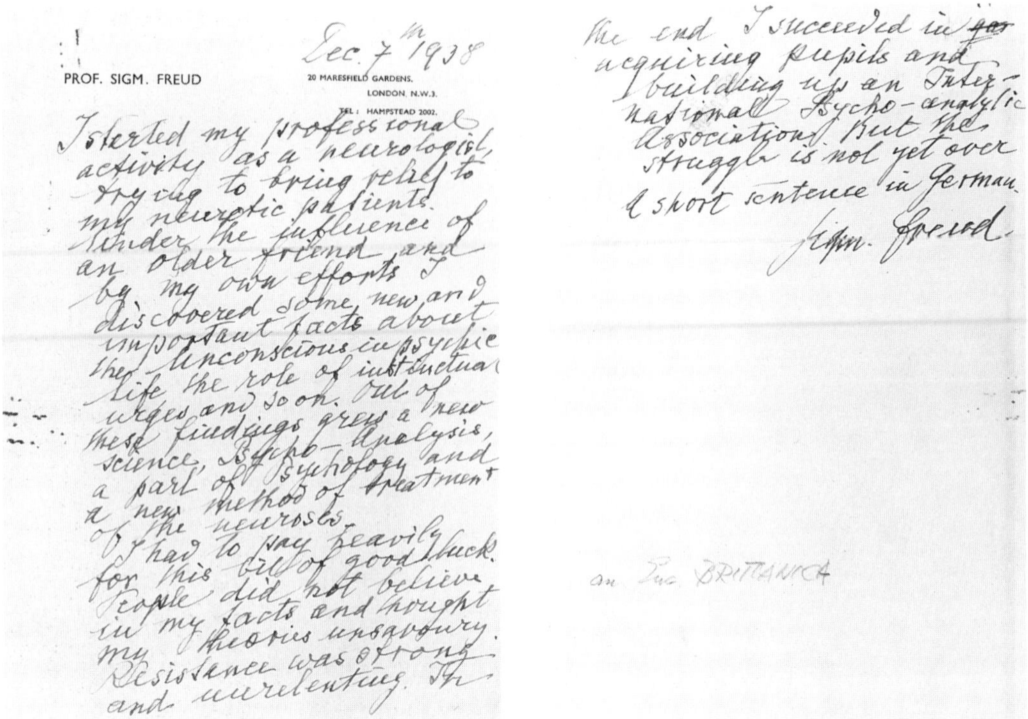
PROF. SIGM. FREUD

20 MARESFIELD GARDENS,
LONDON, N.W.3.
TEL: HAMPSTEAD 2002.

Dec. 7th 1938

I started my professional activity as a neurologist, trying to bring relief to my neurotic patients. Under the influence of an older friend and by my own efforts I discovered some new and important facts about the unconscious in psychic life, the role of instinctual urges and so on. Out of these findings grew a new science, Psycho-Analysis, a part of Psychology and a new method of treatment of the neuroses. I had to pay heavily for this bit of good luck. People did not believe in my facts and thought my theories unsavoury. Resistance was strong and unrelenting. In the end I succeeded in acquiring pupils and building up an International Psycho-analytic Association. But the struggle is not yet over.

(a short sentence in German)

Sigm. Freud.

an Enc. BRITANNICA

Manuscrito do pronunciamento de Freud em entrevista à BBC de Londres, 7 de dezembro de 1938.
Coleção Sigmund Freud, Divisão de Manuscritos, Biblioteca do Congresso

Freud gravando uma entrevista a ser transmitida pela BBC, em sua casa de Londres, em 7 de dezembro de 1938. Ele falou de sua vida e seu trabalho e encerrou dizendo que "a luta ainda não terminou".
Museu Freud, Londres

Página manuscrita de *O mal-estar na cultura*, publicado em 1930.
Coleção Sigmund Freud, Divisão de Manuscritos, Biblioteca do Congresso

~~Das Glück und die Kultur~~
Das Unglück in der Kultur

Freud em seu gabinete em Maresfield Gardens, sua casa em Londres, 1938.
Oliver Freud Papers, Divisão de Manuscritos, Biblioteca do Congresso

Freud em seu último ano de vida, em Maresfield Gardens, 1939.
Oliver Freud Papers, Divisão de Manuscritos, Biblioteca do Congresso

analítica. No entanto, o erro de Freud a propósito da sedução mostra que isso não é verdade. Por que a prova da falibilidade do julgamento freudiano a respeito do que aconteceu com seus pacientes na infância não minou sua autoridade? Por uma razão que é tida como demonstração da insinceridade ou da credulidade daqueles que transmitem as afirmações freudianas ao público geral: porque as razões que Freud propôs originalmente para acreditar que seus pacientes tinham sido sexualmente molestados na infância eram sistematicamente enganosas. Dizem-nos que Freud errou por ter confiado nas lembranças de abusos sexuais resgatadas por seus pacientes na análise, e que a lição que ele extraiu disso consistiu em não confiar nessas "lembranças", mas em conceber formas independentes de determinar o que havia acontecido na infância dos doentes; e foi o que Freud fez. Mas isso contradiz a explicação dada por ele na época.

Janet Malcolm, por exemplo, em seus artigos sobre psicanálise na revista *The New Yorker*, escreveu: "Freud havia esbarrado no complexo de Édipo na década de 1890 ao tentar haver-se com o desconcertante reconhecimento de que as histórias de sedução infantil de seus pacientes, sobre as quais ele erigira, confiantemente, sua teoria da etiologia da neurose no trauma infantil, eram quase todas inverídicas."[18] O que há de instrutivo nessa passagem não é o fato de ela reciclar sem questionamento a visão padrão da descoberta do complexo de Édipo. (Já que ninguém mais indagou como Freud poderia ter "esbarrado" na teoria de que os homens desejam a mãe, em virtude de haver descartado uma teoria segundo a qual as mulheres teriam sido submetidas a abusos pelo pai, por que haveria Malcolm de fazer essa pergunta?) O instrutivo é que uma jornalista com as credenciais de Malcolm tenha apresentado, para o abandono freudiano da teoria da sedução, uma explicação que uma leitura moderadamente atenta dos textos originais de Freud mostraria ser falsa. (E isso, a despeito dos serviços dos famosos encarregados da verificação dos fatos na revista *New Yorker*.) Ao constatarmos que esse mesmo relato mítico foi reciclado por quase todas as pessoas que escreveram sobre o assunto, é lícito suspeitarmos de uma incapacidade muito generalizada, entre os comentaristas, de notar alguma coisa que possa desacreditar a veracidade das explicações retrospectivas de Freud — explicações tão flagrantemente inexatas e formuladas em causa própria que Han Israëls e Morton Schatzman deram à última parte de seu artigo sobre a teoria da sedução o título de "Por que ninguém viu?".[19]

Mas, será essa a resposta para a longevidade da controvérsia em torno de Freud? Acaso basta virarmos de cabeça para baixo a tese da resistência e reconhecermos que os fatos que impugnam a fidedignidade do método freudiano sempre estiveram presentes para quem quisesse vê-los, tendo sido ignorados em função da tendenciosidade dos produtores do discurso psicanalítico e da docilidade de seus consumidores? Será que nos basta esperar que seja mais amplamente difundida a verdade sobre episódios como o erro concernente à sedução para que a disputa seja resolvida a favor dos críticos de Freud? Creio que não.

Não podem as descobertas autênticas ser objeto de práticas tendenciosas de exposição?

Há quem admita a prevalência de práticas tendenciosas de exposição entre Freud e seus seguidores mas considere que isso ainda deixa sem confirmação a denúncia contra o status de descobridor de Freud. Afirma-se que quem apresenta provas enganosas a favor de uma teoria pode estar "mentindo em nome da verdade", para usar a expressão cunhada por William Broad e Nicholas Wade, dois jornalistas especializados em ciência, em seu livro sobre a fraude científica.[20] Sua defesa da inevitabilidade e do caráter ocasionalmente benéfico da tendenciosidade e da fraude consiste na apresentação de uma lista de grandes cientistas que, comprovadamente, manipularam as provas ou lidaram de maneira dissimulada com as objeções. Porventura seria imperdoável que um heliocentrista ardoroso fizesse falsos relatos de observações de paralaxes, ou que um newtoniano anunciasse a descoberta de um planeta mais distante que Urano muito antes de estarem em condição de fazer essas coisas? Se Freud, convencido como estava da força significativa e emancipatória de suas descobertas, permitiu-se tomar algumas liberdades com a verdade, será isso realmente tão repreensível? Até um crítico rigoroso como R.S. Woodworth reconheceu que as intuições de Freud podiam ser sólidas, mesmo que suas provas não o fossem. E o mesmo se aplica a seus seguidores. Naturalmente, há críticos de Freud para quem essa concessão é inaceitável, mas, para os que se dispuserem a considerá-la, trata-se então de saber se existem realizações psicanalíticas incontestáveis para as quais possamos apontar como uma confirmação *post hoc* da comemoração prematura que os freudianos fizeram de seus triunfos explicativos.

Entretanto, há quem insista em que *não é* essa a questão a ser abordada. Para estes, a questão central não é se as provas das afirmações psicanalíticas são falsas, mas se há, "em princípio", alguma possibilidade de investigar essas afirmações.

O que torna uma teoria pseudocientífica é a impossibilidade de testá-la, ou as falsas afirmações de que ela foi confirmada?

Entre os detratores e os defensores da teoria freudiana, há quem argumente que seu caráter lógico, e não a conduta dos que a defendem, é que deve ser o foco da discussão. Mas o que não percebem os que condenam a teoria por julgá-la impossível de testar é o caráter comparativamente inofensivo das teorias não verificáveis quando elas são apresentadas como francas especulações, e não como invariavelmente confirmadas ou freqüentemente corroboradas. O que desconsideram aqueles que supõem que a prova do status científico de uma teoria consiste em sua possibilidade de verificação é que, mesmo quando a impossibilidade de verificação é introduzida no debate para condená-la como pseudocientífica, a razão disso não reside apenas em seu caráter não verificável, mas na necessária falsidade das declarações de que ela foi confirmada à luz dessa impossibilidade de verificação. Não se pode confirmar, isto é, testar com sucesso, uma teoria não passível de verificação. Além disso, mesmo quando a teoria é verificável, isso não mostra que ela não seja pseudocientífica, pois depende do rigor e da isenção com que é investigada. Essa visão é formulada por Malcolm Macmillan em seu *Freud Evaluated*: "Não existe disciplina isolada de seus praticantes. São as atitudes destes que determinam se eles estão usando objetivamente seus métodos de coleta de dados e de elaboração e verificação das teorias...; as atitudes são importantes." O que está em pauta, portanto, não é apenas uma teoria, mas uma prática.

Por outro lado, Morris Eagle, que é analista e crítico das deficiências metodológicas da psicanálise nos moldes em que ela costuma ser praticada, tem uma opinião diferente. Ele acusa Frederick Crews de não saber distinguir "as práticas e atitudes metodológicas dos diferentes analistas (inclusive Freud) da estrutura lógica independente da teoria psicanalítica".[21] Historicamente, entretanto, o valor científico da teoria freudiana tem girado em torno da questão das "práticas e atitudes metodológicas" de Freud e seus adeptos, e há boas razões para que continue a ser assim. Existem, é claro, contextos em que o sentimento expresso por Eagle (e por B.A. Farrell, Adolf Grünbaum, Neil Cheshire e uma porção de outros) seria irrepreensível, mas não num debate sobre a validade das afirmações freudianas. Uma analogia: se rejeitarmos as notícias de aparições de OVNIs, será desconcertante nos assegurarem que, apesar disso, a afirmação de que a Terra tem recebido visitas recentes de extraterrenos é, "em princípio", passível de investigação.

Da importância da sensatez dos que fazem relatos psicanalíticos

Porventura a credibilidade das histórias dos pacientes que se afligem com o ressurgimento de conflitos infantis em virtude de desejos incestuosos e perversos não influi em seu "valor científico"? Consideremos um dos componentes mais contestados e mais tenazmente mantidos da etiologia edipiana de Freud — o complexo de castração. Em sua última afirmação sobre esse tema, Freud descreveu o complexo de castração como "a experiência central dos anos da infância, o maior problema do início da vida e a fonte mais importante de insuficiências posteriores".

Certa feita, Freud abordou o ceticismo referente à ubiqüidade do complexo de castração com a seguinte afirmação inequívoca: "Só posso insistir em que a experiência psicanalítica pôs essas questões acima de qualquer dúvida e nos ensinou a reconhecer nelas a chave de todas as neuroses."[22] Assim, parece desconcertante que, uma década antes, numa polêmica contra a teoria adleriana de que as neuroses deveriam ser explicadas em termos de uma fuga da feminilidade, na qual Adler usou, à guisa de corroboração, as constatações freudianas sobre a centralidade do complexo de castração, Freud tenha escrito: "Considero impossível fundamentar a gênese das neuroses numa base tão estreita quanto o complexo de castração... Conheço casos de neurose em que o complexo de castração não desempenha nenhum papel patogênico, ou nem sequer aparece."[23] Então, como pôde ele mais tarde insistir em que havia encontrado nesse complexo "a chave de todas as neuroses"?

À luz dessa revelação do descuido (para dizê-lo da maneira mais gentil) das práticas de comunicação de Freud, será que é sensato despender recursos para determinar se o complexo de castração é investigável "em princípio", ou fazer esforços para torná-lo passível de investigação? E não pode essa dúvida generalizar-se para outras proposições psicanalíticas, uma vez questionada a credibilidade daqueles que as sustentam? Não seria natural responder a essa objeção procurando aplacar essas dúvidas céticas, ou, pelo menos, circunscrevê-las? É que, se isso não for feito — e se constata que temos algumas razões, à primeira vista, para crer que as afirmações freudianas têm certa probabilidade de serem corretas —, teremos perdido a razão de continuarmos a nos interessar seriamente por elas. Eis uma analogia: certamente existe uma grande diferença entre a pergunta "Existe algum monstro em Loch Ness?" e a pergunta "Acaso as pessoas que afirmaram ter visto um monstro em Loch Ness estavam bêbadas ou tentando atrair turistas?". Mas se a resposta a esta última pergunta for "Acho que sim", será sensato continuar a procurar monstros em Loch Ness? E por que não no lago Michigan?

Agora fica claro o porquê de não podermos levar a controvérsia sobre Freud a um desfecho satisfatório. A grande discordância quanto ao valor das teorias freudianas não se dá entre os que as julgam refutáveis e os que não o fazem; não está entre os que acham e os que não acham que os freudianos se aferraram caprichosamente a suas idéias, a despeito das refutações comunicadas. A divergência ocorre antes entre os que dão crédito aos prolíferos relatos que corroboram as afirmações de Freud e os que suspeitam deles. E, dentre os que suspeitam deles, há os que questionam apenas a opinião dos freudianos e os que lhes questionam a franqueza. Dito numa linguagem mais corriqueira, podemos afirmar que a cisão extrema da controvérsia em torno de Freud se dá entre os que gostariam e os que não gostariam de comprar dele ou de seus defensores um carro usado.

A psicanálise é uma ciência do testemunho.

Um século de psicanálise

RETROSPECTIVA CRÍTICA E PERSPECTIVAS

Adolf Grünbaum

INTRODUÇÃO

As idéias mais fundamentais da teoria psicanalítica foram inicialmente enunciadas na "Comunicação preliminar" de Josef Breuer e Sigmund Freud, de 1893, que serviu de introdução a seus *Estudos sobre a histeria*. Três anos depois, Freud[1] designou o método breueriano de investigação clínica dos pacientes de "um novo método de psicanálise".

Hoje, a iniciativa psicanalítica completou seu primeiro século. Assim, é chegado o momento de fazer um rigoroso exame crítico de seu desempenho passado como teoria da natureza humana e como terapia, e de dar uma olhada em suas perspectivas.[2]

AS ESPÉCIES "DINÂMICA" E "COGNITIVA" DO INCONSCIENTE

Freud foi o criador da teoria plenamente amadurecida da psicanálise. Mas decerto não foi o primeiro a postular a existência de um ou outro tipo de processos psíquicos inconscientes. Ao longo dos séculos, outros pensadores — como Platão, Gottfried Wilhelm Leibniz e Hermann von Helmholtz — já o tinham feito, a fim de explicar o pensamento consciente e certos comportamentos manifestos para os quais não conseguiam encontrar outra explicação. Na verdade, Freud teve precursores adicionais que anteciparam, com admirável especificidade, algumas de suas idéias fundamentais.[3] Como ele mesmo admitiu,[4] Schopenhauer e Friedrich Nietzsche haviam proposto, em caráter especulativo, grandes doutrinas psicanalíticas que, a partir de então, Freud afirmou ter desenvolvido independentemente, com base na observação clínica de seus pacientes.

Há grandes diferenças entre os processos inconscientes conjecturados pela psicologia cognitiva atual, por um lado, e os conteúdos psíquicos inconscientes postulados pela psicologia psicanalítica, por outro.[5] O inconsciente "dinâmico" de Freud é o suposto reservatório de desejos recalcados e proibidos, de natureza sexual ou agressiva, que buscam a qualquer preço uma satisfação imediata, sem consideração para com as limitações da realidade externa, mas cujo reingresso ou entrada inicial na consciência são impedidos pelas operações defensivas do eu. Aliás, segundo Freud,[6] nem sequer teríamos desenvolvido as aptidões necessárias para nos empenharmos em atividades cognitivas, se não contássemos com elas para satisfazer nossas necessidades pulsionais.

Contudo, em vista das realidades do amadurecimento biológico descobertas não psicanaliticamente, e que presumimos que já fossem conhecidas por Freud, o psicanalista Heinz Hartmann foi levado ao reconhecimento, em sua "psicologia do ego", de que funções como a cognição, a memória e o pensamento podem desenvolver-se autonomamente através da programação genética inata, independentemente da satisfação das pulsões.[7]

No inconsciente cognitivo, há uma grande racionalidade nos processos onipresentes, calculadores e associativos de resolução de problemas que são requeridos pela memória, percepção, julgamento e atenção. Em contraste, como enfatizou Freud, o conteúdo desejante do inconsciente dinâmico faz com que ele funcione de maneira sumamente ilógica. Além disso, o inconsciente dinâmico obtém seu conteúdo, basicamente, do recalcamento involuntário de idéias sob a forma que elas assumiam originalmente na consciência, ao passo que nem a expulsão das idéias e lembranças da consciência nem a recusa censória do acesso a elas desempenha papel algum no inconsciente cognitivo.[8] Freud ponderou que o uso de sua nova técnica de associação livre poderia suspender o recalcamento dos desejos pulsionais, assim restituindo à consciência as idéias recalcadas sem nenhuma alteração. Essa técnica freudiana requer que o paciente expresse livremente, sem omissão, todo e qualquer pensamento, sentimento, desejo ou o que mais lhe vier à cabeça a propósito de qualquer idéia.

No caso do inconsciente cognitivo, é típico não haver conhecimento, digamos, do sofisticado processo de varredura ou busca pelo qual alguém chega rapidamente a um nome meio esquecido, quando este lhe é indagado. Alguns psicanalistas afirmaram a compatibilidade dessas duas espécies de inconsciente num mesmo gênero,[9] mas Morris Eagle[10] expôs as amplas modificações que seriam necessárias na idéia freudiana do inconsciente dinâmico para compatibilizá-lo com o inconsciente cognitivo. Mais importante ainda, alguns apologistas[11] de Freud afirmaram, erroneamente, que o inconsciente psicanalítico recebe apoio do inconsciente cognitivo, embora a existência deste último não confira nenhuma credibilidade ao primeiro.

Devemos também tomar cuidado com a tese bizarra, recentemente proposta pelo filósofo Thomas Nagel,[12] de que a difundida influência das idéias freudianas na cultura ocidental avaliza a probidade comprobatória da empreitada psicanalítica e a validade de suas doutrinas. Mas a ampla influência cultural de Freud serve tão pouco para validar os seus princípios quanto a hegemonia cultural cristã justifica a crença no nascimento virginal de Cristo ou em sua ressurreição.[13] Nem mesmo a premissa de Nagel de que a teoria freudiana tornou-se parte do espírito e do folclore da cultura ocidental pode ser aceita por seu valor aparente. Como frisou Henri Ellenberger,[14] a prevalência de conceitos freudianos vulgarizados torna difícil determinar, de maneira fidedigna, até que ponto as verdadeiras hipóteses psicanalíticas realmente se tornaram influentes em nossa cultura como um todo.

Por exemplo, o alcance da elucidação psicanalítica freudiana da motivação dos lapsos ou dos atos equivocados ("atos falhos") restringiu-se declaradamente aos lapsos cujos "*motivos* [são] *desconhecidos da consciência*"[15] e que, portanto, à primeira vista, são tidos como psicologicamente imotivados. No entanto, todos os lapsos psicologicamente motivados da fala ou da ação — até aqueles cuja inspiração é consciente e transparente — são comumente chamados de "freudianos", mesmo que isso constitua um erro. Daí haver Freud renunciado a qualquer mérito pelas explicações dos lapsos que são motivacionalmente transparentes.[16]

Crítica da psicanálise freudiana e pós-freudiana

Passemos agora à minha crítica ao núcleo da teoria psicanalítica original de Freud e, a partir daí, a um veredito sobre a questão de minhas objeções a esse núcleo serem ou não superadas pelos dois grandes conjuntos pós-freudianos de hipóteses conhecidos como "psicologia do self" e "teoria das relações objetais". Muitas vezes psicanalistas já me disseram que já não aceitam as formulações de Freud, como se esse repúdio avalizasse a probidade de uma ou outra das doutrinas pós-freudianas. Além disso, quando Freud *não* está sendo atacado por críticos de fora, esses mesmos revisionistas continuam a citá-lo, com muita freqüência, com uma deferência bíblica.

Como nos disse Freud, "A teoria do recalcamento é a pedra angular em que se apóia toda a estrutura da psicanálise. É sua parte mais essencial."[17] As três ramificações principais da teoria do recalcamento são conjuntos de hipóteses pertinentes à causação inconsciente e ao tratamento psicanalítico da psicopatologia, à teoria dos sonhos e à já mencionada teoria dos lapsos (atos falhos). Em cada uma dessas três ramificações, afirma-se que o recalcamento dos conteúdos psíquicos desempenha um papel *causalmente necessário*: ele é considerado crucial para a produção de neuroses e psicoses por motivos sexuais inconscientes, para a formação dos sonhos por desejos infantis latentes e proibidos, e para a geração de atos falhos por diversos motivos ocultos de desprazer (*Unlust* em alemão).

Na visão freudiana, nossos sintomas neuróticos, o conteúdo manifesto de nossos sonhos e os vários tipos de lapsos que cometemos são construídos como "formações de compromisso entre as exigências de uma pulsão recalcada e as resistências de uma força de censura no eu".[18] Pode-se dizer, portanto, que Freud forneceu um "modelo de compromisso" que unifica as neuroses, os sonhos e os atos falhos. E os psicanalistas assinalaram a virtude explicativa dessa unificação para reivindicar sua validade, o que pretendo contestar.

Mas, qual é, antes de mais nada, o motivo ou a causa que origina e sustenta a operação do mecanismo inconsciente do recalcamento, *antes* de ele produzir seus efeitos? Ao que parece, Freud presumiu axiomaticamente que os estados psíquicos aflitivos, como os desejos proibidos, o trauma, as lembranças dolorosas, o nojo, a angústia, a raiva, a vergonha, o ódio, a culpa e a tristeza — todos os quais são desprazerosos —, acionam e alimentam o esquecimento a ponto de provocar o recalcamento.[19] Presumivelmente, portanto, o recalcamento regula o prazer e o desprazer, defendendo nossa consciência de vários tipos de afetos negativos.

Como disse Freud, dogmaticamente: "A tendência a esquecer o que é desagradável parece-me universal",[20] e "as lembranças angustiantes sucumbem com especial facilidade ao esquecimento motivado".[21] Contudo, ele foi levado a admitir que "muitas vezes, ao contrário, verifica-se ser impossível ficar livre das lembranças aflitivas persecutórias e expulsar os impulsos afetivos incômodos, como o remorso e as dores de consciência". Ademais, ele reconheceu que "as coisas aflitivas são particularmente difíceis de esquecer".[22] Portanto, alguns estados psíquicos são vividamente recordados, enquanto outros são esquecidos ou até recalcados. Mas a explicação freudiana é prejudicada pelo fato de que *outros* fatores que não o grau de incômodo determinam se eles serão lembrados ou esquecidos.

Por exemplo, as predisposições da personalidade ou as variáveis situacionais podem, na verdade, ser causalmente relevantes para o sucesso ou o fracasso da memória. Freud nunca lidou adequadamente com o significado negativo do fenômeno da rememoração obsessiva das experiências para seu dogma central de que os afetos negativos desencadeiam o recalcamento. Aliás, o psicólogo Thomas Gilovich, da Universidade de Cornell, vem desenvolvendo um trabalho valioso sobre os tipos de situações em que as experiências dolorosas são *lembradas* e os *outros* tipos de situações em que elas são *esquecidas*.

Outra dificuldade básica que aflige todas as três ramificações da teoria do recalcamento reside nas falhas epistemológicas da "regra fundamental" freudiana da "associação livre". Uma tese cardinal de toda a sua construção psicanalítica é que esse método de associação livre tem a dupla grande capacidade de ser causalmente investigativo e terapêutico. Ele pode identificar as causas inconscientes do pensamento e do comportamento humanos, tanto anormais quanto normais, e de, através da superação das resistências e da suspensão dos recalques, eliminar a patogenia inconsciente das neuroses, com isso proporcionando uma terapia para uma importante classe de distúrbios mentais.

Dizem-nos que, usando esse método singular de abertura das comportas do inconsciente, Freud pôde mostrar que as neuroses, os sonhos e os atos falhos são causados por motivos recalcados. Em nome da brevidade, empregarei o termo legal "probatório" e direi que um método que se supõe identificar corretamente as causas é "causalmente probatório". E, usando a terminologia médica, falarei das causas de uma *doença* como sua "etiologia".

Empregando esses termos, pergunto: qual foi a prova freudiana de que a associação livre é causalmente probatória na pesquisa etiológica da psicopatologia? Como ele nos diz com muita clareza,[23] seu argumento a favor desse atributo investigativo da associação livre é essencialmente terapêutico, remontando ao método "catártico" de tratamento da histeria cujo pioneiro fora o mentor de Freud, Josef Breuer. No método catártico, pede-se ao paciente hipnotizado que resgate a lembrança de um trauma recalcado e verbalize a emoção reprimida que foi sentida por ocasião da experiência traumática. A liberação emocional, ou "catarse", é possibilitada depois da rememoração hipnótica do trauma.

Qual foi, portanto, a *tese terapêutica* de Freud de que a associação livre é capaz de desvendar as causas ou fatores patogênicos da psicopatologia? Freud inferiu a hipótese terapêutica básica de que o desaparecimento reparador dos sintomas neuróticos *não* é um efeito placebo, mas causalmente atribuível à suspensão catártica dos recalcamentos, através do método da associação livre. Segundo Breuer e Freud, num tratamento placebo, a expectativa de melhora do paciente ("sugestão") é responsável pelo seu sucesso. Presumindo, ao contrário, que a suspensão catártica dos recalques do paciente seja o agente terapêutico que atua no sentido de livrá-lo de seus sintomas neuróticos, Freud[24] fez duas outras grandes inferências teóricas, a saber: (1) A presumida eliminação catártica da neurose, através da suspensão associativa dos recalcamentos, é uma boa prova para se postular que os recalcamentos contínuos, acompanhados pela supressão dos afetos, são *causalmente necessários* para a própria existência da neurose.[25] Afinal, ponderou ele, esse postulado permite, portanto, a dedução válida da declarada hipótese terapêutica fundamental de que a eliminação catártica do pretenso fator patogênico da neurose resulta em seu desaparecimento (cura). Além disso, ele concluiu: (2) Se os recalcamentos, acompanhados pela supressão do afeto, são as causas essenciais da neurose, a suposta capacidade singular de revelá-los, própria do método da associação livre, atesta a capacidade que este tem de identificar as causas ou fatores patogênicos das neuroses. Entretanto, esse argumento terapêutico a favor do caráter etiologicamente probatório das associações livres é falho sob múltiplos aspectos, por mais reveladores que sejam os conteúdos associativos com respeito às preocupações psicológicas ou às predisposições de personalidade do paciente.

Em primeiro lugar, o sucesso terapêutico duradouro em que estava originalmente baseado esse argumento não se materializou, como Freud foi levado a admitir no início e no fim de sua carreira.[26] Por exemplo, ao contrário do relato de Breuer,[27] o tratamento de sua famosa primeira paciente, Anna O., foi um completo fiasco terapêutico.[28] E Breuer sabia disso, ao enviar uma carta em que a encaminhou para tratamento em outro lugar.

Mas, mesmo no caso de um benefício terapêutico transitório, Freud não conseguiu invalidar a declarada hipótese rival do efeito placebo, que desmente sua atribuição desse benefício à eliminação perspicaz dos recalcamentos através da associação livre: essa sinistra hipótese do efeito placebo afirma que outros componentes do tratamento que não o discernimento dos recalques do paciente — como a mobilização das esperanças deste pelo terapeuta — são responsáveis por qualquer melhora resultante.[29] Para eliminar de maneira convincente essa hipótese rival, seria necessário mostrar que, num grupo de controle composto por pacientes semelhantes, cujos recalcamentos *não* fossem suspensos, o resultado do tratamento era pior do que no grupo psicanaliticamente tratado. Nenhum dado desse tipo tornou-se disponível durante o último século.[30] Assim, a viabilidade da hipótese rival do efeito placebo contesta, justificadamente, a dinâmica de discernimento a que Freud atribuiu o benefício terapêutico.

Além disso, mesmo que admitamos a suposição de que a neurose é passível de ser eliminada pela suspensão catártica do recalcamento, esse resultado não fornece uma corroboração convincente para a postulação, em termos etiológicos, de que os recalcamentos, acompanhados pela supressão dos afetos, são causalmente necessários para a existência da neurose. Essa falta de corroboração da base crucial de toda a teoria do recalcamento pode ser evidenciada pelo seguinte fato análogo: a ação reparadora da aspirina nas dores de cabeça causadas pela tensão não respalda a insólita hipótese etiológica de que uma deficiência hemolítica de aspirina é um fator causal *sine qua non* das dores de cabeça por tensão. Contudo, se uma *deficiência* de aspirina no sangue *fosse* causalmente exigida nas dores de cabeça por tensão, daí decorreria que a eliminação dessa deficiência, através da administração de aspirina, resultaria na eliminação da dor de cabeça por tensão. Mas isso não bastaria, simplesmente, para justificar o inferido papel etiológico do *déficit* de aspirina.

Similarmente, supondo-se que o recalcamento com supressão do afeto seja causalmente necessário para a gênese da neurose, decorre, validamente, que a *eliminação catártica* do recalcamento resultará na *eliminação* da neurose. Mais uma vez, porém, isso não basta para inferir o papel *patogênico* do recalcamento com supressão. Por conseguinte, é inútil, para o pretenso caráter etiologicamente probatório das associações livres, que elas possam suspender os recalcamentos, uma vez que Freud não conseguiu demonstrar que estes são de fato patogênicos. O resultado é que o declarado argumento terapêutico de Freud fica privado, de múltiplas maneiras, de sua base. Além disso, afirmar — como têm feito alguns psicanalistas a título de refutação — que essa dificuldade fundamental foi superada pela teorização posterior de Freud é uma atitude diversionista.

Mesmo assim, como ficamos sabendo pelas páginas iniciais de Freud sobre seu método de interpretação do sonho, ele extrapolou o papel das associações livres, passando-as de simples método de investigação etiológica, com vistas à terapia, para a condição de também servirem de caminho para a descoberta das pretensas causas inconscientes dos sonhos.[31] De uma assentada, Freud informa que, quando os pacientes lhe falavam de seus sonhos ao fazerem associações livres sobre seus sintomas, ele teve a ousadia, se não a temeridade, de extrapolar seu "modelo da formação de compromisso" dos sintomas neuróticos para o conteúdo manifesto dos sonhos. Nesse modelo, os sintomas e o conteúdo manifesto dos sonhos são encarados como "formações de compromisso entre as exigências de uma pulsão recalcada e as resistências de uma força censora no eu."[32] Mais tarde, Freud fez essa mesma extrapolação dupla para incluir uma miscelânea de lapsos ou atos falhos.

Na visão de Freud, o que nos dizem as associações livres sobre nossos sonhos? Qualquer que seja seu conteúdo manifesto, eles sempre são supostamente uma realização de desejo, de duas maneiras logicamente distintas: pelo menos um desejo infantil, em geral inconsciente, é necessário como causa motivacional de todo e qualquer sonho,[33] e o conteúdo manifesto do sonho exibe plasticamente, de maneira mais ou menos disfarçada, a situação almejada pelo desejo. Afirma Freud:[34] "Quando se examinam os pensamentos latentes do sonho, revelados por sua análise [através da associação livre], verifica-se que um deles se destaca dos demais... [e] se constata que o pensamento isolado é um impulso desejante... Esse impulso é o verdadeiro construtor do sonho: fornece a energia para sua produção...." Freud afirmou,[35] além disso, que o desejo pré-consciente e universal de dormir explica por que sonhamos, em contraste com a razão pela qual nossos sonhos têm os conteúdos manifestos específicos que apresentam.

Independentemente da malograda defesa terapêutica freudiana da probatoriedade causal do método da associação livre, Freud apresentou sua análise de seu próprio "sonho exemplar sobre Irma", de 1895, como um argumento isolado, *não* terapêutico, para tomar o método da associação livre como um meio convincente de identificar hipotéticos desejos ocultos como a motivação de nossos sonhos. Em minha crítica detalhada a essa análise — injustamente renomada — de seu sonho com Irma,[36] afirmei que a explicação de Freud, lamentavelmente, não passa de uma propaganda falsa: não traz absolutamente a prometida confirmação da associação livre; não contribui em nada para afiançar a imprudente e dogmática generalização freudiana de que todos os sonhos são realizações de desejos, no sentido duplo afirmado por Freud; e nem sequer alega que seu pretenso "sonho exemplar" seja uma prova de seu modelo do conteúdo manifesto do sonho como formação de compromisso. Apesar disso, a análise freudiana do sonho com Irma continua a ser celebrada, na bibliografia psicanalítica, como o modelo exemplar da interpretação dos sonhos.

Ademais, a teoria freudiana do sonho como realização de desejos foi profundamente falha desde o início. Como hoje se verifica, Freud não atentou para uma flagrante conseqüência epistemológica de seu abandono do modelo energético e neurológico do sonhar como *movido pelo desejo*, constante de seu *Projeto* de 1895. Precisamente em decorrência desse abandono, ele perdeu sua fundamentação biológica inicial para afirmar que pelo menos todos os sonhos "normais" são realizações de desejos, o que o deixou sem nenhum tipo de aval de base energética para, mais tarde, universalizar a doutrina da realização de desejos, estendendo-a a qualquer tipo de sonho. Contudo, sem se deixar estorvar pela completa ausência de qualquer garantia desse tipo e de qualquer outra justificativa, a doutrina universalizada, já então formulada em termos psicológicos, ergueu-se qual fênix das cinzas do extinto modelo energético de Freud. Como afirmei em outro texto,[37] sua tese neuro-energética do sonhar movido pelo desejo morreu *no nascedouro*.

Depois de Freud se haver acorrentado ao monopólio universal do desejo na produção do sonho, suas interpretações foram obrigadas a conciliar os sonhos *transgressores* do desejo com a decretada universalidade da realização de desejo.[38] Essa conciliação exigia, imperativamente, que todas as outras partes e detalhes de sua teoria do sonho fossem obsequiosamente talhados para sustentar seu dogma preponderante do desejo. Mas Freud encobriu habilmente essa dinâmica premeditada da teorização, enquanto passava ao largo da questão metodológica.

De fato, uma vez que existem inúmeros sonhos aflitivos, que à primeira vista contrariam o desejo, a idéia fixa freudiana da realização universal do desejo impôs nada menos do que as três seguintes grandes doutrinas *fabricadas* da teoria do sonho. Primeiro, há uma distinção entre o conteúdo consciente e manifesto do sonho — que é topicamente polimorfo — e o conteúdo latente recalcado, que Freud afirmou destacar, invariavelmente, um desejo infantil recalcado.[39] O conteúdo manifesto é, supostamente, apenas uma fachada para o conteúdo latente e desejante proibido: o primeiro pretensamente resulta, a serviço do disfarce, da distorção do desejo proibido por um processo que Freud designou de "*trabalho* do sonho"; mas essa *distorção hipotética não* deve ser confundida com a *conhecida estranheza* dos sonhos.

Um segundo artefato do "imperialismo do desejo" de Freud foi o dogma correlato de que o conteúdo manifesto do sonho, tanto quanto o sintoma neurótico, é produto de um conflito e um pacto entre um desejo recalcado que clama por se expressar — o chamado pensamento latente do sonho — e a censura exercida pelo eu recalcador.[40]

Por último, a insistência na universalidade da realização do desejo nos sonhos também impôs uma exigência metodológica. Como observou Clark Glymour,[41] o método freudiano de interpretação dos sonhos através da associação livre foi obrigado de antemão, pela exigência de Freud, a tecer seletivamente as associações subseqüentes de modo a produzir uma motivação desejante que se destacasse das demais. Freud,[42] entretanto, deu uma falsa imagem desse resultado preordenado como sendo uma inequívoca descoberta empírica, sem se deixar estorvar pela arregimentação prévia dos produtos das associações dos pacientes, movida pela teoria.

Os defensores da psicanálise têm proclamado, como uma virtude explicativa de sua teoria, que esse modelo da formação de compromisso dá uma explicação unificadora a fenômenos tão díspares quanto as neuroses, os sonhos e os atos falhos, dizendo ainda que a teoria do recalcamento também contribui para a teoria freudiana do desenvolvimento psicossexual. De fato, alguns filósofos da ciência saudaram a unificação explicativa como uma das grandes realizações e aspirações do trabalho científico. Em outros contextos, entretanto, a unificação mais pode ser um vício do que uma virtude. Por exemplo, Tales de Mileto, embora estivesse acertadamente em busca de uma imagem racionalista e não mitopoética do mundo, ensinou que tudo é feito de água — uma unificação química cósmica. Um químico posterior, no entanto, poderia ter dito a Tales através dos milênios: "Há mais coisas no céu e na terra, Horácio, do que sonha a tua vã filosofia."[43]

Como argumentei, a mesma moral se aplica à dúbia psicopatologização freudiana da normalidade; presumindo, injustificadamente, o poder de convicção causal do método da associação livre, seu modelo da formação de compromisso gerou uma *pseudo*-unificação do comportamento neurótico com os sonhos e os atos equivocados.

O filósofo francês Paul Ricoeur[44] empenhou-se em rebater críticas bem diferentes à psicanálise, feitas por filósofos da ciência nas décadas de 1950 e 1960.[45] Em concerto com os outros filósofos "hermenêuticos" Karl Jaspers e Jürgen Habermas, e ainda com Ludwig Wittgenstein, Ricoeur retrucou, em tom condescendente, que o próprio Freud interpretara mal, por "cientificismo", sua realização teórica, de sorte que as falhas científicas da psicanálise eram, na verdade, virtudes. Entenda-se, o cientificismo é uma forma de má conduta intelectual. É tido como o culto equivocadamente utópico, excludente e intelectualmente imperialista do modo científico de conhecer o mundo, e muitas vezes é ligado, como um bode expiatório, ao que se denigre ingenuamente como "positivismo". Os hermeneutas fornecem sua própria reconstrução da psicanálise.

Em outro trabalho,[46] contudo, afirmei que todos os mal-entendidos e confusões de que eles acusam Freud são, na verdade, deles mesmos. Assim é que eles defendem a confusa doutrina de que a teoria freudiana do "*sentido*" inconsciente dos sintomas, dos sonhos e dos atos falhos é uma contribuição à *semântica*! E o psicanalista inglês Anthony Storr declarou, numa orientação equivocada, que "Freud foi um gênio cuja perícia residiu na semântica".[47] Mas o sentido freudiano do sintoma é *etiológico*, ao contrário do sentido semântico da linguagem. O sentido etiológico de um sintoma é sua causa motivacional latente. Não surpreende que os métodos da hermenêutica tenham falhado deploravelmente na produção de uma só hipótese psicanalítica fecunda, em termos clínicos ou explicativos. Em vez disso, sua proposta reconstrução não passa de um grito de guerra ideológico e negativista que não leva a parte alguma.

As elaborações pós-freudianas

Quais foram os avanços pós-freudianos contemporâneos, na medida em que ainda se qualifiquem como psicanalíticos no conteúdo e não apenas no nome? Têm eles uma base epistemológica mais sólida do que as grandes hipóteses originais de

Freud?[48] O conhecido psicólogo clínico Morris Eagle[49] deu uma resposta negativa, abrangente e perspicaz a essa pergunta. Diz-nos ele:[50] "Nos últimos quarenta ou cinqüenta anos, houve três grandes desenvolvimentos teóricos na psicanálise: a psicologia do ego, a teoria das relações objetais e a psicologia do *self*. Se a teoria psicanalítica contemporânea é alguma coisa, é uma dessas três, ou alguma combinação delas, integradora ou não."

Como já tivemos oportunidade de assinalar, a psicologia do ego de Heinz Hartmann desviou-se da fundamentação pulsional das funções cognitivas sustentada por Freud. E, o que é mais importante, tanto a psicologia do *self*, de Heinz Kohut, quanto a teoria das relações objetais, de Otto Kernberg e da escola inglesa, rejeitam fundamentalmente o modelo freudiano da psicopatologia, pautado na formação de compromisso: na verdade, a psicologia do *self* repudiou praticamente todos os principais dogmas de Freud.[51] Similarmente, os teóricos das relações de objeto negam que a etiologia da patologia esteja nos conflitos e traumas (edipianos) postulados por Freud, envolvendo o sexo e a agressividade, e afirmam, em vez disso, que a qualidade dos cuidados maternos é o fator crucial. Todavia, além de divergirem de Freud, essas duas escolas pós-freudianas discordam uma da outra.

Mas e os métodos comprobatórios dos dois avanços pós-freudianos que costumam ser designados de "psicanálise contemporânea"? Será que corrigem as falhas epistemológicas de Freud? Eagle afirma que o veredito é claramente negativo:[52] "As diferentes variações da chamada teoria psicanalítica contemporânea... não têm uma base epistemológica mais sólida do que as formulações e afirmações centrais da teoria freudiana.... Não há provas de que as teorias psicanalíticas contemporâneas tenham remediado as dificuldades epistemológicas e metodológicas associadas à teoria freudiana."

Uma vez que Jacques Lacan renunciou expressamente à necessidade de validar suas doutrinas pelos cânones conhecidos da comprovação, não tecerei comentários sobre elas, a não ser para mencionar sua obscuridade literária deliberada e irresponsável e sua notória crueldade para com os pacientes,[53] que ele justificava como algo que lhes satisfazia as supostas necessidades masoquistas.

Por fim, quais são as perspectivas de futuro da psicanálise no século XXI? Os renomados psicanalistas Jacob Arlow e Charles Brenner[54] chegaram à seguinte conclusão otimista sobre o passado e o futuro desse saber:

> A psicanálise continuará a fornecer a compreensão mais abrangente e esclarecedora do psiquismo humano. Continuará a estimular a pesquisa e o entendimento em muitas áreas do trabalho humano. Além de ser o melhor tipo de tratamento em muitos casos, ela continuará a ser, como tem sido, a base fundamental de quase todos os métodos que procuram aliviar o sofrimento mental humano por meios psicológicos.

Em contrapartida, um veredito desolador é proferido pelo renomado psicólogo e psicanalista norte-americano Paul E. Meehl.[55] Uma vez que uma de minhas principais críticas à psicanálise figura nesse veredito, eu gostaria primeiro de explicar que, a propósito de minhas críticas às teorias freudianas da neurose obsessiva (o Homem dos Ratos) e da transferência, demonstrei a falácia de se inferir uma ligação causal entre estados mentais a partir de uma ligação temática (de "sentido") entre eles.[56] Meehl refere-se a esse tipo de conteúdo temático comum como "a existência de um tema" e escreve:

> A objeção central dele [Grünbaum] — a dificuldade epistemológica de se inferir uma influência causal a partir da existência de um tema (presumindo-se que esta possa ser estatisticamente demonstrada) — é o maior problema metodológico que nós [psicanalistas] enfrentamos. Se esse problema não puder ser solucionado, teremos mais um século em que a psicanálise poderá ser aceita ou rejeitada predominantemente por uma questão de preferência pessoal. Se isso acontecer, prevejo que, de maneira lenta mas segura, ela será abandonada, quer como método de ajuda, quer como teoria da mente [omitida a referência bibliográfica].

Portanto, no que concerne aos últimos cem anos, a rósea exposição partidarista de Arlow e Brenner é amplamente infundada, que mais não seja porque, como vimos, a louvada abrangência da teoria nuclear do recalcamento é apenas uma *pseudo*-unificação. Entre suas afirmações brilhantemente otimistas sobre o futuro, apenas uma é plausível: a expectativa do contínuo papel heurístico da psicanálise. Essa função não requer, em absoluto, que suas teorias atuais sejam corretas.

Como exemplo do papel heurístico, basta pensarmos nas questões que levantei a propósito da duvidosa explicação freudiana sobre a relação do afeto com o esquecer e o recordar, questões que vão muito além das preocupações da psicanálise. Dentro desse espírito, Philip Holzman, psicanalista e pesquisador da esquizofrenia em Harvard, observa:[57] "Essa visão do papel heurístico da psicanálise, mesmo em face de sua ciência precária, só agora está começando a ser apreciada." Holzman[58] menciona três áreas de investigação a título ilustrativo: (1) a plasticidade e o papel reconstrutivo da memória, em contraste com a reprodutibilidade do passado; (2) o papel geral do afeto na cognição; e (3) a importância do temperamento (por exemplo, a timidez) para o desenvolvimento do caráter, tal como vem sendo investigada por Jerome Kagan em Harvard. Esses são temas que, com toda a probabilidade, serão mais explorados nos próximos anos.

Freud: projeções atuais

Peter D. Kramer

Como muitos psiquiatras de minha geração, ingressei na profissão por causa de Sigmund Freud. Quando estudante de literatura no University College London, fiz psicanálise com um freudiano ligado à Clínica Hampstead.[1] O tratamento era profundamente ortodoxo — almejava desvendar e influenciar meu complexo de Édipo —, mas o analista era humano e o processo, cativante. Para meus amigos da universidade, a psicanálise era um modo de compreender as relações sociais; o padrão de valor dessas relações era a autenticidade, que significava assumir a responsabilidade pelas motivações inconscientes e discutir abertamente essas motivações. Em minhas horas de folga, eu me sentava na biblioteca da faculdade, em Bloomsbury, trilhando com esforço a tradução dos *Collected Works* de Freud feita por James Strachey. Foi nessa época que escolhi minha profissão. Minha esperança era imitar Freud, recebendo pacientes à tarde e, pela manhã, produzindo textos especulativos sobre a natureza da mente.

Eu não desconhecia as objeções e as alternativas às teorias de Freud. Vários de meus colegas estavam em análise kleiniana, através da clínica rival, a Tavistock. Acompanhei os seminários de filosofia de Richard Wollheim sobre as emoções (ele era biógrafo de Freud e uma espécie de kleiniano) e discuti os méritos da psicanálise com amigos no curso de medicina. Mas os esquemas alternativos que examinávamos eram adornos ou aperfeiçoamentos, mais ou menos bem-sucedidos, do arcabouço freudiano. O universo da psiquiatria, tanto quanto eu o conhecia, era uma questão de "eixo e raios da roda", com Freud no centro e as outras teorias só apresentando interesse como ramificações da verdade central.

Longe de perturbar essa perspectiva, a faculdade de medicina nos Estados Unidos a reforçou. O desenvolvimento infantil — eram então meados dos anos 70 — era ensinado em moldes freudianos. (Aprendemos que as crianças de quatro anos podiam ter medo de sapatarias porque experimentar sapatos despertava a angústia de castração — iria o pé reaparecer?) Mesmo durante minha residência, quando se evidenciou a amplitude do mundo da psiquiatria, a psicoterapia individual era diretamente fundamentada nos ensinamentos de Freud. A metapsicologia psicanalítica era ensinada do mesmo modo que a anatomia ortopédica ou a fisiologia cardíaca: como uma matéria a ser dominada.

Freud, o homem, nesses anos de inocência, era uma figura grandiosa, ainda que imperfeita. De acordo com as biografias existentes, era belicoso, sectário, desconfiado, tendente à autocomiseração, pessimista, caprichoso em relação a seus seguidores e propenso a um desejo indigno de se afastar de suas origens; mas isso eram as idiossincrasias de um gigante, membro do panteão que incluía Marx, Darwin e Einstein. Mesmo quando se evidenciou que muita coisa lhe havia escapado — sobre o relativismo cultural, a perspectiva dual ou grupal, a importância do apego e da empatia, e o desenvolvimento das mulheres — e que a neurobiologia havia ultrapassado algumas das teorias freudianas, o freudismo continuou a ser considerado a base sobre a qual construir qualquer compreensão séria da psique moderna.

Entrei tardiamente na corrente dos freudianos; entre meus colegas de classe na formação psiquiátrica incluíam-se geneticistas e pesquisadores do liquor cerebrospinal dos macacos. A residência introduziu uma multiplicidade de visões que competiam com as de Freud. Contudo, minha experiência era típica da de muitos psiquiatras que hoje estão na clínica. Éramos atraídos para a formação por admirarmos o homem Freud e por encontrarmos em seus textos muitas coisas que explicavam nosso próprio comportamento.

Agora, nestes últimos vinte anos, tivemos de considerar como reagir à revisão histórica. Freud, de cuja personalidade alguns aspectos sempre tinham sido obscuros, saiu inteiramente de foco. Talvez não devesse ser surpresa que as pessoas são difíceis de conhecer; o próprio Freud ensinava que uma questão aparentemente tão clara quanto um diagnóstico podia permanecer obscura até o fim de uma longa psicanálise. Passado um século, parece que a análise de Freud será do tipo interminável.

O problema não é nosso entendimento de um ou outro detalhe da vida ou da prática clínica de Freud. "Grande doutor, o senhor é um sábio ou um charlatão?", foi a pergunta formulada, setenta anos atrás, por um marido angustiado, Abraham Bijur, a quem a esposa abandonara por recomendação de Freud.[2] Hoje podemos escolher relatos biográficos que levam a uma ou outra dessas conclusões. Em algumas leituras, Freud continua a ser a figura heróica em que o transformou W.H. Auden em sua famosa elegia.[3] Com igual freqüência, Freud é retratado como um hipócrita que, em sua busca da fama, traiu ou entendeu mal as pessoas que simulou analisar, a começar pelas primeiras histéricas e por Dora. Ele é o pai de uma grande tradição intelectual, a menos que seja o mais desonesto dos cientistas. O que ele fornece é uma nova chave para a compreensão do eu, uma das poucas que já foram concedidas à raça humana, exceto pelo fato de que cada detalhe de sua teoria — o desenvolvimento infantil, a estrutura psíquica, a psicopatologia — tem falhas graves. Nossa visão de Freud compõe-se de imagens extremadas, que pouco chegam a se cruzar.

Não sou um estudioso de Freud, nunca me tornei psicanalista e, embora discuta Freud em todos os meus livros, meus textos versam sobre medicamentos psicoativos e sobre um conjunto eclético de psicoterapias. As controvérsias a respeito de Freud chegaram a meu conhecimento principalmente através de publicações que traziam "Nova York" no título: o *New York Times*, a revista *The New Yorker*, a *New York Review of Books*. Minha reação íntima a esse material foi de alívio. Minha teoria e minha prática haviam se distanciado do freudismo, e a revisão histórica trouxe-me uma absolvição tardia por essa infidelidade. Mesmo assim, houve um sentimento de perda e desarticulação.

Os defeitos de que Freud tem sido acusado recentemente não são acidentais, mas essenciais em seu caráter: desonestidade, timidez moral, credulidade, venalidade, crueldade e uma miopia intelectual quase deliberada. Para seus críticos, esses traços estão inseridos na teoria freudiana: diz-se que o freudismo destruiu um sem-número de vidas, embora as vidas em questão (de crianças vitimadas por abusos, nas quais não se acreditou, de pais falsamente acusados, ou de mulheres erroneamente diagnosticadas) nem sempre sejam as mesmas. O acúmulo de acusações levou-me, como psiquiatra em exercício e como leitor geral, a me indagar quão convincentes continuam a ser as teorias de Freud.

Recentemente, tive oportunidade de voltar às *Obras completas*. O trecho que consultei (estava pesquisando as origens do conceito de "projeção") foi uma ilustração de um caso clínico na correspondência de Freud com Wilhelm Fliess em 1895.[4] O que me impressionou, ao relê-la, foi o quanto têm sido eficientes os ataques a Freud, mesmo vagamente considerados, e a profunda influência que eles têm tido na maneira como tendemos a ler Freud hoje em dia.

Na carta, Freud desenvolve o conceito de projeção como uma característica defensiva da paranóia. Define a projeção como o repúdio de "uma idéia que é incompatível com o eu" e que, portanto, deve ser atribuída a uma outra pessoa. Freud ilustra sua teoria com a descrição de uma paciente. Trata-se de uma mulher solteira, na faixa dos 30 anos, que acredita que os vizinhos a observam e zombam dela, espalhando a história de que ela sofrera uma rejeição amorosa de um ex-inquilino de sua casa. A irmã [mais velha] da paciente havia relatado um incidente que envolvera esse inquilino, e Freud o relata a Fliess: "[A irmã caçula] estava arrumando o quarto enquanto [o inquilino] ainda estava deitado na cama. Ele a chamou para junto da cama e, quando ela se aproximou, sem desconfiar de nada, pôs-lhe o pênis na mão. A cena não teve proseguimento..."[5]

Os sintomas paranóicos da irmã caçula começaram quando o inquilino foi embora da cidade. Na época em que Freud a entrevistou, ela negou que tivesse sido sexualmente abordada e, por mais que tentasse, Freud não conseguiu fazê-la lembrar-se do episódio com o inquilino. Mesmo assim, ele considerou evidente o processo mental que havia causado a doença: "Alguma coisa foi recalcada. E podemos imaginar o que tenha sido. Provavelmente, na verdade, ela se excitara com o que tinha visto e com a lembrança disso. Portanto, aquilo de que se estava poupando era uma auto-recriminação por ser 'uma mulher depravada'." A irmã caçula havia projetado suas auto-recriminações nos vizinhos. Freud escreve a Fliess dizendo que um processo semelhante subjaz a todos os outros casos de paranóia.

Para o público moderno, nenhum dos componentes dessa cadeia argumentativa tem valor. Vivemos numa época em que a psicologia evolutiva é dominante, e portanto, numa época que atenta para a etologia animal; e algumas substâncias estressantes muito simples, traumáticas ou farmacológicas, podem deixar os animais hipervigilantes e ansiosos, à maneira da paranóia. Nos seres humanos, o conteúdo mental da paranóia parece ser um modo de tentar organizar sensações oprimentes cujas causas estão em outro lugar, talvez numa disfunção neurológica. Essa organização vem de dentro, é claro, mas as pessoas que sofrem de paranóia dificilmente têm a transparência que Freud descreve. Que mais não seja, suas respostas estereotipadas as tornam opacas. A pessoa paranóica pode ser desconfiada sem que haja referência a qualquer acusação auto-ameaçadora contra o eu.

Quanto à história da irmã caçula com o inquilino, como havemos de entendê-la? Presume-se que a lembrança não tenha sido "resgatada" (o recalcamento ou negação da lembrança ocorreu depois de ela ter sido compartilhada); ainda assim, à luz da controvérsia sobre a "falsa memória", tendemos a sentir uma ânsia menor que a de Freud de aceitar o relato por seu valor aparente. A doença da moça poderia ser anterior à estada do inquilino; a paranóia pode ter sido a causa, e não o resultado, da história do quarto. Ou talvez o problema estivesse do lado oposto. Do ponto de vista contemporâneo, a investida do inquilino parece mais abusiva do que convidativa. Podemos perguntar-nos se ele terá sido mais intrusivo do que a irmã caçula indicou inicialmente, e se, para a vítima, essa experiência terá constituído um retorno a um trauma anterior. Pensando no outro lado do debate sobre a memória, talvez nos interesse indagar se, por exemplo, a mulher também terá sido molestada na infância, e se sua paranóia seria o resultado de danos psíquicos reiterados. Longe de aceitar a explicação de Freud por seu valor aparente, é provável que o leitor contemporâneo produza uma porção de cenários nos quais vários papéis serão desempenhados pela família e pelos vizinhos. A versão de Freud — de que a gênese da doença pode remontar a um único acontecimento — é o cenário menos provável.

Essas visões modernas concernem à utilidade da explicação freudiana como psiquiatria. É improvável que acreditemos que as produções paranóicas da irmã caçula fossem indicadores importantes da etiologia de sua doença (o conceito da psicose como defesa está hoje completamente desprestigiado), e é improvável que compartilhemos a confiança de Freud em que o suposto encontro com o inquilino teria causado a doença. Nessa crítica, as teorias de Freud são julgadas de acordo com padrões ou preconceitos cem anos posteriores a seus escritos. Não obstante, nossa opinião sobre a ciência de Freud tem um efeito decisivo na maneira como tendemos a ler a carta. Se a análise de Freud está errada — se acreditarmos que ele não conseguiu, em nenhum sentido objetivo, usar seus dados para reconstituir a história ou a mente da paciente —, a ilustração fala, primordialmente, dos processos psíquicos do próprio Freud.

A especulação de Freud não o coloca sob um prisma favorável. Sobre a moça, ele diz: "Provavelmente, na verdade, ela se excitara..." Ou ficara humilhada, quem sabe, ou aterrorizada — podemos produzir um sem-número de explicações alternativas. Ao atribuir a sua paciente uma consciência pesada, Freud parece cruelmente cego não apenas para a situação dela, mas também para a das mulheres em geral, exatamente como seus críticos o acusam de ser. De história de uma moça e suas projeções, essa ilustração transforma-se, rapidamente, na história de Freud e das projeções dele.

Já não atribuímos automaticamente a Freud as virtudes que, durante décadas, presumiu-se que ele possuía: perspicácia clínica, sabedoria nas questões humanas, dedicação a seus pacientes e à verdade. Se adotarmos um pequeno grau de ceticismo, julgaremos que as observações e conclusões de Freud são muito convenientemente corroboradoras de sua teoria. Em particular, como pôde ele interpretar sua incapacidade de fazer ressurgir a lembrança da moça como uma confirmação de suas suspeitas? Diz-se, muitas vezes, que as pessoas devem ser julgadas separadamente de seu trabalho. Mas, no caso de Freud, essa distinção é difícil de manter. É precisamente nossa dúvida sobre sua teoria — sobre a discordância entre ela e as opiniões contemporâneas acerca da paranóia e do distúrbio do estresse pós-traumático — que transforma a ilustração numa oportunidade para julgar o caráter de Freud. Num sentido mais amplo, se sua obra é uma contribuição de valor inestimável para o saber humano, devemos conceder a Freud a cota de peremptoriedade do gênio; mas, se essa obra foi mal conduzida, sua natureza arbitrária revela o homem como mais um déspota ideológico.

Inversamente, os ataques ao caráter de Freud depreciam sua obra. Afinal, a teoria tem de ser julgada por si mesma; não apenas aqueles que são pessoalmente admiráveis produzem ciência de boa qualidade. Mas qualquer avaliação da teoria freudiana se complica em função da natureza das provas que ele apresenta: sua comunicação subjetiva de suas próprias observações. A maneira como lemos o trabalho e aceitamos as provas é afetada por nossa avaliação do homem: são essas histórias relatadas com boa-fé? São elas dignas de confiança? Ou terão os fatos sido mais medicados do que os pacientes? Em termos do valor atual das teorias de Freud, se ele era profundo e autoquestionador, suas idéias merecem verificação ou revisão, como parte de uma progressão científica histórica; mas, se era apenas alguém que procurava incessantemente promover-se, ainda que alguns de seus conceitos sejam úteis, o conjunto pode ser descartado como um lero-lero hipnótico. As acusações de má ciência e mau caráter interagem sinergicamente, em prejuízo de Freud. Já não conseguimos lembrar por que o tipo de ilustração fornecido por Freud em sua carta foi valorizado, um dia, como revolucionário e libertário, nem por que ele foi celebrado por levar a sério os pensamentos indizíveis dos párias da sociedade.

Admitimos que a carta a Fliess é um texto íntimo, que não se destinava a ser publicado. Os leitores modernos talvez simpatizem mais com a primeira ilustração freudiana publicada a respeito da paranóia — o caso de uma mãe paranóica que tinha lembranças vergonhosas de um envolvimento infantil erotizado com o irmão.[6] Entretanto, boa parte do que Freud escreveu se lê, hoje em dia, como a descrição da irmã caçula paranóica. Eu dificilmente estaria qualificado para entrar na sofisticada controvérsia em torno do caso Schreber,[7] a mais destacada discussão freudiana da projeção paranóica e uma obra de sua maturidade, mas, com certeza, ele hoje serve mais como um estudo das projeções de Freud que das de Schreber. Tal como a suposta excitação da irmã caçula diante do comportamento do inquilino, o conteúdo oculto que Freud atribui aos delírios de Schreber — a homossexualidade latente — baseia a doença na consciência pesada do paciente, e não no trauma que lhe foi infligido por terceiros. Na verdade, o incômodo que sentimos ao ler Freud — ao constatar que suas interpretações funcionam como julgamentos sobre ele, ao perceber como se tornou difícil aceitá-lo com generosidade — pode surgir em resposta a quase qualquer um de seus textos.

Talvez seja melhor enfrentar esse incômodo e, em cada situação, procurar desvincular a teoria falha do homem falho. Do ponto de vista moderno, Freud, muitas vezes, está simplesmente errado. Em particular, duvidamos de sua explicação da psicose e discordamos de quase tudo o que ele tem a dizer sobre o sexo e o gênero em qualquer etapa de sua carreira. Inveja do pênis, angústia de castração, homossexualidade latente, universalidade dos complexos de Édipo e de Electra, efeitos prejudiciais da abstinência sexual ou da suspensão da atividade sexual, predomínio das fantasias sobre a realidade com respeito ao abuso sexual infantil, o papel singular das pulsões sexuais (em contraste, digamos, com as pulsões de apego ou de dominação), a inescrutabilidade dos desejos da mulher: em todas essas questões, tendemos a considerar Freud equivocado. Esse amplo espectro de discordâncias talvez pareça devastador para a psicanálise — afinal, Freud baseou sua psicologia numa teoria do desenvolvimento psicossexual —, mas, na prática, não o é. Florescem formas alternativas de psicanálise; constata-se que é possível incorporar boa parte do pensamento freudiano, sem adotar suas concepções sobre as grandes doenças mentais ou sobre o sexo e o gênero. No tocante à sexualidade, a contribuição de Freud consistiu em sua insistente (e corajosa) concentração na repressão sexual da sociedade vitoriana e de seu equivalente continental; talvez não seja justo esperarmos que uma pessoa criada naquele ambiente encarasse a sexualidade de maneira comedida.

Freud acertou muito mais no alvo, do nosso ponto de vista, ao se afastar do estudo das psicoses e da sexualidade para examinar o funcionamento da mente normal ou quase normal. Quer ele entendesse ou não a paranóia ou a irmã caçula paranóica, o conceito que estava procurando ilustrar — a projeção — revelou-se duradouro e útil. Por si só e por sua transformação posterior em idéias como transferência e identificação projetiva, ele é um componente importante de uma tecnologia médica que a maioria dos psiquiatras continua a valorizar: a psicoterapia. Existem perigos inerentes à confiança depositada numa análise da projeção, e a carta de Freud a Fliess os exemplifica inadvertidamente: atribuir, de maneira arbitrária, desejos culpados à vítima, endossar relatos históricos não comprovados, atribuir idéias do terapeuta ao paciente, confundir doença ou temperamento com defensividade. Mas os avanços posteriores da teoria e da técnica procuram evitar essas armadilhas. O exame das projeções dos pacientes continua a ser um instrumento útil no esforço de ajudá-los a compreender suas interações sociais.

Como membros do mundo social pós-freudiano, usamos diariamente o conceito de projeção. A discussão franca da teoria psicanalítica talvez seja menos comum do que era em meados do século, mas ainda nos perguntamos rotineiramente: será que sou como meu amigo me vê ou será isso um tipo particular de distorção — a saber, a projeção — por parte dele? Antes de nos precipitarmos numa conclusão, examinamos nossas apreensões para determinar se estamos projetando erroneamente uma motivação num amigo. Em nossos esforços de compreender o outro, talvez sejamos menos ousados ou arbitrários do que Freud na interpretação do pensamento projetado a partir da projeção, mas o conceito de projeção é um componente da visão do senso comum de nossa época.

Muitas vezes, parece-nos que o que Freud fazia melhor era compreender aspectos de sua própria estrutura psíquica e desenvolver seus resultados em detalhes, extraindo conclusões sobre a mente afetada por perturbações normais. Grande parte de seus escritos parece uma tentativa de justificar ou divulgar essas observações impondo-as à força a relatos de tratamentos de doentes mentais. Uma leitura mais generosa da carta a Fliess, ainda que não totalmente admirativa, pode situá-la nesse contexto. Freud compreendeu que a projeção é uma defesa onipresente, mas errou ao generalizar em excesso sua aplicação. Nesse processo, demonstrou possuir uma boa dose dos traços de personalidade que há muito lhe são atribuídos: foi peremptório e egoísta e deitou a realidade na cama de Procusto da teoria. Mesmo assim, continuamos em débito com ele.

Tal como o inconsciente, a projeção existia antes de Freud. O *Oxford English Dictionary* dá um exemplo extraído de um discurso de Emerson proferido em 1838, intitulado "Ética literária": "O jovem, inebriado com sua adulação do herói, não enxerga que o que admira é apenas uma projeção de sua alma." Mas foi Freud quem nos permitiu ver uma versão autoprotetora da projeção como um componente ubíquo das interações interpessoais. Em termos da dicotomia formulada por Lionel Trilling, foi Freud quem nos ensinou a exigir que sejamos não apenas sinceros, mas autênticos — responsáveis pelas expressões de nossa vida inconsciente.[8] Só é lícito descartarmos Freud de maneira inautêntica desconhecendo o quanto ele nos deu e continua a ser parte de nós. Ao mesmo tempo, muito do que é freudiano deve ser descartado. A maioria das crianças de quatro anos não tem nenhuma dificuldade nas sapatarias, e é improvável que as teorias freudianas do desenvolvimento sexual nos ajudem a compreender aquelas que têm.

Ao me referir à ubiqüidade do pensamento freudiano, à maneira como ele permeia nossa cultura (na elegia, Auden chamou-o de "todo um clima de opinião pública"), não pretendo fazer parte daqueles que se dispõem a salvar Freud negando seu direito ao título de cientista e situando sua grandeza na filosofia ou na literatura. Martha Nussbaum, em *The Therapy of Desire*, demonstra que grande parte da filosofia grega concerne à recomendação de métodos — em sua maioria, métodos de auto-análise — que evitem a perturbação emocional.[9] Freud foi esse tipo de filósofo, um sucessor dos cínicos, dos estóicos e dos epicuristas, mas a denominação que hoje reservamos para esse tipo de filósofo, aquele que examina sistematicamente a base do afeto, é "psicólogo". Se a psicologia de Freud se revela falsa, que tipo de filosofia resta em sua obra? Sem sua teoria da mente, a filosofia de Freud é banal. Além disso, as provas contra ele como cientista serviriam igualmente como uma acusação de má-fé filosófica. E que significa enaltecer Freud apenas como escritor? Ele é um estilista renomado, sem dúvida, mas devemos porventura proferir a seu respeito o julgamento que Auden proferiu sobre Yeats, Kipling e Claudel: o de que, apesar de suas idéias obstinadamente equivocadas, ele deve ser perdoado por escrever bem?[10]

Freud tem sido recategorizado como humanista porque muitas de suas teorias foram superadas nas ciências da mente. O desenvolvimento infantil tornou-se uma disciplina quase empírica. A despeito das advertências freudianas em contrário, a psicoterapia tornou-se inespecífica, pautando-se na empatia, na reinstauração das funções parentais, na reprogramação comportamental, na atenção para com as falhas da adaptação à aprendizagem e em outras abordagens normativas, a ponto de parecer perigosamente próxima dos antigos tratamentos "morais". Mesmo dentro da psicanálise, os tratamentos de ponta — subprodutos da psicologia do *self*, das relações objetais, da teoria do apego ou das escolas interpessoais — descartam a teoria e a técnica freudianas.

Mas o que resta de Freud ainda é a psicologia. Todos somos freudianos em nossos pensamentos cotidianos, nos quais nos preocupamos, em maior ou menor grau, com a agressão inconsciente, os complexos maternos, a repressão sexual, os atos falhos freudianos e coisas semelhantes. Exatamente quanto dessa ciência centenária — quanto desse pensamento cotidiano — continua a ser sustentável é uma questão em aberto. A despeito de gerações de crítica e revisão, ainda é difícil saber como entender a essência da teoria freudiana, sua estrutura e sua linguagem. Os teóricos modernos têm discordâncias profundas quanto a conceitos fundamentais, como o inconsciente dinâmico. Algumas idéias — as defesas como componentes da personalidade, o desenvolvimento em etapas como componente da psicologia infantil — se sustentaram, mas é difícil saber se continuam a se alicerçar numa estrutura que se possa chamar de freudiana.

Minha fantasia pessoal, mais ou menos a sério, é um "projeto Freud" especial, que consistiria em examinar, um a um, as centenas de conceitos freudianos — os impasses do desenvolvimento, a expressão da fantasia através do comportamento simbólico, o retorno do recalcado, a projeção — e perguntar: estamos dispostos a aceitá-lo? O ouvinte que tenho em mente seria simpatizante do freudismo ou, pelo menos, não lhe seria hostil, mas versado na ciência contemporânea, desde a psicologia cognitiva até a neuropsiquiatria, e também numa disciplina mais difícil de denominar — digamos, sociologia ou pensamento popular. O padrão a ser aplicado não seria estritamente científico, mas se estenderia a um exame de qual das idéias estritamente não comprováveis, mas que nos parecem úteis, ainda podemos conservar em sã consciência. No que concerne à projeção (por exemplo): à parte a origem e a justificação freudianas desse conceito, será a projeção, como mecanismo de defesa, um aspecto importante da psique humana?

Minha fantasia quanto aos resultados desse projeto fantasiado é que, embora largas faixas da construção freudiana revelassem não ter fundamento, a investigação encontraria intacta uma boa parcela do Freud "do dia-a-dia". A dádiva de Freud foi a que ele julgou estar oferecendo: a apresentação do psíquico à psiquiatria. O namoro talvez tenha sido conduzido sob falsos pretextos — a paranóia está menos ligada à projeção da culpa do que postulou Freud. Como muitos que enxergam com clareza o que os outros confundem ou negam, Freud foi longe demais — longe demais ao atribuir motivações sexuais agressivas ao vulnerável, longe demais ao vincular o pensamento recalcado à doença. Mas, quão pior estaríamos se ele não houvesse explorado o papel dos pensamentos e sentimentos indizíveis e o preço que se paga por sua repressão! Sem dúvida, Freud teve razão em considerar que o exame do conteúdo afetivo da memória merece um lugar na empreitada médica e em nossa vida cotidiana.

Desconfio que meu projeto Freud ainda nos deixaria freudianos: curiosos sobre o papel da mente na saúde, o efeito da experiência na personalidade, o simbolismo inerente a comportamentos aparentemente banais. Sob importantes aspectos, continuaremos a pensar como Freud nos levou a fazê-lo. Quanto ao caráter de Freud, meu palpite — a despeito da possibilidade de outras provas perturbadoras nos arquivos — é que passaremos a ser mais clementes, e até, mais uma vez, a admirá-lo. Nossa lista dos defeitos de Freud sofrerá uma ligeira mudança. E então recomeçaremos a lhe agradecer, como fez Auden, por ensinar "o infeliz Presente a recitar o Passado como uma aula de poesia", por nos lembrar de "sermos entusiásticos com a noite", e por se opor à autocracia, ainda que "alguns traços da postura autocrática... ainda se agarrem a sua fala e suas feições".

Corações estranhos

DA RELAÇÃO PARADOXAL ENTRE A PSICANÁLISE E O FEMINISMO

Muriel Dimen

Ora, as palavras ambíguas [ou, como podemos chamá-las, "palavras-desvio"] são como uma reviravolta [Wechsel] no percurso das associações. Quando se faz uma reviravolta na orientação que aparece no conteúdo do sonho, chega-se aos trilhos por onde correm os pensamentos buscados mas ainda ocultos por trás do sonho.[1]

A PSICANÁLISE FAZ UM MAPA, AS FEMINISTAS FAZEM ONDAS

O corpo sexual, que, bem ou mal, pode ser justificadamente considerado uma criação psicanalítica, é também um mapa.[2] Tomemos as zonas erógenas. Os termos "oral", "anal", "fálico" e assim por diante designam pontos de excitação e mapeiam estágios de desenvolvimento. Ao mesmo tempo, fazem um mapa de idéias e compromissos de fidelidade. Na teoria psicanalítica, as partes do corpo funcionam do mesmo modo que no inconsciente — como "reviravoltas", para usar a versátil metáfora de Sigmund Freud. O mapa anatômico freudiano de um belo novo mundo sexual marca uma passagem que começa como se fosse genérica no *Homo sapiens*, mas acaba na masculinidade. Por falta de coragem, ele inscreve o que é feminino num "continente obscuro"[3] (metáfora que sepulta na feminilidade o racismo pouco problematizado da psicanálise).[4] Em seguida, fantasia sobre aquilo que, obscurecido, já não pode ser visto:

> Quando enfim o ato sexual é permitido, o próprio clitóris é excitado e compete a ele o papel de retransmitir essa excitação para as partes femininas vizinhas, assim como as lascas de lenha resinosa podem ser aproveitadas para atear fogo a um pedaço de lenha mais dura.[5]

Em 1968, decorridos sessenta e três anos e três gerações, essas eram palavras de luta. A magnitude da recente revolta feminista contra a tirania freudiana sobre o corpo feminino pode ser aquilatada pelo fato de que, em 1990, essa "identificação estranhamente imprópria da cavidade vaginal com um pedaço de lenha incandescente" chegou a ser chamada, com refinado sarcasmo, de "não muito esclarecedora".[6] Em e por volta de 1970, no entanto, quando as mulheres estavam zangadíssimas (ainda estamos zangadas, é claro, mas agora algumas de nós podemos dizê-lo em publicações como esta), o orgasmo vaginal, que era o topo da escala freudiana da maturidade e da saúde mental, foi oficialmente declarado um mito.[7]

O feminismo daquela época viu na construção psicanalítica do corpo feminino a máquina perniciosa do poder patriarcal. A definição freudiana do clitóris como nada além de um instrumento a ser manipulado (literalmente), para fazer funcionar a vagina, organizava a sexualidade das mulheres para o prazer dos homens: afinal, o pênis quer a vagina, e não o clitóris. O mito do orgasmo vaginal também atendia ao poder dos homens: como ponto de entroncamento médico e político, ele "emergiu da longa repressão histórica da sexualidade feminina no interesse do controle do homem sobre a capacidade reprodutora da mulher".[8] A psicanálise freudiana almejava fazer com que as mulheres se adaptassem ao papel burguês opressivo e repressivo de dona de casa e mãe, dócil e prestimosa. E não apenas isso; através de um vínculo duplo, do tipo teorizado por Michel Foucault,[9] a psicanálise garantia para si mesma uma base de poder: ao degradar o orgasmo clitoridiano, ela agravava o problema da frigidez que então se propunha curar (nada mau para os negócios, como assinalou Kate Millett[10]). Reforçada pelas pesquisas empíricas de Masters e Johnson, que afirmavam comprovar um orgasmo unitário,[11] a segunda onda do feminismo depôs Freud e (re)conquistou o clitóris.

Que diferença da primeira resposta feminista a Freud! Karen Horney, que iniciou sua campanha da década de 1920, também estava zangada — seu sarcasmo era igualmente refinado e não menos contundente —, mas seus argumentos eram profissionais, e não políticos.[12] Embora acompanhasse o sociólogo Georg Simmel, assinalando que a psicanálise fazia parte de uma cultura masculinista, ela continuou a trabalhar dentro do rebanho psicanalítico. Não estando predominantemente interessada no clitóris, Horney queria resgatar a vagina de seu lugar secundário no desenvolvimento; ao contrário das feministas da segunda leva, não questionou sua primazia no orgasmo. Ela quis mostrar que a inveja do pênis não era um fenômeno fundante, que a feminilidade é tão primária quanto a masculinidade.

Horney (e, de outras maneiras, Ernest Jones e Melanie Klein)[13] adotou a teoria freudiana do monismo fálico: todas as crianças acreditam que existe apenas um sexo — o masculino — até o catastrófico reconhecimento da falta, diferentemente traumático para os dois sexos: o reconhecimento de que somente os homens têm pênis, e as mulheres, não. Sobreviver ao cataclismo do medo e da angústia de castração é, na concepção de Freud, um pré-requisito para a feminilidade e a masculinidade maduras; além disso, subjaz à sua teoria do desejo, da neurose e da natureza humana. Horney discordou, afirmando: se os meninos nascem meninos, as meninas nascem meninas. A sensualidade da vagina, pelo menos idêntica à do clitóris, está comprovadamente presente desde a primeira infância. Ela concluiu afirmando que, "*por trás da 'impossibilidade de descobrir' a vagina está uma negação* [culturalmente motivada] *da sua existência*".[14] A resposta de Freud a esse argumento de peso foi tendenciosa, estipulando categoricamente a inexistência de sensações vaginais infantis.[15] Esse ataque preventivo não apenas impediu a discussão como exigiu a crença no dogma do monismo fálico como garantia da legitimidade psicanalítica.[16]

Embora a intervenção de Horney não fosse, evidentemente, a resposta final — e ainda que não exista nenhuma até hoje, como veremos —, ela foi o primeiro sinal de que o centro da teoria freudiana do sexo, um manifesto acalorado pela libertação sexual, agrilhoada por um pedigree científico de sangue azul, não se sustentava muito bem. A subversão psicanalítica afirma, *tout court*, que os seres humanos desejam. O conformismo psicanalítico insiste em que eles procriam. A teoria psicanalítica clássica da sexualidade, portanto, fica dilacerada entre esses dois senhores, o sexo e a reprodução, o que resulta num conflito de lealdades cujos efeitos contraditórios recaem marcantemente sobre as mulheres. Na versão psicanalítica clássica, a libido é sempre masculina; as mulheres, na medida em que desejam — e de fato desejam, segundo a explicação de Freud —, são masculinas. O desejo feminino é definido e simultaneamente anulado pela procriação, ou, mais exatamente, pelo desejo de Freud: o sexo como reprodução era a via régia de Freud para a autoridade. Se a teoria psicanalítica do desejo pudesse ser vinculada à grande cadeia de causa e efeito que remontava desde a biologia e de Darwin (um dos ídolos freudianos) até a física e Newton, ela seria demonstravelmente verdadeira e poderia ocupar seu lugar no nobre rol das ciências modernas. Para Freud, a anatomia, ou melhor, a biologia, *era* o destino.[17]

Havia duas recompensas em jogo na batalha entre Freud e as feministas: uma, declarada, era a subjetividade sexual feminina; a outra, oculta, era a postura científica de Freud. Ele sacrificou a primeira para conquistar a segunda, num sacrifício simbolizado pela transformação do clitóris em instrumento no mapa da psicanálise.[18] Daí a exasperação de Freud, talvez em culpa, ao perguntar à princesa Marie Bonaparte: "O que quer a mulher?"[19] O que sua pergunta renegava, seu afeto reconhecia: as mulheres de fato desejam. Elas querem sexo. Precisam dele. Freud sabia disso, e fez uma dissociação daquilo que sabia.

Certamente, essa dissociação do desejo sexual da mulher registrou o impacto do feminismo. As teorias de Freud sobre a mulher e seus apartes sobre as feministas podem ser diagnosticados: são repletos de cisão e desprezo, as estratégias defensivas caracterizando a mente cindida — variadamente denominada de histérica, fronteiriça ou dissociada — que divide o mundo em bom e mau, mas não conseguindo imaginar nada no meio. Pensemos, por exemplo, na referência notoriamente estranha de Freud à "realidade" da castração feminina, a qual, embora fiel à fantasia, cinde a factualidade da anatomia feminina e repudia o conhecimento que ele tinha de que a genitália feminina é tão intacta quanto a do homem.[20] Recordemos a maneira manipuladora e condescendente com que Freud isentou as analistas da feminilidade, a qual, a seu ver, sempre deixava a desejar quando comparada à masculinidade: os traços negativos da feminilidade, em suas palavras, não se aplicavam a elas, uma vez que essas mulheres constituíam exceções, eram "mais masculinas do que femininas".[21] Lembremos a raiva de Freud diante da lésbica sem nome de cujo "tratamento" desnecessário ele tentou dar conta (ela "nada tinha de neurótica"), e cuja ira explicou fazendo uma piada: "Na verdade, ela era feminista."[22] Foi dela que Freud trocou o sexo, num lapso pronominal da escrita no meio de um parágrafo, passando-a de feminina para masculina.[23]

Um grupo de três

Poderíamos dizer que a dissociação freudiana do desejo da mulher transforma o feminismo num fantasma que retorna para assombrar a psicanálise (e foi para lhe falar disso, a você que me lê, que fiz um esboço da luta entre Freud e Horney, que aqui funcionam menos como intelectuais históricos reais do que como pontos de junção com a história intelectual). Basta nos desvencilharmos das mulheres como sujeitos ativos desejantes, resolvermos o "enigma do feminino"[24] equiparando a feminilidade à passividade, para nos livrarmos do feminismo. É simples assim — e complicado assim. O desejo da mulher e o feminismo não são esquecidos, mas renegados; são dissociados, não recalcados. Ao fazermos uma dissociação, tentamos eliminar algo que nos pertence, projetando-o num outro ser e, depois, acreditando que aquilo nunca fez parte de nós; mas isso volta para nós sob a forma do Outro, a quem odiamos com uma paixão debilitante.

Tudo isso sugere que havia alguma coisa de que a psicanálise precisava se desvencilhar. E havia. O mundo inicial da psicanálise foi também um mundo feminista; o fim do século XIX e início do século XX foram a pátria temporal da primeira onda do feminismo. Horney pode ter sido o alvo específico de Freud,[25] mas foi apenas uma das muitas defensoras do desejo das mulheres na órbita psicanalítica. A pseudônima Anna O., a paciente de Josef Breuer que teria inventado o "tratamento pela fala", era Bertha Pappenheim, uma fundadora do feminismo judaico alemão.[26] Outras contemporâneas feministas adotaram e revisaram partes variadas da compreensão psicanalítica do desejo da mulher.[27] Mais tarde, luminares das artes, como H.D., buscaram Freud e outros para pôr fim a seu sofrimento psíquico.

O que proponho é uma visão dialética: a psicanálise e o feminismo vêm juntos; são, como disse Jessica Benjamin, os pólos dialéticos de uma contradição.[28] A psicanálise e o feminismo são causas (como ambos se rotularam)[29] que têm muita coisa em comum, como seu "questionamento do status quo moral", e muito por que lutar, como suas concepções da feminilidade.[30] Sua união paradoxal provém da evolução inter-implicada das duas. Cada qual teve, é claro, seus pioneiros no Iluminismo: por exemplo, na psicanálise, o marquês de Puységur,[31] e no feminismo, Mary Wollstonecraft. Como movimentos maduros, porém, a psicanálise e o feminismo foram produtos do *fin-de-siècle*. Emaranhados, não apenas constituíram um ao outro, como também nunca viveram separados; ou seja, o momento e o contexto das zombarias antifeministas de Freud "não deixam claro se foi ele ou se foram as feministas quem primeiro resolveu fazer da psicanálise um centro de luta ideológia".[32] Assim como a psicanálise sintetiza e articula num lugar conveniente as idéias dominantes do patriarcado, com isso constituindo um ataque às mulheres e um meio de o feminismo desconstruir a ideologia sexista,[33] também o feminismo exerce pressão sobre o pensamento psicanalítico.[34] Inversamente, a predominância de pacientes femininas sugere um diagnóstico da psicanálise como sendo, "ela mesma, um sintoma das mulheres".[35] Juntos, na verdade, a psicanálise e o feminismo compõem um triângulo com a teoria social.

Se a psicanálise marca o lugar do desejo, ela também registra uma paisagem sexual mudada e mutável, cuja alteridade a modifica. O continente negro já havia começado a explorar a si mesmo quando Freud o declarou *terra incognita* para o homem. A exploração prosseguiu depois dele, já então favorecida por um imprimátur científico do desejo, o qual exigia, no entanto, que a mulher se fantasiasse de boa esposa, filha obediente ou mulher objeto.[36] O que saiu por um lado voltou pelo outro; duas gerações depois, as feministas abordaram uma sexualidade diferente da de Freud e Horney. Aliás, é provável que a concentração da segunda leva na sexualidade da mulher, afastando-se dos primeiros feminismos burgueses, tenha sido um legado da psicanálise.[37] Assim como os primeiros críticos feministas de Freud pressionaram-no a expor sua imagem equivocada da sexualidade feminina, inversamente, sua suposição de que as mulheres queriam/precisavam de sexo reconfigurou por completo a experiência erótica, nem que fosse por dizer a verdade que até então fora um tabu. Tornou-se possível falar de sexo, e as mulheres passaram a dispor de uma linguagem pública com que dizer que sabiam alguma coisa sobre seu próprio prazer, algo que Freud havia negado. Se Horney lhes devolvera a vagina, elas puderam então reapoderar-se do clitóris; talvez não seja tarde demais para termos os dois.

Em princípio, contudo, a psicanálise e o feminismo ficaram num equilíbrio, até que, no final da década de 1960, um terceiro termo veio romper a tensão polarizada entre os dois. A teoria social, para falarmos em termos gerais, ou o marxismo, para dizê-lo em termos mais evocativos, deram ao feminismo o que lhe faltava para se opor à misoginia psicanalítica: a idéia de que a Questão da Mulher tinha uma história e um futuro. O lugar da mulher, seu desejo e até sua anatomia erótica eram contingentes. Como os do homem. Historicamente construída e socialmente inserida num contexto, a batalha entre os sexos era um fenômeno cultural, e não natural. E mais: era uma questão de poder. O desejo, assim como todas as teorias que o analisavam e regulavam, pôde ser entendido em termos políticos. Diversas verdades vieram à tona. As mulheres não apenas eram diferentes dos homens, mas também lhes estavam subordinadas na vida pública e privada: seus salários eram inferiores e sua influência política era reduzida; até as necessidades da mulher, denunciou Susie Orbach, eram tidas como menos legítimas do que as do homem.[38] Havia ainda profundas diferenças entre as mulheres — de classe, etnia, preferência sexual e assim por diante. E essas diferenças, por sua vez, correlacionavam-se de várias maneiras com o privilégio socioeconômico, a estrutura familiar, o papel social do sexo e as possibilidades sexuais. De repente, tudo o que a psicanálise havia tomado como certo a respeito da questão sexual humana desestabilizou-se. A narrativa dominante do desenvolvimento psicossexual, o quadro de referência familiar da subjetividade e os arranjos culturais para a heterossexualização do desejo puderam ser questionados.

Fortalecidas pela teoria social, mas cônscias de suas insuficiências, as feministas puderam voltar-se para a psicanálise em busca daquilo de que precisavam. Embora a teoria social esclareça a dimensão política do sexo e do gênero, ela apenas flerta com a dimensão pessoal. Como logo perceberam as feministas, porém, a afirmação de que "o que é pessoal é político" aplicava-se especialmente a elas, uma vez que a vida das mulheres é definida pela dimensão pessoal de um modo que não acontece com a dos homens. A teoria social desvenda o papel social da mulher, mas não desenreda as questões interpessoais, pessoais e íntimas com que cabe à mulher lidar em termos culturais. A psicanálise retoma a questão no ponto em que a teoria social a deixa. O marxismo, por exemplo, leva diretamente até a porta do quarto, ao lar da família e da psique, e ali pára. Entra então a psicanálise, trazendo interpretações sobre a mulher e o desejo, uma teoria e um curso de ação a respeito da vida íntima, uma visão das primeiras relações de objeto, e uma via para os processos de representação que compõem os sistemas simbólicos da psique e da sociedade.

Nessa triangulação, a teoria feminista fez uma intermediação entre a teoria social e a psicanálise, completando um processo histórico. Deu seguimento a um projeto, a "síntese entre Marx e Freud", iniciado e suspenso nas décadas de 1920 e 1930. Esse projeto usava o discernimento psicanalítico da vida interior para compreender, no intuito de alterar, "a internalização, a eficácia e a persistência de algumas das normas sociais mais opressivas".[39] O debate sobre a psicanálise e a política[40] coincidiu com o debate sobre as mulheres,[41] mas essas duas controvérsias só viriam a se enfrentar quase meio século depois:

> É como se o debate teórico/clínico sobre a sexualidade feminina e o debate mais explicitamente marxista sobre a ideologia e suas formas estivessem historicamente cindidos um do outro — pelo menos até que o próprio feminismo [em sua segunda onda] forjasse, ou melhor, demonstrasse as ligações.[42]

Todas as exposições feministas de peso sobre a psicanálise, à exceção de *O segundo sexo*, de Simone de Beauvoir,[43] surgiram desse mesmo momento histórico e político: o movimento de libertação da mulher, no qual "o que é pessoal é político" também significou que o que era pessoal era teórico, e que a teoria exigia uma validação pela dimensão pessoal.[44] Os textos de críticas hostis, como Shulamith Firestone[45] e Kate Millett, e os de críticas admiradoras, como Gayle Rubin, e de revisionistas como Juliett Mitchell, estas últimas no início dos anos setenta, prepararam o esforço psicanalítico feminista de explicar como "os processos ideológicos são transformados, através dos sujeitos, em ações e crenças humanas".[46] Entre o trabalho de Rubin, que lançou os estudos contemporâneos sobre o gênero, e o de Mitchell, que facilitou a apropriação feminista anglófona da teoria de Jacques Lacan sobre a subjetividade sexuada, há todo um campo de tensão que abarca o encontro entre o feminismo e a psicanálise.

Entra Foucault, rindo

Mas, poderíamos perguntar, qual feminismo? E qual psicanálise, aliás? Talvez cada um tenha começado por um impulso: a psicanálise cuidava da psique; o feminismo, das mulheres. À medida que eles foram atravessando o século XX, entretanto, as marés da mudança os perpassaram e sua uniformidade interna desfez-se numa montagem de interesses, teorias e platéias. A reunião de práticas diferentes, como o feminismo, a psicanálise e a teoria social, produziu novas idéias, novas lealdades e alianças, novos inimigos. Ora, existem muitos feminismos: branco, negro, lésbico, heterossexual, socialista, psicanalítico, acadêmico, de origem popular etc. Do mesmo modo, com o passar do século psicanalítico, muitas psicanálises se materializaram: (neo)freudiana, das relações objetais, interpessoal, da psicologia do *self*, da psicologia do ego, lacaniana, kleiniana e assim por diante, à medida que cada grupo cindido tornava a se dividir.

Muitas vozes, muito pouco tempo. As fronteiras ruidosas da teoria psicossexual fazem a alegria do desconstrutivista, mas são o pesadelo do repórter. A reportagem do front, portanto, tem que ser curta, uma ou duas manchetes. Para começar, as partes do corpo já não têm exatamente o mesmo lugar no mapa psico-anatômico. Na verdade, mal chegam a ser corporais ou sensórias; tomemos a inveja do pênis, por exemplo (não que ninguém queira fazê-lo, é claro). No pensamento psicanalítico, o pênis foi, em certa época, um órgão biológico que os meninos tinham e as meninas queriam. Muitos objetos, especialmente os charutos, o simbolizavam. Não mais. Agora, o pênis de Freud transformou-se no falo de Jacques Lacan, que representa (num trocadilho *sempre* intencional) aquilo que todos querem e ninguém pode ter: ser o objeto do desejo da mãe, um estado de graça e poder impossível que não é concedido nem mesmo ao pai — afinal, é a mãe da gente, e não a dele, que o deseja. Entretanto, o fato de Lacan afirmar essa lei do desejo como a verdadeira explicação da cultura humana é, como pretendo sugerir dentro em pouco, um gesto político enganoso.

Por ora, vamos à manchete seguinte: não tenha medo, mamãe está aqui. Quase ausência no *corpus* freudiano e vazio ainda sem palavras na cosmologia de Lacan — da qual a fiel lacaniana Julia Kristeva e as neofreudianas Janine Chasseguet-Smirgel e Joyce McDougall vêm tentando resgatá-la —, a mãe recebe, em outros lugares, a marca da distinção psicanalítica, um símbolo todo seu.[47] Graças a Klein,[48] o seio agora rivaliza com o falo. Klein e, talvez de maneira mais dramática e decerto mais acessível, D.W. Winnicott — ambos sinônimos da teoria das relações objetais — criaram uma nova cena primária: o trauma primário não é a *visão* do papai transando com a mamãe, mas o *sentimento* de que o seio bom ficou ruim — uma mãe ausente ou presente demais, ativamente ruim, ou tão completamente maravilhosa, que tudo o que se pode fazer é odiá-la pelo amor insuportavelmente intenso que ela inspira.[49]

Falo e seio, porém, não são comensuráveis. Ainda que mamãe tenha-se juntado a papai à cabeceira da mesa psicanalítica — ou melhor, de mesas separadas, já que as teorias lacaniana e das relações de objeto não se traduzem realmente uma na outra —, diferença não é o mesmo que igualdade. Essa desigualdade não é propriamente uma questão de poder paterno. O deslumbramento inconsciente dos homens com o poder materno talvez esteja realmente subjacente, como afirma Dorothy Dinnerstein, à degradação quase universal do feminino, e talvez desencadeie o apego deles, amiúde mortal, ao poder e ao controle públicos. A feminilidade, além disso, não é passiva (como Freud reconheceu numa famosa nota de rodapé),[50] porém ativa e até, como escreveu Adrienne Harris, agressiva, ora de maneira semelhante à masculinidade, ora também, como propõem Carol Gilligan e Jean Baker Miller, de maneira diferente.[51]

Mesmo assim, aqui como em toda parte, a feminilidade continua a ser a categoria marcada. O fato de o sexo psicanalítico (explicado por Irene Fast e Ethel Person)[52] corresponder à injustiça sexual continua a ser um espinhoso problema teórico e, entre os clínicos, profissional. Homens e mulheres pertencem a um "sistema de diferença"[53] no qual o privilegiamento hierárquico da masculinidade tem correlatos inconscientes, que, como explica Virginia Goldner,[54] requerem não apenas uma decodificação (tarefa promovida pelo feminismo psicanalítico acadêmico), mas também um análise. Ao prometerem conduzir-nos à saúde sexual, as explicações do desenvolvimento sobre como as meninas crescem e se transformam no que os meninos não são, e vice-versa, funcionam também como recomendações morais. Os analistas, educadores e pais precisam da interpretação da inveja do pênis fornecida por Benjamin, nos moldes das relações objetais: o sentimento de inadequação experimentado pelas meninas, na ausência do reconhecimento paterno, tem seu correlato no repúdio à feminilidade que, como nos mostra Nancy Chodorow, gera a construção convencional da masculinidade e as "assimetrias edipianas e nós heterossexuais" da intimidade conjugal.[55]

Descrição, no entanto, muitas vezes é também receita. As teorias psicanalíticas e feministas deslizam entre dois registros, entre o que é e o que deve ser: podemos descobrir-nos falando de um deles quando pretendemos falar do outro. Muitos repararam na face política do saber, inclusive Foucault em sua resposta a Karl Marx. A dominação, explica ele, não depende apenas do poder material. As pessoas se aprisionam, com uma ajudinha dos amigos, nas três "profissões impossíveis" de Freud: na educação, no governo e na psicanálise.[56] A dominação é produzida por uma espiral de poder, saber e prazer[57] que, atingindo nossos corações e mentes, cria um vínculo entre eles, assegurando o funcionamento do Estado moderno.

O desafio está em lembrar do político e, ao mesmo tempo, preservar o psíquico. Salvo por um problema nada insignificante, poderíamos concordar com a elegante formulação que Jacqueline Rose dá ao problema:

> A dificuldade está em atrair a psicanálise para essas duas percepções — para o reconhecimento da constituição plenamente social da identidade e das normas, e de volta para o ponto de tensão entre o eu e o inconsciente no qual eles se reformulam sem cessar e se desarticulam interminavelmente.[58]

O problema é o poder: a construção social do desejo também é política, aspecto que a psicanálise nega resolutamente como uma ameaça a seu próprio poder institucional. A psicanálise só considera duas bases legítimas da fala: a biológica e a psíquica. Em outras palavras, exclui a sociopolítica, a qual, no entanto, infiltra-se outra vez no discurso a serviço do normativo, ou, o que é efetivamente a mesma coisa, do universal.

Ao sugerir uma relação entre as estruturas de poder e o inconsciente, o pensamento lacaniano parece enfrentar esse desafio. Para Lacan, que constrói sua tese com base na lingüística estrutural, o sexo é um lugar na linguagem e uma questão de linguagem, mas a linguagem em si é uma questão da lei e da cultura.[59] Ser (psiquicamente) sexuado é falar, tornar-se uma pessoa e entrar na cultura, tudo nos mesmos termos. Eis como Judith Butler formula essa idéia:

> Enquanto [na teoria das relações de objeto] o gênero parece ser uma determinação cultural adquirida por um sujeito preexistente, a diferença sexual [na teoria lacaniana] parece constituir a matriz que dá origem ao próprio sujeito.[60]

A subjetividade é cindida na origem e multiplamente, e sua coerência baseia-se numa ficção lingüística do sexo único: ou se é homem, ou se é mulher. As inclinações sexuais alternativas persistem, entretanto, não esquecidas nem lembradas, perceptíveis apenas "nas lacunas, silêncios e ausências da fala",[61] para os quais atentam muito de perto os terapeutas à procura de indícios de sofrimento. Ou então, elas ficam nos espaços abjetos da cultura onde críticos culturais e teóricos estranhos, como Butler, situam uma homossexualidade marginalizada e dissociada, que assombra a heterossexualidade dominante com a melancolia de sua perda.[62]

Apesar disso, a teoria lacaniana não cumpre sua promessa. Ela aponta as descontinuidades, as proibições e as perdas do sexo. Mas seu ponteiro principal é o falo — um símbolo obstinadamente masculino, que obscurece o desejo feminino. Decerto, a teoria do falo como o (bem denominado) significante-mestre do desejo, da sanidade, do sentido e da cultura descreve quão esplendidamente funciona o patriarcado,[63] ou, pelo menos, como ele se diz funcionar.[64] Entretanto, até hoje ninguém explicou adequadamente por que o falo tem que ser o símbolo humano fundamental.[65] Somos forçados a concordar com Elizabeth Grosz: "A relação entre o pênis e o falo não é arbitrária, mas tem uma motivação claramente social e política."[66] O falo não é um universal, mas sim a ideologia, a teoria e a prática do patriarcado.[67]

A última manchete do front é a seguinte: se a mamãe está aqui, pode o desejo da mulher estar longe? O seio é um ponto de articulação com o desejo da mãe, mas não com o da mulher. E o falo, suponho, remete-nos ao infinito. A teoria lacaniana, tão sutil no que concerne à fluidez, à incerteza e à intratabilidade do desejo, é notavelmente positivista com respeito à subjetividade feminina. O caráter indizível do desejo da mulher talvez indique seu apagamento social.[68] Representar esse apagamento através de um símbolo falsamente universal, no entanto, é prescrever a prática da misoginia como intemporal e fixa. A teoria sexual baseada nas relações de objeto também não é livre de prescrições; as narrativas sobre a identidade e o desenvolvimento sexuais não conseguem deixar de (re)apresentar as estruturas normativas que pretendem desconstruir. Entretanto, ao mesmo tempo, as teorias do gênero como construção social são um sinal da multiplicidade histórica do desejo da mulher, revelando-o como a coisa contraditória que ele é — presente aqui e ausente ali, fulgurante aqui e apagado acolá, com sua ambigüidade, sua dificuldade e seu caráter esquivo constituindo a verdade de qualquer desejo, do desejo de qualquer um.[69]

Encontrando o paradoxo: corações estranhos

Quero sugerir o tropo e o hábito do paradoxo.[70] Consideremos a resolução paradoxal que Teresa Brennan dá à falsa escolha entre o feminismo das relações de objeto e o feminismo lacaniano: "A diferença sexual não é apenas o resultado da socialização, mas sua condição."[71] Dito de outra maneira, a psicanálise e o feminismo compartilham o que Naomi Scheman chama de moderno problema epistemológico nuclear de identificar e preencher lacunas, tais como as existentes entre mente e corpo, masculino e feminino, psique e sociedade etc.[72] Resolver a dualidade significa, em primeiro lugar, não fazer uma cisão. Significa a manutenção da possibilidade: o espaço móbil e dinâmico entre os binários gera soluções que, por sua vez, dão origem a novas complexidades.

É como ter que escolher entre a vagina e o clitóris. Por que nos darmos a esse trabalho, quando podemos ter os dois? Retraçado o mapa psicoanatômico, nosso fluxo de idéias muda de direção. Assim como os corpos de pensamento e os movimentos intelectuais/políticos, os corpos sexuais não são singulares nem duplos; são múltiplos e requerem o pensamento paradoxal. Podemos concordar com a crítica de Valerie Traub sem abrir mão do corpo:

> O enaltecimento do clitóris (ou dos grandes e pequenos lábios) como condição *sine qua non* da sexualidade "lésbica" supervaloriza não apenas a genitália como fonte de prazer, mas o poder da metonímia corporal de representar esse prazer.[73]

O problema — e a solução — é que nenhum órgão isolado representa o desejo da mulher (muito menos o de qualquer outra pessoa). Não existe, na verdade, uma rainha que possa ser cônjuge do Rei Falo, cuja soberania produz a resistência inevitavelmente desencadeada pela dominação. A recusa das feministas/mulheres a ser as mesmas ou o Outro, espírito inspirador de Luce Irigaray,[74] transforma a divisão sexual num paradoxo. A dissensão nas fileiras feministas corresponde à multiplicidade do desejo das mulheres, uma dissonância que ultrapassa a capacidade simbólica do corpo.

As mulheres não querem apenas a genitália; elas, nós, queremos tudo o que há de erótico — é só dizer. Talvez a *jouissance* [o gozo] de Lacan, misteriosa e às vezes mistificadora, não seja nada além dessa multiformidade corriqueira do sexo, desse "excedente... das meras coreografias da procriação",[75] simbolizado não apenas pela distinção entre o clitóris e a vagina, mas também por suas possibilidades concretas: as mulheres podem ter, querem ter e têm orgasmos clitoridianos e vaginais — talvez não a mesma mulher, talvez não ao mesmo tempo, talvez não todas as vezes, e, talvez, alternada ou simultaneamente com outros clímaxes, como os do "ponto G",[76] do ânus, ou... sabe-se lá do que mais.[77]

Como o orgasmo, a psicanálise e o feminismo são questões em aberto, incertezas à espera de uma junção apenas para se separarem e tornarem a começar. A relação entre eles não se assemelha nem tem que se assemelhar a um casamento harmonioso, ou a qualquer tipo de cena primária. Não, não há uma indicação de terapia de família. Ao contrário, o tratamento eleito é a não monogamia; basta pensarmos em seu *ménage à trois* com a teoria social marxista, saussuriana e foucaultiana. Suas relações devem ser sempre tensas, com o radicalismo de cada um, conferido por sua promiscuidade (o intercurso feminista com a realidade social, o congresso psicanalítico com a realidade psíquica), respondendo às tendências conformistas e dominadoras do outro.

A incerteza que há no âmago do feminismo é a tensão entre seus dois objetivos principais, um aprimorador, outro revolucionário. Por um lado, o feminismo almeja melhorar a vida que as mulheres levam; daí o movimento de liberação feminina. Por outro, visa reconfigurar radicalmente o que *pretendemos dizer* com "mulher"; daí o pós-modernismo feminista. À primeira vista, esses objetivos não são novidade para ninguém. Mas, se examinarmos de perto, veremos que eles se contradizem. O feminismo procura dar às mulheres o poder de criarem a vida que quiserem, porém, simultaneamente, também questiona seus próprios desejos, pois indaga se existem desejos que as mulheres ainda não começaram ou sequer se atreveram a imaginar. Como qualquer movimento social progressista, o feminismo tenta aprimorar o que já existe ao mesmo tempo que solapa o *status quo*. Ao fazê-lo, gera uma tensão, um paradoxo entre o desejo e a necessidade de melhorar a vida das mulheres e o desejo e a necessidade de redefini-las.

O âmago da psicanálise é igualmente estranho. Aliás, é essa estranheza, o revolucionário impacto inicial da teoria psicanalítica, que a linguagem impossível de Lacan pretende celebrar. Lacan quer combater o ímpeto aprimorador daquela prática clínica que pretende racionalizar a esquisitice, a "irresolubilidade" e a dificuldade do interior psíquico.[78] A teoria do inconsciente, tão destoante da vida cotidiana e da fala comum, continua a ser a mais radical das contribuições de Freud (ainda que a idéia de inconsciente o tenha precedido em muito).[79] Pois é ali, no que um dia se soube e depois foi recalcado, ou, como hoje pensam alguns analistas, no nunca sabido e dissociado,[80] que existe o impensável. Na tensão entre o consciente e o inconsciente está o potencial da integração psíquica, o potencial, paradoxalmente, da mudança pessoal e do sentido. A sessão psicanalítica é uma oportunidade de dizer o indizível e pensar o impensável, de imaginar o que ainda não existe, "de buscar [não] a plenitude ou a completude no outro, [mas] o reconhecimento de partes do eu que foram tornadas ilegítimas", ou que ainda não emergiram.[81] Não é muito divertido: a psicanálise oferece aos indivíduos o que o feminismo e outras formas de ação política oferecem às coletividades — a oportunidade subversiva de vasculharmos o chão sob nossos pés. Mas, tal como o feminismo, ela tem lá as suas possibilidades.

A outra estrada

FREUD COMO NEUROLOGISTA

Oliver Sacks

É uma exigência severa à integridade da personalidade tentar fazer com que eu me identifique com o autor do artigo sobre os gânglios espinhais dos petromizontes. No entanto, devo ser ele, e creio haver ficado mais feliz com aquela descoberta do que com outras feitas desde então.

Sigmund Freud a Karl Abraham
21 de setembro de 1924

Todos conhecem Freud como o pai da psicanálise, mas a maioria das pessoas pouco sabe a respeito dos vinte anos (1876-96) em que ele foi, primordialmente, neurologista e anatomista; o próprio Freud raras vezes referiu-se a eles em épocas posteriores. No entanto, sua "outra" vida, a neurológica, foi a precursora de sua vida psicanalítica, e talvez uma chave essencial para ela.

Uma paixão precoce e duradoura por Darwin (assim como pela *Ode à natureza*, de Goethe), diz-nos Freud em seu *Relato autobiográfico*, levou-o à decisão de estudar medicina; e já no primeiro ano da faculdade estava freqüentando cursos sobre "Biologia e darwinismo" e assistindo às aulas do fisiologista Ernst Brücke. Dois anos depois, ansioso por botar a mão na massa em alguma pesquisa efetiva, perguntou a Brücke se poderia trabalhar em seu laboratório. Muito embora, como escreveria anos depois, já sentisse que o cérebro e o psiquismo humanos poderiam ser o tema máximo de suas investigações, Freud sentia uma grande curiosidade, depois de ter lido Darwin, sobre as formas e as origens primitivas dos sistemas nervosos, e queria, primeiramente, ter uma idéia de sua lenta evolução.

Brücke lhe sugeriu que examinasse o sistema nervoso de um peixe muito primitivo — *Petromyzon marinus*, a lampreia — e, em particular, as curiosas células "de Reissner" que se aglomeravam em torno da medula espinhal. Essas células haviam chamado a atenção desde os tempos de estudante do próprio Brücke, quarenta anos antes, mas sua natureza e função nunca tinham sido entendidas. Freud conseguiu identificar os precursores dessas células na forma larval singular da lampreia, e mostrar que eles eram homólogos às células dos gânglios espinhais posteriores de peixes de espécies superiores — uma descoberta significativa. (A larva do *Petromyzon* é tão diferente de sua forma madura que por muito tempo se havia considerado tratar-se de um gênero separado, o *Ammocoetes.*) Em seguida, Freud voltou-se para ao estudo de um sistema nervoso invertebrado, o do lagostim. Embora, na época, os componentes nervosos do sistema nervoso dos invertebrados fossem considerados radicalmente diferentes dos do sistema dos vertebrados, Freud conseguiu mostrar que na verdade eles eram morfologicamente idênticos e, portanto, que não eram os elementos celulares que diferiam nos animais primitivos e nos avançados, mas sua *organização*. Com isso emergiu, já nas primeiras pesquisas de Freud, a intuição de uma evolução darwiniana, segundo a qual, usando-se os meios mais conservadores (isto é, os mesmos elementos celulares anatômicos básicos), era possível construir sistemas nervosos cada vez mais complexos.*

Era natural que, no início da década de 1880 — já então de posse de seu diploma de medicina —, Freud passasse para a neurologia clínica; mas era-lhe igualmente crucial dar continuidade a seu trabalho de anatomia, examinando o sistema nervoso humano, e foi isso que ele fez no laboratório do neuroanatomista e psiquiatra Theodor Meynert.** Para Meynert (assim como para Paul Emil Flechsig e outros neuroanatomistas da época), não havia nada de estranho nessa conjunção. Presumia-se que houvesse uma relação simples, quase mecânica, entre a mente e o cérebro, tanto na saúde quanto na doença; assim é que a obra-prima publicada por Meynert em 1884, intitulada *Psiquiatria*, recebeu o subtítulo de *Tratado clínico sobre as doenças do prosencéfalo.*

Embora a frenologia em si houvesse caído em descrédito, o ímpeto localizacionista ganhou vida nova em 1861, quando o neurologista francês Paul Broca conseguiu demonstrar que uma perda altamente específica de uma função — da

---

*Nessa época, havia uma idéia geral de que o sistema nervoso era um sincício, uma massa contínua de tecido nervoso, e somente no fim da década de 1880 e na de 1890 foi que, através dos esforços de Ramón y Cajal e de Waldeyer, reconheceu-se a existência de células nervosas distintas — os neurônios. Freud, contudo, chegou muito perto de fazer ele mesmo essa descoberta em seus estudos iniciais. O fato de não haver explicitado inteiramente suas idéias na época, e de não haver conquistado nenhuma parte da fama que coube a Cajal e Waldeyer, foi para ele uma fonte posterior de mortificação.

**Freud publicou diversos estudos de neuroanatomia enquanto esteve no laboratório de Meynert, concentrando-se especialmente nos tratos e ligações do tronco cerebral. Costumava chamar esses estudos anatômicos de seu "verdadeiro" trabalho científico e, mais tarde, pensou em escrever um texto genérico sobre a anatomia do cérebro, mas esse livro nunca foi concluído, havendo-se publicado apenas uma versão muito condensada dele no *Handbuch* de Villaret.

linguagem expressiva: a chamada afasia expressiva — decorria da lesão de uma área particular do lado esquerdo do cérebro (a terceira convolução frontal). Não tardaram a surgir outras correlações e, em meados da década de 1880, algo parecido com o sonho frenológico parecia prestes a se realizar, descrevendo-se "centros" da linguagem expressiva, da linguagem receptiva, da percepção da cor, da escrita e de muitas outras aptidões específicas. Meynert deleitava-se com esse clima localizacionista — na verdade, ele mesmo, depois de demonstrar que os nervos auditivos projetavam-se numa área específica do córtex cerebral (o *Klangfeld*, ou campo do som), postulou que a lesão dessa área estava presente em todos os casos de afasia sensorial.

Mas Freud, evidentemente, estava inquieto com essa teoria da localização e, num plano mais profundo, também extremamente insatisfeito, pois começava a achar que havia um caráter mecânico em todo o localizacionismo, o qual tratava o cérebro e o sistema nervoso como uma espécie de máquina engenhosa mas idiota, com uma correlação de um para um entre os componentes elementares e as funções, o que lhe negava qualquer organização, evolução ou história.

Durante esse período (1882-85), Freud passou algum tempo nos pavilhões do Hospital Geral de Viena, e foi ali que aperfeiçoou sua habilidade de observador clínico e neurologista. Sua perícia e seu poder de descrição aguçados, bem como seu sentimento da importância do histórico pormenorizado dos casos, evidenciam-se nos artigos clínico-patológicos que ele escreveu nessa época: sobre um menino que morreu de uma hemorragia cerebral associada ao escorbuto, um aprendiz de padeiro de 18 anos que sofria de neurite múltipla aguda e um homem de 36 anos com uma doença rara da medula espinhal — a siringomielia —, que havia perdido a sensibilidade à dor e à temperatura, mas não o tato (dissociação provocada pela destruição muito circunscrita dentro da medula espinhal).

Em 1886, depois de passar quatro meses com o grande neurologista Jean-Martin Charcot em Paris, Freud retornou a Viena para dar início à sua clínica neurológica. Não é muito fácil reconstituir, a partir das cartas de Freud ou do vasto número de estudos e biografias sobre ele, exatamente em que consistia sua "vida neurológica". Em seu consultório, no número 19 da rua Berggasse, ele recebia o que presumiríamos ser a miscelânea de pacientes passível de consultar qualquer neurologista, naquela época ou agora: alguns com distúrbios neurológicos corriqueiros — derrames, tremores, neuropatias, convulsões, enxaquecas — e outros com distúrbios funcionais, como histerias, estados obsessivo-compulsivos e vários tipos de neuroses.

Ele também trabalhava no Instituto de Doenças Infantis, onde dava aulas clínicas de neurologia várias vezes por semana. (Sua experiência clínica no Instituto gerou os livros pelos quais ele se tornou mais conhecido entre seus contemporâneos — suas três monografias sobre as paralisias cerebrais infantis. Tratava-se de obras muito respeitadas entre os neurologistas da época, e que, vez por outra, até hoje ainda são mencionadas.)

À medida que Freud prosseguia em sua clínica neurológica, sua curiosidade, imaginação e capacidade de teorização estavam em alta, exigindo tarefas e desafios intelectuais mais complexos. Suas investigações neurológicas anteriores, nos anos do Hospital Geral, tinham sido muito habilidosas, mas de um tipo convencional, e a essa altura, ao ponderar sobre a questão muito mais complexa das afasias, ele se convenceu de que havia necessidade de uma visão diferente do cérebro. Começava a ser dominado por uma visão mais dinâmica do cérebro.

Seria de grande interesse saber exatamente como e quando Freud descobriu o trabalho do neurologista inglês Hughlings Jackson, que, de maneira muito silenciosa, obstinada e persistente, vinha desenvolvendo uma visão evolutiva do sistema nervoso sem se deixar impressionar pelo frenesi localizacionista que o cercava. Jackson, vinte anos mais velho que Freud, fora atraído para uma visão evolutiva da natureza pela publicação da *Origem das espécies*, de Darwin, e pela filosofia evolutiva de Herbert Spencer. No início da década de 1870, Jackson propôs uma visão hierárquica do sistema nervoso, retratando como ele teria evoluído dos níveis reflexos mais primitivos, passando por uma série de níveis cada vez mais altos, até chegar aos da consciência e da ação voluntária. Na doença, segundo a concepção de Jackson, essa seqüência se invertia, de modo que ocorria uma involução, dissociação ou regressão e, com isso, a "liberação" de funções primitivas que normalmente eram contidas pelas funções superiores.

Embora as idéias de Jackson houvessem surgido inicialmente com referência a certos ataques epiléticos (até hoje ainda falamos dessas convulsões "jacksonianas"), elas foram depois aplicadas a uma variedade de doenças neurológicas, assim como a sonhos, delírios e manifestações de insanidade; e, em 1879, Jackson aplicou-as ao problema da afasia, que desde longa data fascinava os neurologistas interessados nas funções cognitivas superiores.

Doze anos depois, em sua própria monografia de 1891, intitulada *Sobre a afasia*, Freud reconheceu repetidamente sua dívida para com Jackson. Examinou com grande minúcia muitos dos fenômenos especiais que podiam ser observados nas afasias: a perda das linguagens recentes, paralela à preservação da linguagem materna; a preservação das palavras e associações mais comumente usadas; a retenção de seqüências de palavras (dias da semana etc.) mais do que de palavras isoladas; e as parafasias ou substituições verbais que podiam ocorrer. Acima de tudo, ele ficou intrigado com as expressões estereotipadas e aparentemente sem sentido que, em alguns casos, eram o único resíduo da fala e que podiam consistir, como observara Jackson, no último enunciado do paciente antes do acidente cerebral. Para Freud, assim como para Jackson, isso representava a "fixação" traumática (e, a partir daí, a repetição irremediável) de uma proposição ou uma idéia, concepção que viria a adquirir uma importância crucial na teoria freudiana das neuroses.

Além disso, Freud observou que muitos sintomas da afasia pareciam ter associações de cunho mais psicológico do que fisiológico. Assim, os erros verbais nas afasias podiam provir de associações verbais, tendendo as palavras de som ou sentido semelhantes a substituir a palavra correta. Às vezes, a substituição era de natureza mais complexa e não era compreensível como um homônimo ou um homófono, mas provinha de alguma associação particular forjada no passado do indivíduo. (Nesse ponto, houve uma insinuação ou uma premonição das idéias posteriores de Freud, expostas na *Psicopatologia da vida cotidiana*, de que as parafasias e os atos falhos eram *interpretáveis* como histórica e pessoalmente dotados de sentido.) Assim, enfatizou ele, devemos atentar não tanto para a anatomia ou a fisiologia do cérebro, mas para a natureza das palavras e de suas associações (formais ou pessoais), para os universos da linguagem e da psicologia, para o universo do *sentido*, se quisermos compreender as parafasias.

O estudo da afasia convenceu Freud de que as complexas manifestações afásicas eram incompatíveis com qualquer noção simplista de imagens de palavras alojadas nas células de um "centro":

> Sob a influência dos ensinamentos de Meynert, desenvolveu-se a teoria de que o aparelho da fala compõe-se de centros corticais distintos; presume-se que as células destes contenham as imagens das palavras (conceitos de palavras ou impressões de palavras); afirma-se que esses centros são separados por um território cortical desprovido de funções, e ligados entre si por tratos associativos. Podemos indagar, antes de mais nada, se tal suposição é correta e sequer admissível. Não creio que o seja. (*On Aphasia*, p.54.)

Em vez de centros — depósitos estáticos de imagens —, escreveu Freud, devemos pensar em "campos corticais", amplas áreas do córtex dotadas de uma multiplicidade de funções, algumas facilitando e algumas inibindo umas às outras. Seria impossível entender os fenômenos da afasia, prosseguiu ele, sem pensar nesses termos dinâmicos jacksonianos. Tais sistemas, além disso, não estariam todos no mesmo "nível". Jackson havia sugerido uma organização verticalmente estruturada do cérebro, com representações ou encarnações repetidas de funções em muitos níveis hierárquicos — daí porque, quando a fala proposicional de nível superior tornava-se impossível, ainda podia haver as "regressões" características da afasia, o surgimento (às vezes, explosivo) de uma fala primitiva emocional. Freud foi o primeiro a introduzir essa noção jacksoniana da regressão na neurologia e o primeiro a importá-la para a psiquiatria; aliás, podemos perceber que o uso que ele fez do conceito de regressão em *Sobre a afasia* preparou o terreno para sua utilização muito mais ampla e poderosa na psiquiatria. (Ficamos a nos indagar o que teria pensado Hughlings Jackson dessa vasta e surpreendente ampliação de sua idéia, mas, embora ele tenha vivido até 1911, não sabemos se jamais ouviu falar de Freud.)*

---

*Se um estranho silêncio ou cegueira incidiu sobre a obra de Hughlings Jackson (seus *Selectec Writings* só foram publicados, sob forma de livro, em 1931-32), um descaso similar recaiu sobre o

Freud foi realmente além de Jackson ao deixar implícito que não havia centros ou funções autônomos e isoláveis no cérebro, mas antes, *sistemas* para a consecução de metas cognitivas — sistemas dotados de muitos componentes e passíveis de ser criados ou largamente modificados pelas experiências do indivíduo. Assim, considerando que a alfabetização não era inata, não havia utilidade, na opinião de Freud, em pensar num "centro" da escrita (como havia postulado seu amigo e ex-colega Sigmund Exner); antes, era preciso pensar num sistema ou em sistemas construídos no cérebro à medida que a pessoa aprendia (o que foi uma antecipação notável da idéia dos "sistemas funcionais", que seria desenvolvida, cinqüenta anos depois, por A.R. Luria, o fundador da neuropsicologia).

Além dessas considerações empíricas e evolutivas, Freud depositou grande ênfase nas considerações epistemológicas — na confusão das categorias, ou, a seu ver, na mistura promíscua do físico com o psíquico:

> A relação entre a cadeia de eventos fisiológicos do sistema nervoso e os processos psíquicos não é, provavelmente, de causa e efeito. Os primeiros não cessam quando estes últimos se instalam..., mas, a partir de um certo momento, um fenômeno psíquico corresponde a cada parte da cadeia, ou a diversas. O psíquico, portanto, é um processo paralelo ao fisiológico, "um concomitante dependente". (*On Aphasia*, p.55.)

Nesse ponto, Freud endossou e ampliou as idéias de Jackson: "Não me preocupo com a forma de ligação entre a mente e a matéria", escrevera Jackson. "Basta presumir um paralelismo." Os processos psicológicos têm suas leis, princípios, autonomias e coerências próprios, e estes devem ser examinados independentemente, sejam quais forem os processos fisiológicos que ocorram em paralelo. A epistemologia jacksoniana do paralelismo ou da concomitância deu a Freud uma enorme liberdade para prestar atenção aos fenômenos com uma minúcia sem precedentes, a fim de teorizá-los e buscar uma compreensão puramente psicológica deles, sem nenhuma necessidade prematura de correlacioná-los com proces-

---

livro de Freud a respeito da afasia. Mais ou menos ignorado quando de sua publicação, *Sobre a afasia* continuou praticamente desconhecido e impossível de obter durante muitos anos — nem mesmo a grande monografia de Henry Head sobre a afasia, publicada em 1926, fez referência a ele — e só foi traduzido para o inglês em 1953. O próprio Freud referiu-se a esse livro como "um fracasso respeitável", contrastando esse fato com a acolhida dada a seu livro mais convencional sobre as paralisias cerebrais da infância:

Há algo de cômico na incongruência entre a avaliação que se faz do próprio trabalho e a das outras pessoas. Veja meu livro sobre as diplegias, que improvisei de maneira quase negligente, com um mínimo de interesse e esforço. Foi um enorme sucesso.... Já para as coisas realmente boas, como a "Afasia", as "Idéias obsessivas", que ameaçam ser lançadas em breve, e a futura etiologia e teoria das neuroses, não espero mais do que um respeitável fracasso.

sos fisiológicos (embora nunca duvidasse de que esses processos concomitantes deviam existir).

À medida que evoluíram as idéias de Freud em relação à afasia, passando de um modo de pensar pautado num "centro" ou numa "lesão" para uma visão mais dinâmica do cérebro, houve um movimento paralelo em suas idéias sobre a histeria. Charcot estava convencido (e convencera Freud, a princípio) de que, embora não fosse possível demonstrar nenhuma lesão anatômica nos pacientes com paralisias histéricas, devia haver, não obstante, uma "lesão fisiológica" (um *état dynamique*) situada na mesma parte do cérebro na qual seria encontrada, numa paralisia *neurológica* confirmada, uma lesão anatômica (um *état statique*). Assim, na concepção de Charcot, as paralisias histéricas eram fisiologicamente idênticas às orgânicas, e a histeria devia ser vista, essencialmente, como um problema neurológico, uma reatividade especial, típica de alguns indivíduos patologicamente sensíveis, ou "neuropatas".

Para Freud, ainda impregnado do pensamento anatômico e neurológico e muito influenciado por Charcot, isso parecia perfeitamente aceitável. Era-lhe extremamente difícil "desneurologizar" seu pensamento, mesmo nesse novo campo em que havia tanto mistério. Em menos de um ano, porém, sua certeza era menor. Todos os neurologistas estavam em conflito em torno da questão de a hipnose ser física ou psíquica. Em 1889, Freud fez uma visita a um contemporâneo de Charcot, Hippolyte Bernheim, em Nancy — Bernheim propusera uma origem psicológica para a hipnose e acreditava que os resultados dela podiam ser explicados apenas em termos das idéias ou da sugestão —, e isso parece havê-lo influenciado profundamente. Ele começara a se afastar da idéia charcotiana de uma lesão circunscrita (ainda que fisiológica) na paralisia histérica, avançando em direção a uma idéia mais vaga, porém mais complexa, de mudanças fisiológicas distribuídas por várias partes diferentes do sistema nervoso, visão que era paralela às percepções emergentes em *Sobre a afasia*.

Charcot havia sugerido que Freud tentasse esclarecer essa controvérsia mediante um exame comparativo das paralisias orgânicas e histéricas.* Isso era algo que ele estava em boas condições de fazer, pois, ao voltar para Viena e se

*O mesmo problema também foi sugerido a Joseph Babinski, outro jovem neurologista que assistira às aulas clínicas de Charcot (e que, mais tarde, viria a se tornar um dos neurologistas mais famosos da França). Embora Babinski concordasse com Freud quanto à distinção entre as paralisias orgânicas e as histéricas, mais tarde, ao examinar soldados que tinham sido vítimas de lesões na Primeira Guerra Mundial, passou a considerar que havia "um terceiro campo": as paralisias, anestesias e outros problemas neurológicos que não se baseavam em lesões anatômicas localizadas nem tampouco em "idéias", mas em grandes "campos" de inibição sináptica na medula espinhal e em outros locais. Babinski falou, a propósito disso, numa "*syndrome physiopathique*". Tais síndromes, que podem seguir-se a grandes traumas físicos ou procedimentos cirúrgicos, têm intrigado os neurologistas desde que Silas Weir Mitchell as descreveu, pela primeira vez, durante a Guerra Civil [dos Estados Unidos], pois elas podem incapacitar áreas difusas do corpo que não têm inervação específica nem importância afetiva.

estabelecer na clínica particular, começara a examinar diversos pacientes com paralisias histéricas e, é claro, também muitos pacientes com paralisias orgânicas, e a tentar por conta própria elucidar-lhes os mecanismos.

Em 1893, Freud havia rompido por completo com todas as explicações orgânicas da histeria:

> A lesão das paralisias histéricas deve ser completamente independente do sistema nervoso, uma vez que, em suas paralisias e outras manifestações, a histeria comporta-se como se a anatomia não existisse, ou como se não tivesse conhecimento dela.

Esse foi o momento de travessia, de passagem, no qual (em certo sentido) Freud abandonou a neurologia e as idéias de uma base neurológica ou fisiológica dos estados psiquiátricos, passando a examinar esses estados exclusivamente em seus termos próprios. Ele ainda faria uma última tentativa, bastante teórica, de delinear a base neurológica dos estados psíquicos em seu "Projeto para uma psicologia científica", e nunca abandonou a idéia de que haveria, em última instância, um "fundamento" biológico para todos os estados e teorias psicológicos. Para todos os fins práticos, entretanto, ele julgou que podia e devia deixar isso de lado por algum tempo.

Embora Freud se voltasse cada vez mais para seu trabalho psiquiátrico no fim dos anos 1880 e na década de 1890, ele continuou a escrever um ou outro artigo mais curto sobre seu trabalho neurológico. Em 1888, publicou a primeira descrição da hemianopsia infantil e, em 1895, um artigo sobre uma inusitada neuropatia de compressão (meralgia parestésica), da qual ele mesmo sofria e que havia observado em vários pacientes sob seus cuidados. Freud também sofria de uma forma clássica de enxaqueca e a observava em muitos de seus pacientes na clínica neurológica. A certa altura, ele parece haver considerado a idéia de escrever um pequeno livro também sobre esse assunto, mas não fez mais do que redigir um resumo de dez "Pontos estabelecidos", que enviou a seu amigo Wilhelm Fliess em abril de 1895. Há nesse resumo um tom marcantemente fisiológico e quantitativo, "uma economia da força nervosa" que prenunciava a extraordinária explosão de idéias e escritos que ocorreria pouco depois, nesse mesmo ano.

É curioso e intrigante que até em figuras como Freud, que publicaram tantos escritos, as idéias mais sugestivas e prescientes possam surgir apenas na correspondência particular e nos diários. Nenhum período da vida de Freud foi mais prolífico dessas idéias do que os anos "secretos" de meados da década de 1890, quando os pensamentos que vinha incubando dentro de si não eram partilhados com ninguém além de Fliess. No fim de 1895, Freud lançou-se numa ambiciosa tentativa de reunir todas as suas observações e percepções psicológicas e alicerçá-las numa fisiologia plausível. Nessa época, suas cartas a Fliess eram exuberantes, quase extasiadas:

> Numa noite da semana passada, quando eu estava empenhado no trabalho..., as barreiras ergueram-se subitamente, os véus caíram e tudo se tornou cristalino, desde os detalhes das neuroses até os determinantes da consciência. Tudo pareceu interligar-se, as engrenagens se entrosaram e tive a impressão de que a Coisa passara realmente a ser uma máquina que logo funcionaria sozinha... Naturalmente, mal consigo conter minha alegria. (20 de outubro de 1895)

Mas essa visão em que tudo parecia interligar-se, essa visão de um modelo funcional completo do cérebro e da psique, que se apresentou a Freud quase com a clareza de uma revelação, não é nada fácil de apreender hoje em dia (e o próprio Freud escreveria, aliás, pouco mais de um mês depois, que "já não compreendo o estado de ânimo em que maquinei a 'Psicologia'").*

Tem havido intensas discussões sobre esse *Projeto para uma psicologia científica*, tal como é agora chamado (o título com que Freud trabalhou era "Psicologia para neurologistas"). O *Projeto* é de leitura muito árdua, em parte pela dificuldade e originalidade intrínsecas de muitos de seus conceitos, em parte por Freud usar termos já desusados e, às vezes, idiossincráticos, que temos de traduzir para outros mais familiares, em parte por ter sido escrito numa velocidade furiosa, numa espécie de taquigrafia, e, em parte, porque talvez nunca se haja destinado aos olhos de ninguém, senão os do próprio Freud.

Não obstante, o *Projeto* reúne ou tenta reunir os campos da memória, atenção, consciência, percepção, desejos, sonhos, sexualidade, defesa, recalcamento e processos primário e secundário de pensamento (como os chamou Freud) numa visão única e coerente da psique, e procura fundamentar todos esses processos num arcabouço fisiológico básico, constituído por diferentes sistemas de neurônios, suas interações e "barreiras de contato" modificáveis, e seus estados de excitação neural livre e ligada.

Embora, inevitavelmente, a linguagem do *Projeto* seja a dos anos 1890, várias de suas noções conservam (ou adquiriram) uma importância notável para muitas idéias atuais das neurociências — o que fez com que ele fosse reexaminado por Karl Pribram e Merton Gill, entre outros. Pribram e Gill, aliás, chamam-no de "Pedra de Rosetta" daqueles que desejam estabelecer ligações entre a neurologia e a psicologia. Muitas das idéias propostas por Freud no *Projeto*, além disso, podem agora ser experimentalmente examinadas, de um modo que teria sido impossível na época em que foram formuladas.

A natureza da memória ocupou Freud do começo ao fim. A afasia era vista por ele como uma espécie de esquecimento e, em suas anotações, ele observou que um sintoma inicial da enxaqueca costumava ser o esquecimento de nomes

---

*Freud nunca pediu seu manuscrito de volta a Fliess, e ele foi tido como perdido até a década de 1950, quando foi finalmente encontrado e publicado — embora o que se encontrou tenha sido apenas um fragmento dos muitos manuscritos que Freud escreveu no fim de 1895. [A citação de Freud provém da carta de 20 de novembro de 1895 a Fliess. (N.T.)]

próprios. Freud considerou que uma patologia da memória era central na histeria ("os histéricos sofrem principalmente de reminiscências") e, no *Projeto*, procurou explicar a base fisiológica da memória em muitos níveis. Um dos pré-requisitos fisiológicos da memória, postulou ele, era um sistema de "barreiras de contato" entre certos neurônios — seu chamado sistema Psi (note-se que isso foi uma década antes que Sir Charles Scott Sherrington desse nome às sinapses). As barreiras de contato freudianas eram capazes de facilitação ou inibição seletivas, com isso permitindo mudanças neuronais permanentes, que correspondiam à aquisição de novas informações e novas lembranças — uma teoria da aprendizagem basicamente semelhante à que seria proposta por Donald Hebb na década de 1940 e que hoje é corroborada por resultados experimentais.

Num nível mais elevado, Freud encarava a memória e a motivação como inseparáveis. A rememoração não podia ter força nem sentido, a menos que fosse aliada à motivação. As duas tinham que estar sempre aliadas, e, no *Projeto*, como enfatizaram Pribram e Gill, "a memória e a motivação são processos psi baseados na facilitação seletiva..., [sendo] as lembranças o aspecto retrospectivo dessas facilitações, enquanto os motivos são seus aspectos prospectivos".*

Para Freud, portanto, embora o recordar exigisse esses traços neuronais locais (do tipo que hoje chamamos de "potenciação de longo prazo"), era algo que ia muito além deles, sendo essencialmente um processo dinâmico, transformador e reorganizador durante todo o curso da vida. Nada era mais central para a formação da identidade do que a força da memória, nada garantia mais a continuidade do sujeito como indivíduo. Mas as lembranças mudam, e ninguém foi mais sensível do que Freud ao potencial reconstrutivo da memória, ao fato de que as lembranças são continuamente trabalhadas e revistas e de que sua essência *é*, na verdade, a recategorização.**

Arnold Modell retomou esse ponto no que concerne ao potencial terapêutico da psicanálise e, em linhas mais gerais, à formação do eu privado. E citou uma carta escrita por Freud a Fliess em dezembro de 1896, na qual ele usou o termo *Nachträglichkeit*, que Modell julga ter sua tradução mais exata na palavra "retranscrição".

> Como você sabe [escreveu Freud], estou trabalhando com a hipótese de que nosso mecanismo psíquico passou a existir por um processo de estratificação, sendo o material presente sob a forma de traços mnêmicos periodicamente submetido a

* A inseparabilidade da memória e da motivação, assinalou Freud, abria a possibilidade de compreendermos certas *ilusões* da memória, baseadas na intencionalidade: por exemplo, a ilusão de que se escreveu para uma pessoa quando apenas se tencionou fazê-lo, ou a de que se tomou banho quando meramente se pretendeu tomá-lo. Não temos essas ilusões, a menos que tenha havido uma intenção precedente.

** O termo tem sido mais comumente traduzido, no Brasil, por a posteriori, que segue o *nachträglich* do alemão (ulterior, posterior). (N.T.)

> um *rearranjo*, de acordo com as novas circunstâncias — a uma *retranscrição*. Portanto,... a memória não se faz presente uma única vez, mas ao longo de diversas vezes... [e] os registros sucessivos representam conquistas psíquicas de épocas sucessivas da vida.... Explico as peculiaridades das psiconeuroses pela suposição de que essa tradução não se deu no tocante a uma parte do material.

O potencial da terapia, da mudança, portanto, está na possibilidade de exumar no presente esse material "fixado" para que ele possa ser submetido ao processo criativo de retranscrição, com isso permitindo que o indivíduo bloqueado volte a crescer e a mudar.

Essas reformulações não apenas são cruciais no processo terapêutico, segundo Modell, como são também uma parte constante da vida humana, tanto na "atualização" do dia-a-dia (uma atualização que não pode ser feita pelos amnésicos) quanto nas grandes transformações (às vezes, cataclísmicas), nas "reavaliações de todos os valores" (como diria Nietzsche) que são necessárias à evolução de um eu privado singular.

Que a memória se constrói e reconstrói incessantemente foi uma conclusão central dos estudos experimentais conduzidos por Frederic Bartlett na década de 1930. Neles, Bartlett mostrou com muita clareza (e, às vezes, de maneira muito cativante) como, ao recontar uma história — aos outros ou a si mesmo —, a lembrança da história, ou de uma imagem, é continuamente alterada. Nunca existiu, na opinião de Bartlett, uma simples reprodução mecânica da memória; ela sempre foi uma reconstrução individual e imaginativa. Escreveu ele:

> A recordação não é uma reexcitação de inúmeros traços fixos, fragmentados e sem vida. É uma reconstrução ou construção imaginativa, pautada na relação entre nossa atitude perante toda uma massa ativa de reações ou experiências passadas e organizadas, e um pequeno detalhe saliente, que comumente aparece sob a forma de imagens ou da linguagem. Portanto, raras vezes ela é realmente exata, mesmo nos casos mais rudimentares de recapitulação de coisas decoradas, e não tem a menor importância que o seja.

No último terço do século XX, todo o teor da própria neurologia e das neurociências tem se deslocado para essa visão dinâmica e construtivista do cérebro, para a idéia de que, mesmo nos níveis mais elementares — como, por exemplo, no "preenchimento" de um ponto cego ou escotoma, ou na visão de uma ilusão de óptica, como demonstraram Richard Gregory e V.S. Ramachandran —, o cérebro constrói uma hipótese, um padrão ou uma cena plausíveis. Gerald Edelman, em especial — pautando-se em dados da neuroanatomia e da neurofisiologia atuais, da embriologia e da biologia evolutiva, do trabalho clínico e experimental e da criação de modelos neurológicos sintéticos —, vem criando um minuciosíssimo modelo neurobiológico da mente. Nesse modelo, o papel central do cérebro é, precisamente, o de construir categorias — primeiro perceptivas, depois conceituais — e o de criar um processo ascendente, um "elevar-se sozinho", no qual, através da recategorização reiterada, em níveis cada vez mais altos, a consciência é finalmente atingida. Para Edelman, portanto, toda percepção é uma criação e toda lembrança é uma recriação ou recategorização.*

Tais categorias dependem dos "valores" do organismo, das inclinações ou predisposições (em parte inatas, em parte adquiridas) que, para Freud, caracterizavam-se como "pulsões", "instintos" e "afetos". Assim, a "retranscrição" vai-se tornando o modelo da atividade mais fundamental do cérebro/psique. Nesse aspecto, é notável a sintonia entre as idéias de Freud e as de Edelman — e nisso, pelo menos, tem-se a sensação de que a psicanálise e a neurobiologia podem ficar inteiramente à vontade uma com a outra, congruentes e apoiando-se mutuamente. E é possível que, nessa equação da *Nachträglichkeit* com a "recategorização", tenhamos um indício de como dois universos aparentemente díspares — os universos do sentido humano e da ciência natural — podem juntar-se.

Ernest Jones falou de Freud como "o Darwin da mente", e Edelman dedicou seu último livro sobre o darwinismo neural à memória de Darwin e Freud. E não se trata "apenas" do Freud da psicanálise, mas do Freud que passou os primeiros vinte anos de sua vida adulta como neuroanatomista, neurologista clínico e teorizador da neurologia — e que lançou as bases sobre as quais pôde erguer-se a psicanálise.

---

*Naturalmente, existem inúmeras áreas da neurociência e da neurobiologia, além do campo da memória, em que tem sido profunda a influência direta e indireta de Freud. Existem analogias acentuadas entre a psicanálise e a neuropsicologia, como discutem Mark Solms e Michael Saling num artigo de 1986, intitulado "On Psychoanalysis and Neuroscience: Freud's Attitude to the Localizationist Tradition". E A.R. Luria ficou fascinado com o trabalho de Freud quando muito jovem e, em 1922, escreveu-lhe a respeito da nova Sociedade Psicanalítica que havia fundado em Kazan. Como escreveu em sua autobiografia, *The Making of Mind*, Luria ficou encantado ao receber uma resposta gentil do grande homem, dirigindo-se a ele como "Sr. Presidente" e lhe dando permissão para traduzir alguns de seus livros para o russo.

NOTAS

As citações de *The Standard Edition of the Complete Psychological Works of Sigmund Freud*, org. e trad. de James Strachey (Londres: Hogarth Press and Institute of Psycho-Analysis, 1953-74) são indicadas pela abreviatura *SE*. [Em português, *Edição Standard Brasileira das Obras Psicológicas Completas de Sigmund Freud* (*ESB*), Rio de Janeiro, Imago, 1ª ed., 1977-78, 2ª ed. (parcialmente revista), 1987-89.]

"'Nada sobre a refeição totêmica!': Sobre as anotações de Freud"
Ilse Grubrich-Simitis

1. Para uma exposição mais detalhada dos resultados de minha pesquisa, cf. Ilse Grubrich-Simitis, *Zurück zu Freuds Texten* (1993; edição brasileira: *De volta aos textos de Freud*, Rio de Janeiro, Imago, 1995).
2. Cf. Paul Roazen e Bluma Swerdloff, *Heresy: Sandor Rado and the Psychoanalytic Movement*, 1995, p.44-5.
3. *The Complete Letters of Sigmund Freud to Wilhelm Fliess, 1887-1904*, org. e trad. Jeffrey Moussaieff Masson, 1985, p.278 [*A correspondência completa de Sigmund Freud para Wilhelm Fliess, 1887-1904*, Rio de Janeiro, Imago, 1986].
4. Ibid., p.181.
5. Sigmund Freud, "Recommendations to Physicians Practising Psycho-Analysis", *SE*, 12, p. 113 ["Recomendações aos médicos que exercem a psicanálise", *ESB*, XII].
6. Josef Breuer e Sigmund Freud, "On the Psychical Mechanism of Hysterical Phenomena: Preliminary Communication", *SE*, 2, p.3-17 ["Sobre o mecanismo psíquico dos fenômenos histéricos: Comunicação preliminar", *ESB*, II, 2ª ed., p.39-53].
7. Josef Breuer e Sigmund Freud, *Studies on Hysteria*, *SE*, 2 [*Estudos sobre a histeria*, *ESB*, II].
8. *The Complete Letters of Sigmund Freud to Wilhelm Fliess, 1887-1904*, p.342 [*A correspondência completa...*, op. cit.].
9. Grifo meu.
10. Sigmund Freud, *The Interpretation of Dreams*, *SE*, 4, p.297 n.1 [*A interpretação dos sonhos*, *ESB*, IV-V].
11. Idem, p.232.
12. Sigmund Freud, *Totem and Taboo*, *SE*, 13, p.141 [*Totem e tabu*, *ESB* XIII].
13. Citado em Sigmund Freud, *A Phylogenetic Fantasy: Overview of the Transference Neuroses*, org. de Ilse Grubrich-Simitis, 1987, p.83 [*Neuroses de transferência: uma síntese*, Rio de Janeiro, Imago, 1987].

14. Sigmund Freud, "The Disposition to Obsessional Neurosis", *SE*, 12, p.320 ["A disposição à neurose obsessiva", *ESB*, XII].

"O mundo freudiano do trabalho"
Patrick J. Mahony

1. Freud, "Instincts and their Vicissitudes", *SE*, 18, p.67-143, 122 ["As pulsões e suas vicissitudes", intitulado na *ESB*, XIV, "Os instintos e suas vicissitudes"].
2. Freud, *The Interpretation of Dreams*, in *SE*, 4-5, p.567 [*A interpretação dos sonhos*, *ESB*, IV-V]; cf. Mahony, "Freud: Man at Work".
3. Freud, *Civilization and its Discontents*, *SE*, 21, p.49-148, n. 80 [*O mal-estar na cultura*, intitulado na *ESB*, XXI, de *O mal-estar na civilização*].
4. Freud, "Recommendations to Physicians Practising Psycho-Analysis", *SE*, 12, p.109-20, 199 ["Recomendações aos médicos que exercem a psicanálise", *ESB*, XII]; cf. "Leistungs- und Genussfähigkeit", in *Gesammelte Werke*, 8, p.385.
5. Freud, carta de 1º de março de 1896, in *The Complete Letters of Sigmund Freud to Wilhelm Fliess, 1887-1904*, org. e trad. Jeffrey Moussaieff Masson, Cambridge, Harvard University Press, 1985, p.75 [*A correspondência completa de Sigmund Freud para Wilhelm Fliess, 1887-1904*, Rio de Janeiro, Imago, 1986].
6. Ibid., p.254.
7. Ibid., p.344
8. Ibid., p.356.
9. Ibid., p.365-6.
10. Freud, carta de 8 de fevereiro de 1920, in R.A. Paskauskas (org.), *The Complete Correspondence of Sigmund Freud and Ernest Jones, 1908-1939*, Cambridge, Harvard University Press, 1993, p.368.
11. Freud, carta de 17 de janeiro de 1920, in H. Meng e E. Federn (orgs.), *Psychoanalysis and Faith: The Letters of Sigmund Freud and Oskar Pfister*, Londres, Hogarth Press, 1963, p.75.
12. Carta de 6 de março de 1910, ibid., p.35.
13. Freud, carta de 2 de fevereiro de 1886, in E. Freud (org.), *Letters of Sigmund Freud, 1873-1939*, Londres, Hogarth Press, 1961, p.215-6.
14. Nietzsche explicou, em seu prefácio a *Ecce homo*: "O erro é covardia. Toda conquista, todo progresso no conhecimento, é resultado da coragem, da dureza para consigo mesmo, da limpeza em relação a si."
15. Freud, *Group Psychology and the Analysis of the Ego*, *SE*, 23, p.209-53, 217 [*Psicologia das massas e análise do eu*, intitulado na *ESB*, XXIII, *Psicologia de grupo e análise do ego*].
16. O ensaio "Nature" foi reproduzido *in* Wittels, *Freud and his Time*, Nova York, Horace Liverwright Press, 1931, p.31-34.
17. Nunberg e Federn, *Minutes of the Vienna Psychoanalytic Society*, vol.2, Nova York, International Universities Press, 1967, p.348.
18. Freud, "On the History of the Psycho-Analytic Movement", *SE*, 14, p.67-143, 15 ["A história do movimento psicanalítico", *ESB*, XIV].
19. Mahony, *Freud as a Writer*, 2ª ed. rev., New Haven, Conn., Yale University Press, 1987.
20. Freud, *Cocaine Papers*, org. R. Byck, Nova York, New American Library, 1974, p.60.
21. Jones, *The Life and Work of Sigmund Freud*, Nova York, Basic Books, 1953-57, p.309, 385 [*A vida e a obra de Sigmund Freud*, 3 vols., Rio de Janeiro, Imago, 1988].
22. Cartas de 2 de dezembro de 1919 e 16 de março de 1926, que se encontram na Biblioteca do Congresso dos Estados Unidos.
23. Carta de 13 de fevereiro de 1916, dirigida a Abraham e citada em Jones, *Life and Work*, p.189.
24. Freud, *Project for a Scientific Psychology*, *SE*, 1, p.283-398, 370 ["Projeto para uma psicologia científica", *ESB*, I, 2a. ed., 301-409].
25. Freud, carta de 25 de maio de 1895, *Complete Letters of Sigmund Freud to Wilhelm Fliess, 1887-1904*, p.129 [*A correspondência completa de Sigmund Freud para Wilhelm Fliess, 1887-1904*, Rio de Janeiro, Imago, 1986].
26. Howard Gruber, *Darwin on Man*, 2ª ed., Chicago, University of Chicago Press, 1982.

27. Anzieu, D., *A auto-análise de Freud e a descoberta da psicanálise*, Porto Alegre, Artes Médicas, 1989.
28. Mahony, "Psychoanalysis — the Writing Cure", in A. Haynal e E. Falzeder (orgs.), *One Year of Psychoanalysis*, Genebra, Cahiers Psychiatriques, 1994, p.101-19.
29. Carta de 8 de agosto de 1921, guardada na Biblioteca do Congresso; a carta de Anna Freud de 4 de agosto de 1921 também é pertinente.
30. Freud, carta de 3 de julho de 1912, em H. Abraham e E. Freud (orgs.), *A Psychoanalytic Dialogue: The Letters of Sigmund Freud and Karl Abraham, 1907-1926*, Londres, Hogarth Press, 1965, p.120. Ver também Mahony, *Freud as a Writer*, cap. 7.
31. O trecho que traduzi encontra-se na carta 143 da *Omnia opera* de Sto. Agostinho, vol.8, Paris, Gaume, 1836.
32. Mahony, *Psychoanalysis and Discourse*, Londres, Methuen & Tavistock, 1986; *Freud as a Writer: On Defining Freud's Discourse*, New Haven, Conn., Yale University Press, 1989.
33. Freud, *Beyond the Pleasure Principle*, p.60 [*Além do princípio de prazer*, ESB, XVIII].
34. Mahony, *Freud and the Rat Man* (New Haven, Conn., Yale University Press, 1986; "Freud's Cases: Are They Valuable Today?", *International Journal of Psychoanalysis*, 74, 1993, p.1027-35; *Les Hurlements de l'homme aux loups*, 2ª ed. rev., Paris, PUF, 1995; *Freud's Dora: A Psychoanalytical, Historical, and Textual Study*, New Haven, Conn., Yale University Press, 1997.
35. Mahony, *Freud's Dora*, cap. 6.

"Notas de Sigmund Freud sobre rostos e homens: National Portrait Gallery, 13 de setembro de 1908"
Michael Molnar

1. A partir do texto hológrafo que se encontra nos arquivos do Freud Museum, em Londres. Esse documento, no original alemão e com comentários, deverá ser publicado nas *Sigmund Freuds Reisebriefe* (título provisório), org. por Christfried Tögel e Michael Molnar (publicação em alemão a sair).
2. *Cooks Traveller's Gazette*, 57, setembro de 1908, p.19.
3. *Five Lectures on Psycho-Analysis*, SE, 11, p.16 [*Cinco lições de psicanálise*, ESB, XI]. A última frase citada aparece grifada no original.
4. De Freud para sua família (*"Meine Lieben"*), 5 e 12 de setembro de 1908 (cópias manuscritas no Freud Museum).
5. "Esse sobrinho e esse irmão mais novo [Julius], portanto, determinaram o que há de neurótico e também o que há de intenso em todas as minhas amizades" (Freud para Wilhelm Fliess, 3 de outubro de 1897, in *A correspondência completa de Sigmund Freud para Wilhelm Fliess, 1887-1904*, Rio de Janeiro, Imago, 1986). Essa carta refere-se a John como ainda residindo em Manchester em 1897. Na verdade, John desapareceu duas vezes da vida de Freud. A primeira foi parte da traumática separação da horda primitiva freudiana em 1859, quando a família ampliada dividiu-se e a primeira e idílica fase da vida de Freud, na cidadezinha interiorana de Freiberg, chegou ao fim. Os meio-irmãos e seu lado da família, inclusive John, emigraram para Manchester, enquanto uma família nuclear composta pelos pais de Freud, ele próprio e sua irmã menor, Anna, seguiram de trem para Breslau, Leipzig e, por último, Viena. A auto-análise resgatou lembranças das viagens de trem, como lampiões a gás numa estação que se assemelhavam a almas no inferno e a imagem de sua bela e jovem mãe despida — na verdade, o mito do paraíso perdido e da queda, e também a raiz de um medo neurótico posterior de trens e viagens, em conflito com a premente ânsia freudiana de viajar.
6. A carta foi reproduzida em Ernst Freud, Lucie Freud e Ilse Grubrich-Simitis (orgs.), *Sigmund Freud: His Life in Pictures and Worlds*; trad. de Christine Trollope (1978; Norton, 1985), p.12. O conceito de sublimação aparece em "'Civilized' Sexual Morality and Modern Nervous Illness" (1908, SE, 9, p.181) como base da civilização, pois é o meio através do qual as pulsões sexuais desagregadoras são desviadas e domadas. Ele é assim definido: "Essa capacidade de trocar seu alvo, originalmente sexual, por outro que já não é sexual, mas que se relaciona psiquicamente com o primeiro, é chamada capacidade de *sublimação*" (ibid., p.187). [Ver "Moral sexual 'civilizada' e doença nervosa moderna", ESB, IX.]
7. "The Aetiology of Hysteria" (1896), SE, 3, p.203 ["A etiologia da histeria", ESB, III].

8. Como fonte dessa fantasiosa derivação do sobrenome Shakespeare do nome francês Jacques Pierre, Freud indicou "um senhor muito erudito, o Prof. Gentilli, que mora atualmente em Nervi" (ver Sigmund Freud a Ernest Jones, 31 de outubro de 1909, in R. Andrew Paskauskas (org.), *The Complete Correspondence of Sigmund Freud and Ernest Jones, 1908-1939*, Harvard University Press e Belknap Press, 1993).
9. As preconcepções raciais de Freud foram explicitadas numa carta de 18 julho de 1908 a Jung, na qual escreveu: "Acho sumamente interessante a mistura racial de nosso grupo; ele [Jones] é celta e, por conseguinte, não muito acessível para nós, o teutônico e o homem do Mediterrâneo" (ver *The Freud/Jung Letters*, org. de William McGuire, trad. de Ralph Manheim e R.F.C. Hull, Hogarth Press e Routledge, 1974 [*Correspondência Freud/Jung*, Rio de Janeiro, Imago, 1978]). Jones diz que Freud comentou o formato de sua cabeça no primeiro encontro dos dois, em Salzburgo, em abril de 1908 (Ernest Jones, *The Life and Work of Sigmund Freud*, Basic Books, 1953-1957, vol. 2, p.47 [*A vida e a obra de Sigmund Freud*, vol.2, Rio de Janeiro, Imago, 1988]). Jones explica da seguinte maneira esse interesse na craniologia: "Isso foi na época em que os antropólogos físicos tendiam a confundir as nações com raças primitivas e a fazer inferências exageradas das mensurações do crânio" (ibid., vol.3, p. 460).
10. Freud a Lytton Strachey, 25 de dezembro de 1928, in Ernst e Lucie Freud (orgs.), *Sigmund Freud: Briefe, 1873-1939*, Fischer, 1960. Essa carta não figura na edição em inglês das cartas seletas.
11. *SE*, 7, p.238-9.
12. No triunvirato de artistas heróicos, Freud referia-se a Edward Bulwer-Lytton (1803-73), o romancista. Mas o retrato deste, feito por Henry William Pickersgill, não corresponde à descrição que Freud faz dele como heróico. Isso decerto se adequaria ao retrato que G.F. Watts pintou do xará do romancista, Edward Bulwer-Lytton (1831-91), vice-rei da Índia. Freud parece haver misturado o romancista e o vice-rei.

    Uma documentação completa sobre os retratos pode ser encontrada no *National Portrait Gallery: Complete Illustrated Catalogue, 1856-1979*, compilado por K.K. Yung e editado por Mary Pettman (National Portrait Gallery, 1981). Uma impressão da galeria na época da passagem do século encontra-se registrada num panfleto de Sir Joshua Fitch, mestre em artes e doutor em direito, intitulado "The National Portrait Gallery", reimpressão de *Educational Record*, junho de 1907. Quero agradecer a Jonathan Franklin e Emma Floyd, do Heinz Archive and Library da National Portrait Gallery, por sua gentil colaboração.
13. Freud a Eduard Silberstein, 9 de setembro de 1875, in Walter Boehlich (org.), *The Letters of Sigmund Freud to Eduard Silberstein, 1871-1881*, trad. Arnold J. Pomerans, Harvard University Press, 1990. A primeira ambição de Freud não era apenas a pesquisa, mas a exploração. Na época, Darwin ainda estava vivo, morando na Down House; Freud tomou conhecimento da viagem do *Beagle*, o que talvez tenha inflamado sua ambição inicial. Em 1875, ele chegou até a comprar uma coletânea recém-publicada de ensaios, chamada *Anleitung zu wissenschaftlichen Beobachtungen auf Reisen*, organizada por G. Neumayer, que dava conselhos aos novos exploradores/cientistas sobre os instrumentos de que eles precisariam e as melhores maneiras de compilar e registrar dados. A passagem de Freud para a pesquisa médica aplicada não foi uma eliminação de sua ambição anterior, mas uma sublimação dela, pois o explorador (*Forschungsreisender*) simplesmente se transmudou no pesquisador científico (*Forscher*) que investigava novas terapias. Agradeço ao Dr. C. Tögel pela referência a Neumayer.
14. Jones, vol.1, p.195.
15. Freud a Lytton Strachey, 25 de dezembro de 1928.
16. Ver as notas referentes a 17 e 19 de julho de 1938, em *The Diary of Sigmund Freud, 1929-1939*, org. e trad. de Michael Molnar, Scribner, 1992.

"Retrato de um leitor de sonhos"
John Forrester

1. Há uma versão consideravelmente ampliada desse artigo em John Forrester, *Dispatches from the Freud Wars: Psychoanalysis and Its Passions*, Cambridge, Harvard University Press, 1997.
2. Freud, "Preface to the Third (Revised) English Edition of *The Interpretation of Dreams*" (1932), in *SE*, 4, p.32 ["Prefácio à terceira edição inglesa (revista) de *A interpretação dos sonhos*", *ESB*, IV, 2ª ed.].

3. Para uma panorâmica representativa, ver Ernest Jones, *Sigmund Freud: Life and Work*, Londres, Hogarth Press, 1953-57, vol. I ([*A vida e a obra de Sigmund Freud*, vol.1, Rio de Janeiro, Imago, 1988]); Richard Wollheim, *Freud*, Londres, Fontana, 1970; Clark Glymour, "The Theory of Your Dreams", in R.S. Cohen e L. Laudan (orgs.), *Physics, Philosophy and Psychoanalysis: Essays in Honor of Adolf Grünbaum*, Dordrecht, Boston e Lancaster, Ing., Reidel, 1983, p.57-71; Frederick Crews, *Skeptical Engagements*, Nova York e Oxford, Oxford University Press, 1986; K. Frieden, *Freud's Dream of Interpretation*, Albany, State University of New York Press, 1990; Patricia Kitcher, *Freud's Dream: A Complete Interdisciplinary Science of the Mind*, Cambridge, Mass., MIT Press, 1992.
4. SE, 4, p. xxvi (prefácio à segunda edição de 1909, tradução modificada) [ESB, IV].
5. Jacques Derrida, *The Post Card: From Socrates to Freud and Beyond*, trad. Alan Bass, Chicago, University of Chicago Press, 1987, p. 305, tradução modificada. Essa não foi a primeira vez em que considerei a pergunta tão penetrantemente formulada por Derrida; ver meu "Who Is in Analysis with Whom? Freud, Lacan, Derrida", *in* John Forrester, *The Seductions of Psychoanalysis; Freud, Lacan and Derrida*, Cambridge, Cambridge University Press, 1990, esp. p. 233ss.
6. Para investigações detalhadas e esclarecedoras do registro da auto-análise de Freud e de sua relação com o desenvolvimento de suas teorias na década de 1890 e posteriormente, ver Didier Anzieu, *A auto-análise de Freud e a descoberta da psicanálise*, Porto Alegre, Artes Médicas, 1989; outras informações detalhadas acerca dos sonhos de Freud foram examinadas por Alexander Grinstein em seus livros *Sigmund Freud's Dreams*, 2ª ed., Nova York, International Universities Press, 1980, *Freud's Rules of Dream Interpretation*, Nova York, International Universities Press, 1983, e *Freud at the Crossroads*, Madison, Conn., International Universities Press, 1990.
7. Thomas S. Kuhn, *The Structure of Scientific Revolutions*, Chicago, University of Chicago Press, 1962; quanto à substituição kuhniana do termo "paradigma" por "modelo exemplar", ver a segunda edição de 1969 e Thomas S. Kuhn, "Second Thoughts on Paradigms", in *The Essential Tension*, Chicago, University of Chicago Press, 1977, p.318-9.
8. SE, 4, p. 103; Anzieu (*Freud's Self-analysis*, p.578) também considera o texto freudiano como crucial, mas de um ponto de vista psicológico, e não intersubjetivo.
9. *The Complete Letters of Sigmund Freud to Wilhelm Fliess, 1887-1904*, org. e trad. Jeffrey Moussaieff Masson, Cambridge, Harvard University Press, 1984 [*A correspondência completa de Sigmund Freud para Wilhelm Fliess, 1887-1904*, Rio de Janeiro, Imago, 1986], doravante abreviado como FF, 23 de fevereiro de 1898, p.300.
10. FF, 22 de dezembro de 1897, p.289. Anzieu (*Freud's Auto-analysis*) observa que essa é a primeira vez em que é utilizada a palavra "censura" na correspondência com Fliess.
11. FF, 18 de maio de 1898, p.313.
12. Ibid., 20 de junho de 1898, p.317.
13. Ibid., 9 de junho de 1898, p.315.
14. SE, 4, p. xxiii-xxiv [ESB, IV].
15. Ibid., p.104-5.
16. Ibid., p.105-6: "Nun muss Ich aber den Leser bitten, für eine ganze Weile meine Interessen zu den seinigen zu machen und sich mit mir in die kleinsten Einzelheiten meines Lebens zu versenken, denn solche Übertragungen fordert gebieterisch das Interesse für die versteckte Bedeutung der Träume" (*Die Traumdeutung*, Studienausgabe Edition, Frankfurt, Fischer, 1969-75, vol.2, p.125.
17. Utilizo o pronome "ele" para me referir ao "leitor" de toda *A interpretação dos sonhos*, em parte seguindo o gênero masculino do termo alemão *der Leser*, cuja trajetória pretendo acompanhar, e em parte para evitar o jeito canhestro da expressão "ele ou ela".
18. Ver Alexander Welsh, *Freud's Wishful Dream Book*, Princeton, NJ, Princeton University Press, 1994, p.30-2.
19. FF, 6 de agosto de 1899, p.365.
20. A bibliografia que reexamina esse sonho é substancial; boa parte dela foi examinada em Lisa Appignanesi e John Forrester, *Freud's Women*, Nova York, Basic Books, 1992, cap. 4, "The Dream of Psychoanalysis", p.117-45; ver, em particular, Erik H. Erikson, "The Dream Specimen of Psychoanalysis", *Journal of the American Psychoanalytical Association*, 2, 1954, p.5-56; Frank R. Hartman, "A Reappraisal of the Emma Episode and the Specimen Dream", *Journal of the American Psychoanalytical Association*, 31, 1983, p.555-85; Robert Langs, "Freud's Irma Dream and the Origins of Psychoanalysis", *Psychoanalytic Review*, 71, 1984, p.591-617; Carl Schorske, "Politics and Patricide

in Freud's *Interpretation of Dreams*", in idem, *Fin-de-siècle Vienna: Politics and Culture*, Nova York, Knopf, 1980; Max Schur, "Some Additional 'Day Residues' of the Specimen Dream of Psychoanalysis", in *Psychoanalysis: A General Psychology. Essays in Honor of Heinz Hartmann*, org. de Rudolph M. Loewenstein, Lottie M. Newman, Max Schur e Albert J. Solnit, Nova York, International Universities Press, 1966, p.45-85.

21. *SE*, 4, p.122 [*ESB*, IV].
22. Ibid, p.121.
23. Welsh, *Dream Theory*, p.35.
24. *SE*, 4, p.134 [*ESB*, IV].
25. Ibid., p.135.
26. *FF*, 12 de junho de 1900, p.417.
27. *SE*, 4, p.142 [*ESB*, IV].
28. Paul Ricoeur, *Freud and Philosophy: An Essay on Interpretation*, trad. Denis Savage, New Haven, Conn., Yale University Press, 1970, p.7.
29. *SE*, 4, p.142 [*ESB*, IV].
30. Não me é possível, aqui, examinar extensamente a analogia entre a luta política e o mundo psíquico interno das teorias de Freud; a ligação entre a política e a psique foi explorada por Schorske (ver a nota 20, acima) e por William McGrath, em seu excelente *Freud's Discovery of Psychoanalysis: The Politics of Hysteria*, Ithaca, NY, e Londres, Cornell University Press, 1986; ver também a discussão em Welsh, *Freud's Wishful Dream Book*, p.80ss.
31. *SE*, 4, p.297n [*ESB*, IV]. Observe-se, de passagem, o desafio de Freud ao leitor, quando ele se exime, modestamente, da acusação de ser um homem engraçado na vida de vigília. Se o leitor achar o livro singularmente desprovido de humor ou encanto, terá que concordar, mesmo com relutância, com o argumento freudiano de que a engenhosidade dos sonhos não é responsabilidade *dele*. Se, de fato, o leitor ficar encantado com o livro e se divertir com ele, é menos provável que realmente use o engenhoso dito de Freud contra ele. Não obstante, um número considerável das acusações feitas a Freud pelos céticos da interpretação dos sonhos e da psicanálise em geral tem essa forma: elas consistem em considerar que Freud é esperto demais para o bem de suas próprias afirmações a respeito do sentido dos sonhos. Talvez eu tenha a oportunidade de examinar essa tese no final do capítulo.
32. Ibid., vol.5, p.523.
33. Ibid., vol.4, p.146.
34. Ibid.
35. Ibid., p.151.
36. Ibid., p.151-2.
37. Adolf Grünbaum é apenas o mais recente de uma longa lista dos que foram iludidos por esse sonho, em particular, em sua refutação lógica do uso que Freud faz dele para trazer os céticos para seu lado; ver Grünbaum, "Two New Major Difficulties for Freud's Theory of Dreams", in Grünbaum, *Validation in the Clinical Theory of Psychoanalysis*, Madison, Conn., International Universities Press, 1993, p.357-84.
38. *SE*, 4, p.157-8 (incorporando parte de uma nota de rodapé acrescentada em 1911 [*ESB*, IV],
39. Ver meu "Contracting the Disease of Love: Authority and Freedom in the Origins of Psychoanalysis", in Forrester, *Seductions of Psychoanalysis*, p.30-47.
40. Freud, *Introductory Lectures on Psycho-Analysis*, *SE*, 15, p.214 [*Conferências introdutórias sobre psicanálise*, *ESB*, XV].
41. Sobre o surgimento do raciocínio estatístico, ver Alain Desrosières, *La Politique des grands nombres: Histoire de la raison statistique*, Paris, La Découverte, 1993; Ian Hacking, *The Emergence of Probability*, Cambridge, Cambridge University Press, 1975, e *The Taming of Chance*, Cambridge, Cambridge University Press, 1990; Theodore M. Porter, *The Rise of Statistical Thinking, 1820-1900*, Princeton, NJ, Princeton University Press, 1986; Stephen M. Stigler, *The History of Statistics: The Measurement of Uncertainty Before 1900*, Cambridge, Harvard University Press e Belknap Press, 1986.
42. *SE*, 4, p.xxv, Prefácio à 2ª edição de 1909 [*ESB*, IV].
43. "Prefatory Note to a Paper by E. Pickworth Farrow" (1926), *SE*, 20, p.180 ["Nota preambular a um artigo de E. Pickworth Farrow", *ESB*, XX].

44. Quanto à teoria dos pontos de passagem obrigatórios, ver Bruno Latour, *Science in Action*, Milton Keynes, Eng., Open University Press, 1987.
45. Jacques Derrida, "Freud and the Scene of Writing" (1965), *Yale French Studies*, 48, 1972, p.74-117.

"Ter e ser: A evolução da teoria freudiana do Édipo como fábula moral"
John E. Toews

1. *The Complete Letters of Sigmund Freud to Wilhelm Fliess, 1887-1904*, org. e trad. Jeffrey Moussaieff Masson, Cambridge, Mass., Harvard University Press, 1985 [*A correspondência completa de Sigmund Freud para Wilhelm Fliess, 1887-1904*, Rio de Janeiro, Imago, 1986], p.272 (doravante citado como *Freud/Fliess*).
2. *Totem and Taboo* (1913), SE, 13, p.156 [*Totem e tabu*, ESB, XIII].
3. Ernest Jones, *The Life and Work of Sigmund Freud*, 3 vols., Nova York, Basic Books, 1953-57, vol. 2., p.14 [*A vida e a obra de Sigmund Freud*, 3 vols., Rio de Janeiro, Imago, 1988].
4. Freud, *The Interpretation of Dreams* (1900), SE, 4, p.262-3 [*A interpretação dos sonhos*, ESB, IV-V].
5. Ibid.
6. Freud, "The Aetiology of Hysteria" (1896), SE, 3, p.203, 206-7 ["A etiologia da histeria", ESB, III].
7. *Freud/Fliess*, p.264.
8. "Zur Geschichte der psychoanalystische Bewegung", in Sigmund Freud, *Gesammelte Werke*, 19 vols., Londres, 1940-87, vol. 10, p.55 ["A história do movimento psicanalítico", ESB XIV].
9. *Freud/Fliess*, p.265.
10. "Notes upon a Case of Obsessional Neurosis" (1909), in Sigmund Freud, *Collected Papers*, 5 vols., org. e trad. de Alix e James Strachey, Nova York, Basic Books, 1959, vol. 3, p.345n. ["Notas sobre um caso de neurose obsessiva", ESB, X].
11. *Introductory Lectures on Psycho-Analysis* (1916-17), SE, 16, p.333 [*Conferências introdutórias sobre psicanálise*, ESB, XVI].
12. *The Interpretation of Dreams*, 4, p.217 [*A interpretação dos sonhos*, ESB, IV].
13. "From the History of an Infantile Neurosis" (1918), in *Collected Papers*, vol. 3, p.547 ["História de uma neurose infantil", ESB, XVII].
14. *The Ego and the Id* (1923), SE, 19, p.36-37 [*O eu e o isso*, publicado na ESB, XIX, como *O ego e o id*].
15. Ibid., p.37.
16. *New Introductory Lectures on Psycho-Analysis* (1933), SE, 22, p.118 [*Novas conferências introdutórias sobre psicanálise*, ESB, XXII].
17. "The Passing of the Oedipus Complex" (1924), in *Collected Papers*, 2, p.274 ["A dissolução do complexo de Édipo", ESB, XIX].
18. "Some Psychical Consequences of the Anatomical Distinction Between the Sexes" (1925), SE, 19, p.256 ["Algumas conseqüências psíquicas da distinção anatômica entre os sexos", ESB, XIX].
19. "Female Sexuality" (1931), SE, 21, p.229 ["Sexualidade feminina", ESB, XXI].
20. "Some Psychical Consequences"...", SE, 19, p.257-258, [ESB, XIX].

"Oedipus politicus: O paradigma freudiano das relações sociais"
José Brunner

1. Agradeço a Arnona Zahavi por seus comentários. Este ensaio apresenta uma abordagem revista — mais condensada em alguns aspectos, mais extensa em outros — de alguns dos temas que discuti na parte 4 de meu livro *Freud and the Politics of Psychoanalysis*, Oxford, Blackwell, 1995.
2. Freud, *Group Psychology and the Analysis of the Ego*, SE, 18, p.101 n.1 [*Psicologia das massas e análise do eu*, intitulado na ESB XVIII, *Psicologia de grupo e análise do ego*].
3. Freud, *Civilization and its Discontents*, SE, 21, p.112 [*O mal-estar na cultura*, intitulado na ESB, XXI, *O mal-estar na civilização*].

4. Ibid., p.122.
5. Ibid., p.111.
6. Freud, *Group Psychology...*, *SE*, 18, p.91.
7. Ibid., p.92.
8. Ibid., p.102.
9. *The Complete Letters of Sigmund Freud to.Wilhelm Fliess, 1887-1904*, org. e trad. Jeffrey Moussaieff Masson, Cambridge, Harvard University Press, 1985, p.272 [*A correspondência completa de Sigmund Freud para Wilhelm Fliess, 1887-1904*, Rio de Janeiro, Imago, 1986].
10. Ver John Forrester, *Language and the Origins of Psychoanalysis* (Londres, Macmillan, 1980), p.90-6 [*A linguagem e as origens da psicanálise*, Rio de Janeiro, Imago, 1983].
11. Freud, *An Outline of Psycho-Analysis*, *SE*, 23, p.192-3 [*Esboço de psicanálise*, *ESB*, XXIII].
12. *Five Lectures on Psycho-Analysis*, *SE*, 11, p.47 [*Cinco lições de psicanálise*, *ESB*, XI]; "A Special Type of Choice of Object Made by Men", *SE*, 11, p.171 ["Um tipo especial de escolha de objeto feita pelos homens", *ESB*, XI].
13. Freud, *Three Essays on the Theory of Sexuality*, *SE*, 7, p.226n. [*Três ensaios sobre a teoria da sexualidade*, *ESB*, VII].
14. Ver Bennet Simon e Rachel Blass, "The Development and Vicissitudes of Freud's Ideas on the Oedipus Complex", in Jerome Neu (org.), *The Cambridge Companion to Freud*, Cambridge, Cambridge University Press, 1991, p.161-74.
15. Freud, *Civilization and its Discontents*, *SE*, 21, p.66-67 [*O mal-estar...*, op.cit.]
16. Freud, *The Ego and the Id*, *SE*, 19, p.27 [*O eu e o isso*, intitulado na *ESB*, XIX, *O ego e o id*].
17. Freud, *Group Psychology...*, *SE*, 18, p.105.
18. Freud, "On Narcissism: An Introduction", *SE*, 14, p.90 ["Sobre o narcisismo: uma introdução", *ESB*, XIV].
19. Freud, *The Interpretation of Dreams*, *SE*, 4, p.258 [*A interpretação dos sonhos*, *ESB*, IV]; ver Joseph Sandler, "The Background of Safety", *International Journal of Psycho-Analysis*, 41, 1960, p.352-6.
20. Freud, *Inhibitions, Symptoms, and Anxiety*, *SE*, 20, p.155 [*Inibições, sintomas e angústia*, intitulado na *ESB* XX, *Inibições, sintomas e ansiedade*].
21. Freud, *Three Essays...*, *SE*, 7, p.150 [*Três ensaios...*, op.cit.].
22. Freud, "Family Romances", *SE*, 9, p.237 ["O romance familiar do neurótico", intitulado na *ESB*, IX, "Romances familiares"].
23. Freud, "The Dissolution of the Oedipus Complex", *SE*, 19, p.176 ["A dissolução do complexo de Édipo", *ESB*, XIX].
24. Freud, *Three Essays...*, *SE*, 7, p.199 n.1 [*Três ensaios*, op.cit.].
25. Freud, "The Infantile Genital Organization", *SE*, 19, p.145 (grifo no original) ["A organização genital infantil: uma interpolação na teoria da sexualidade", *ESB*, XIX].
26. Freud, *Introductory Lectures on Psycho-Analysis*, *SE*, 15, p.206 [*Conferências introdutórias em psicanálise*, *ESB*, XV].
27. Freud, "The Dissolution of the Oedipus Complex", *SE*, 19, p.176 ["A dissolução...", op.cit.]
28. Freud, *New Introductory Lectures on Psycho-Analysis*, *SE*, 22, p.129 [*Novas conferências...*, op.cit.].
29. Freud, *Outline*, *SE*, 23, p.194 [*Esboço*, op.cit.].
30. Freud, "The Taboo of Virginity", *SE*, 11, p.205 ["O tabu da virgindade", *ESB*, XI].
31. Freud, *Three Essays*, *SE*, 7, p.226, n.1 [*Três ensaios...*, op.cit.].
32. Freud, "Family Romances", *SE*, 9, p.237 ["O romance...", op.cit.].
33. "Dissolution of the Oedipus Complex", *SE*, 19, p.176 ["A dissolução do...", op.cit.].
34. Freud, *Civilization and its Discontents*, *SE*, 21, p.120 [*O mal-estar...*, op.cit.].
35. Freud, *The Ego and the Id*, *SE*, 19, p.34 [*O eu e o isso*, op.cit.] (grifo no original).
36. Freud, "Thoughts for the Times of War and Death", *SE*, 14, p.282 ["Reflexões para os tempos de guerra e morte", *ESB*, XIV].
37. Freud, *Group Psychology*, *SE*, 18, p.105 [*Psicologia das massas...*, op.cit.].
38. Jean Laplanche, *Life and Death in Psychoanalysis*, Baltimore, Johns Hopkins University Press, 1976, p.45 [*Vida e morte em psicanálise*, Porto Alegre, Artes Médicas].
39. Freud, *Totem and Taboo*, *SE*, 13, p.142 [*Totem e tabu*, *ESB*, XIII].
40. Ibid., p.148.
41. Ibid., p.143.

42. Ibid., p.144.
43. Freud, *Moses and Monotheism*, SE, 23, p.101 [*Moisés e o monoteísmo*, ESB, XXIII].
44. Idem, p.109.
45. Freud, *The Future of an Illusion*, SE, 21, p.8 [*O futuro de uma ilusão*, ESB, XXI].

"Da sugestão ao insight, da hipnose à psicanálise"
Harold P.Blum

1. Sigmund Freud, *Introductory Lectures on Psycho-Analysis*, SE, 15 e 16, p.462 [*Conferências introdutórias sobre psicanálise*, ESB, XV e XVI].
2. Harold P.Blum, "The Curative and Creative Aspects of Insight", *Journal of the American Psychoanalytical Association* (supl.), 27, 1979, p.41-69.
3. Freud, "A Case of Successful Treatment by Hypnotism" (1893), SE, 1, p.119 ["Um caso de cura pelo hipnotismo", ESB, I].
4. Citado em ibid.
5. Citado em ibid., p.63.
6. Ernst Jones, *The Life and Work of Sigmund Freud*, vol. 1, Nova York, Basic Books, 1953 [*A vida e a obra de Sigmund Freud*, vol.1, Rio de Janeiro, Imago, 1988].
7. Freud, "Successful Treatment by Hypnotism", SE, 1, p.286 ["Um caso de cura...", op.cit.].
8. Freud, *An Autobiographical Study*, SE, 20, p.27 ["Um estudo autobiográfico", ESB, XX].
9. Josef Breuer e Sigmund Freud, *Studies on Hysteria*, in SE, 2 [*Estudos sobre a histeria*, ESB, II].
10. Citado em ibid.
11. Jones, *Life and Work* [*A vida e a obra...*]; Peter Gay, *Freud: A Life for Our Time*, Norton, 1988 [*Freud: Uma vida para o nosso tempo*, São Paulo, Companhia das Letras, 1995].
12. Freud, *Group Psychology and the Analysis of the Ego*, SE, 18, p.76 [*Psicologia das massas e análise do eu*, intitulado na ESB, XXIII, *Psicologia de grupo e análise do ego*].
13. Citado em ibid.

"O caso freudiano de Dora, a prova crucial do conceito psicanalítico de transferência"
Hannah S. Decker

1. Josef Breuer e Sigmund Freud, *Studies on Hysteria* (1893-95), SE 2, p.160-1 [*Estudos sobre a histeria*, ESB, II].
2. Para a história completa de Dora, sua família e seu relacionamento com Freud, ver o livro *Freud, Dora, and Vienna 1900*, Free Press, 1991.
3. O capítulo 1 de *Freud, Dora, and Vienna 1900* discute com certa minúcia a eletroterapia e a hidroterapia oitocentistas.
4. Sigmund Freud, "Fragment of an Analysis of a Case of Hysteria", SE, 7, p.57-58, 61-62 ["Fragmento da análise de um caso de histeria", ESB, VII].
5. Ibid., p.98.
6. Ibid., p.34.
7. Breuer e Freud, *Studies on Hysteria*, SE, 2, p.301-4 [*Estudos sobre a histeria*, op.cit.].
8. Freud, *The Interpretation of Dreams*, SE 4, p.200, SE, 5, p.562n [*A interpretação dos sonhos*, ESB, IV-V]; *The Psychopathology of Everyday Life* (1901), SE, 6, p.172 [*Sobre a psicopatologia da vida cotidiana*, ESB, VI].
9. Carta de Freud a Fliess, 16 de abril de 1900, in *The Complete Letters of Sigmund Freud to Wilhelm Fliess, 1887-1904*, org. e trad. Jeffrey Moussaieff Masson, Cambridge, Harvard University Press, Belknap Press, 1985, p.409 [*A correspondência completa de Sigmund Freud para Wilhelm Fliess, 1887-1904*, Rio de Janeiro, Imago, 1986].
10. Freud, "Fragment", SE, 7, p.118 ["Fragmento...", op.cit.].
11. Ibid.

12. Hyman Muslin e Merton Gill, "Transference in the Dora Case", *Journal of the American Psychoanalytical Association*, 26, 1978, p.322.
13. Freud, "Fragment", *SE*, 7, p.70, n.2 ["Fragmento...", op.cit.].
14. Ibid., p.118.
15. Ibid., p.73-74.
16. Ibid., p.22.
17. Ibid., p.120.
18. Ver o capítulo 2 e as páginas 199-205 de *Freud, Dora, and Vienna 1900*.
19. Ernest Jones, *The Life and Work of Sigmund Freud*, Nova York, Basic Books, 1955, vol.2, p.257 [*A vida e a obra de Sigmund Freud*, vol.2., Rio de Janeiro, Imago, 1988].

"A receptividade a Freud nos Estados Unidos"
Edith Kurzweil

1. De acordo com Nathan G. Hale (*Freud and the Americans*, 1971), "Esse sistema moral procurou coagir uma atualidade recalcitrante e hostil" (p.25) e foi compatível com o sucesso profissional, a paixão furiosa pela mobilidade ascendente e a aquisição de riqueza. Mas a continência, a pureza religiosa, a dedicação ao trabalho árduo e a possibilidade do celibato conjugal induziam a "problemas mentais".
2. Ibid., p.165.
3. David M. Levy, in *New Fields in Psychiatry* (1947), observa que a orientação de crianças não existia até 1920, quando foi fundado o Institute for Juvenile Research, seguindo as idéias de Adolf Meyer, Alfred Binet e Freud; que ali eles aprenderam sobre a recidividade; e que, em 1932, havia 674 clínicas que ofereciam serviços a jovens.
4. *The Question of Lay Analysis* (1926), *SE*, 20, p.179-258 [*A questão da análise leiga*, *ESB*, XX].
5. Nathan G. Hale (org.), *James Jackson Putnam and Psychoanalysis*, Cambridge, Harvard University Press, 1971, p.86.
6. Ibid., p.89.
7. Isador H. Coriat, *What Is Psychoanalysis?*, Nova York, Moffat, 1919.
8. Hale, *James Jackson Putnam*, p.397.
9. Para maiores detalhes, ver Edith Kurzweil, *The Freudians: A Comparative Perspective* (1989), e idem, "USA", in P.Kutter (org.) *A Guide to Psychoanalysis Throughout the World*, Hillsdale, NJ, Analytic Press, p.186-234.
10. Sanford Gifford (1977), in B.B. Wolman (org.), *Encyclopedia of Behavioral Sciences*, p.374-84.
11. Otto Rank, *Art and the Artist* (1907), Nova York, Tudor, 1932.
12. H. Hartmann, E. Kris e R.M. Loewenstein, "Comments on the Formation of Psychic Structure", *Psychoanalytic Study of the Child*, 2, 1946, p.11-38.

"Psicanálise: A experiência norte-americana"
Robert Coles

1. Com base na gravação de uma entrevista realizada no gabinete de Erik H. Erikson na Biblioteca Widener, Universidade de Harvard, 9 de outubro de 1968.
2. Anna Freud, *Difficulties in the Path of Psychoanalysis: A Confrontation of Past with Present Viewpoints*, International Universities Press, 1969, p.20.
3. Com base na gravação de uma entrevista realizada na casa da Dra. Bibring em Cambridge, 15 de abril de 1960.
4. Com base na gravação de uma entrevista realizada na Universidade de Yale, março de 1970.
5. Anna Freud, *Normality and Pathology in Children*, International Universities Press, 1965.
6. Allen Wheelis, *The Quest for Identity*, Norton, 1958.
7. Sara Lawrence Lighfoot, *Balm in Gilead*, Addison-Wesley, 1988.

"Freud, cinema e cultura"
E. Ann Kaplan

1. Krin Gabbard e Glen O. Gabbard, *Psychiatry and the Cinema*, University of Chicago Press, 1987.
2. Curiosamente, a imagem da doença mental nesse filme provocou um debate entre psiquiatras no *New York Times*. Especificamente citadas numa carta ao editor foram a "informação equivocada" a respeito da terapia eletroconvulsiva, que o missivista, Dr. Rosenberg, afirmou estar "entre os tratamentos mais eficazes que se conhecem na medicina", e a ênfase exagerada do filme na influência dos pais no desenvolvimento da doença mental. Rosenberg fez blague, dizendo que "o David do cinema parece sofrer de um caso agudo de 'loucura cinematográfica'..." ("*Shine* Depicts False View of Mental Illness", *New York Times*, 15 de março de 1997). Uma das respostas afirmou que o ambiente familiar de fato desempenha um grande papel na doença mental e que, portanto, o filme não havia exagerado a ênfase nisso. Como se pode ver, o cinema é tido como algo que exerce um impacto nas idéias que as pessoas fazem da doença mental.
3. Ver o livro de Janet Walker de 1993, *Couching Resistance: Women, Film and Psychoanalytic Psychiatry*, University of Minnesota Press.
4. Ver Christian Metz, *The Imaginary Signifier: Psychoanalysis and Cinema*, Indiana University Press, 1981.
5. Ver E. Ann Kaplan (org.), *Psychoanalysis and Cinema*, Routledge, 1990.
6. Ver Mary Ann Doane, *The Desire to Desire* (Indiana University Press, 1987); Laura Mulvey, *Visual and Other Pleasures* (Indiana University Press, 1989); E. Ann Kaplan, *Motherhood and Representation*, Routledge, 1992.
7. Ver Juliet Mitchell, *Psychoanalysis and Feminism*, Penguin, 1975; Sara Kofman, *The Enigma of Woman*, Cornell University Press, 1985; Teresa de Lauretis, *The Practice of Love*, Indiana University Press, 1994.
8. Ver Freud, "The Psychogenesis of a Case of Homosexuality in a Woman" (1920), in *Sexuality and the Psychology of Love*, Collier, 1963 ["Psicogênese de um caso de homossexualismo numa mulher", ESB, XVIII].
9. Ver De Lauretis, *Practice of Love*.
10. Ver E. Ann Kaplan, "The Couch Affair: Gender and the Transference in Hollywood Film", in *American Imago*, 50 (inverno de 1993), p.481-514.
11. Diversos estudiosos do cinema e da cultura têm comentado o imperialismo norte-americano e europeu, a saber: Mary Ann Doane, "Dark Continents: Epistemologies of Racial and Sexual Difference in Psychoanalysis and the Cinema", in Doane (org.), *Femmes Fatales*, Routledge, 1991, p.209-48; Edward Said, *Culture and Imperialism*, Knopf, 1992; Ella Shohat e Robert Stam, *Unthinking Eurocentrism*, Routledge, 1995.
12. Ver Susan Handelman, *The Slayers of Moses*, Routledge, 1990.
13. Embora muitos dirigentes de estúdios fossem judeus, eles também estavam (talvez especialmente) ansiosos por promover um conjunto assimilacionista de valores, em parte continuando a permitir que o anti-semitismo dominante se expressasse nos filmes. Ver a pesquisa de Patricia Erens e Lester Friedman em Lester Friedman (org.), *Unspeakable Images: Ethnicity and the American Cinema*, Urbana, University of Illinois Press, 1991.
14. Anthony Barthelemy discute as atitudes renascentistas para com os negros em seu livro *Black Face, Maligned Race*, Louisiana State University Press, 1987.
15. Ver, por exemplo, Christopher Lane (org.), "The Psychoanalysis of Race", *Discourse* (edição especial), 19, inverno de 1997.
16. Krin e Glen O. Gabbard descreveram esses filmes em seu *Psychiatry and the Cinema*.
17. Freud, *Jokes and their Relation to the Unsconscious*, SE, 8 [*Os chistes e sua relação com o inconsciente*, ESB, VIII].
18. Ver Kaplan, "Couch Affair".

"A controvérsia freudiana: O que está em questão?"
Frank Cioffi

1. L.L. Whyte, *The Unconscious Before Freud*, Tavistock Publications, 1962, p.177.
2. Frederick Crews, *The Memory Wars: Freud's Legacy in Dispute*, *New York Review of Books*, 1995, p.8.
3. Peter Medawar, *New York Review of Books*, 23 de janeiro de 1975.
4. "On the History of the Psycho-Analytic Movement", *SE*, 14, p.23-4 ["Sobre a história do movimento psicanalítico", *ESB*, XIV].
5. Charles Brenner, "Classical Psychoanalysis", in *International Encyclopedia of the Social Sciences*.
6. Perdi minha fonte dessa referência.
7. Ludwig Wittgenstein, *Lectures and Conversations on Psychology*, Oxford, Blackwell, 1966, p.24.
8. E. Kris, *The Origins of Psychoanalysis*, Nova York, Basic Books, 1954, p.78.
9. *SE*, 1, p.51.
10. Richard Wollheim, *Freud*, Fontana, 1991, p.33.
11. "Is Freudian Psychoanalytic Theory Pseudo-scientific by Karl Popper's Criterion of Demarcation?", *American Philosophical Quarterly*, 16, nº 2, abril de 1979.
12. Robert Woodworth, *Science*, 1913, p.930.
13. *SE*, 3, p.205.
14. *SE*, 19, p.116.
15. Paul Meehl, "Some Methodological Reflections on the Difficulties of Psychoanalytic Research", *Minnesota Studies in the Philosophy of Science*, 1970, p.407.
16. Ernest Jones, *Papers on Psycho-Analysis*, Beacon, 1927, p.414; ver também Oberndorf, *A History of Psychoanalysis in America*, Harper Torchbooks, 1964, p.123.
17. Ver "Why Psychoanalysis Is a Testimonial Science", *in* Frank Cioffi, *Freud and the Question of Pseudo-Science*, Open Court, 1998.
18. Janet Malcolm, *The Impossible Profession*, Picador, 1982, p.35 [*Psicanálise: A profissão impossível*, Rio de Janeiro, Zahar, 1983].
19. Han Israël e Morton Schatzman, "The Seduction Theory", *History of Psychiatry*, 4, 1993, p.23-59. Ver também Allen Esterson, "Jeffrey Masson and Freud's Seduction Theory: A New Fable Based on Old Myths", *History of the Human Sciences*, fevereiro de 1998; Frank Cioffi, "Was Freud a Liar?" e "From Freud's 'Scientific Fairy Tale' to Masson's Politically Correct One", in *Freud and the Question of Pseudo-Science*.
20. *Betrayers of the Truth*, Touchstone, 1982.
21. *Contemporary Psychology*, 33, nº 5, 1988.
22. *SE*, 23, p.191.
23. *SE*, 21, p.184.

"Um século de psicanálise: Retrospectiva crítica e perspectivas"
Adolf Grünbaum

1. *SE*, 3, p.151 (1896).
2. Para maiores detalhes, ver Adolf Grünbaum, *The Foundations of Psychoanalysis: A Philosophical Critique*, University of California Press, 1984. Há traduções em alemão, italiano, japonês, francês e húngaro. Ver também Grünbaum, "Is Freud's Theory Well-Founded?", *Behavioral and Brain Sciences*, 9, 1986, p.266-81; idem, *Validation in the Clinical Theory of Psychoanalysis: A Study in the Philosophy of Psychoanalysis*, International Universities Press, 1993; e idem, "One Hundred Years of Psychoanalytic Theory and Therapy: Retrospect and Prospect", in Martin Carrier e Peter Machamer (orgs.), *Mindscapes: Philosophy, Science, and the Mind*, University of Pittsburgh Press e University of Konstanz Press, 1997, p.340-3.
3. Marcel Zentner, *Die Flucht ins Vergessen: Die Anfänge der Psychoanalyse Freuds bei Schopenhauer*, Wissenschaftliche Buchgesellschaft, 1995, p.248.

4. *SE*, 14, p.15-6 (1914).
5. Morris Eagle, "The Psychoanalytic and the Cognitive Unconscious", in R. Stern (org.), *Theories of the Unconscious and Theories of the Self*, Analytic Press, p.155-89.
6. *SE*, 5, p.566-67 (1900).
7. Morris Eagle, "The Dynamics of Theory Change in Psychoanalysis", in J. Earman *et al.* (orgs.), *Philosophical Problems of the Internal and External Worlds: Essays on the Philosophy of Adolf Grünbaum*, University of Pittsburgh Press e University of Konstanz Press, 1993, cap.15, p.374-6.
8. Eagle, "Dynamics of Theory Change", p.161-5.
9. Howard Shevrin *et al.*, "Event-Related Potential Indicators of the Dynamic Unconscious", *Consciousness and Cognition*, 1, 1992, p.340-1.
10. Eagle, "Psychoanalytic and Cognitive Unconscious", p.166-86.
11. Por exemplo, Michael Basch, "Psychoanalysis, Science and Epistemology", *Bulletin of the Institute for Psychoanalysis*, Chicago, 4, nº 2, 1994, p.1.
12. Thomas Nagel, "Freud's Permanent Revolution", *New York Review of Books*, 12 de maio de 1994, p.34-8.
13. Adolf Grünbaum, carta ao editor, *New York Review of Books*, 11 de agosto de 1994, p.54-5, opondo-se a "Freud's Permanent Revolution", de Thomas Nagel.
14. Henri Ellenberger, *The Discovery of the Unconscious*, Nova York, Basic Books, 1970, p.547-9.
15. *SE*, 6, p.239 (1901).
16. *SE*, 15, p.47 (1916).
17. *SE*, 14, p.16 (1914).
18. *SE*, 20, p.45 (1945) e 16, p.301 (1917).
19. Helmut Thomä e Horst Kächele, *Psychoanalytic Practice*, vol. 1, Springer Verlag, 1987, p.107-11.
20. *SE*, 6, p.144 (1901).
21. Ibid., p.147.
22. *SE*, 15, p.76-7 (1916).
23. *SE*, 5, p.528 (1900); Grünbaum, *Validation in the Clinical Theory of Psychoanalysis*, p.24-6.
24. Grünbaum, "One Hundred Years of Psychoanalytic Theory and Therapy", p.340-3.
25. *SE*, 2, p.6-7 (1893).
26. *SE*, 20, p.27 (1925) e 23, p.216-53 (1937).
27. *SE*, 2, p.34-5 (1895).
28. Henri Ellenberger, "The Story of Anna O.: A Critical Review with New Data", *Journal of the History of the Behavioral Sciences*, 8, 1972, p.267-79; e Mikkel Borch-Jacobsen, *Remembering Anna O.: 100 Years of Psychoanalytic Mystification*, Routledge, 1996.
29. Ver Adolf Grünbaum, "The Placebo Concept in Medicine and Psychiatry", in M. Shepherd e N. Sartorius (orgs.), *Non-Specific Aspects of Treatment*, publicado para a Organização Mundial de Saúde (Hans Huber Verlag, 1989), p.7-38.
30. H. Bachrach et al., "On the Efficacy of Psychoanalysis", *Journal of the American Psychoanalytical Association*, 39, 1991, p.871-916; S. Vaughan e S. Roose, "The Analytic Process: Clinical and Research Definitions", *International Journal of Psycho-analysis*, 76, 1995, p.343-56.
31. *SE*, 4, p.100-1 (1900).
32. *SE*, 20, p.44 (1925).
33. *SE*, 5, p.546, 548-9, 552-4, 567-8, 583-4 (1900).
34. *SE*, 20, p.44 (1925).
35. *SE*, 4, p.234; *SE*, 5, p.680 (1900).
36. Grünbaum, *Foundations of Psychoanalysis*, cap.5.
37. Adolf Grünbaum, "A New Critique of Freud's 1895 Neurobiological Dream Theory" (no prelo).
38. *SE*, 4, p.134-5 (1900); 20, p.44 (1925).
39. *SE*, 5, p.553 (1900); 20, p.44 (1925).
40. *SE*, 20, p.45 (1925).
41. Clark Glymour, "The Theory of Your Dreams", *in* Robert S. Cohen e Larry Laudan (orgs.), *Physics, Philosophy and Psychoanalysis: Essays in Honor of Adolf Grünbaum*, Reidel, 1983, p.57-71.
42. *SE*, 20, p.44 (1925).
43. Shakespeare, *Hamlet*, Ato 1, Cena 5.
44. Paul Ricoeur, *Freud and Philosophy*, Yale University Press, 1970, p.358.

45. Barbara von Eckardt, "Adolf Grünbaum and Psychoanalytic Epistemology", in J. Reppen (org.), *Beyond Freud: A Study of Modern Psychoanalytic Theorists*, Analytic Press, 1985, p.356-64.
46. Grünbaum, *Foundations of Psychoanalysis*, p.1-94; idem, "'Meaning' Connections and Causal Connections in the Human Sciences: The Poverty of Hermeneutic Philosophy", *Journal of the American Psychoanalytical Association*, 38, nº 3, 1990, p.559-77; e idem, *Validation in the Clinical Theory of Psychoanalysis*, cap.4.
47. Anthony Storr, "Human Understanding and Scientific Validation", in Open Peer Commentary, *Behavioral and Brain Sciences*, 9, nº 2, junho de 1986, p.260.
48. Grünbaum, *Foundations of Psychoanalysis*, cap.7.
49. Eagle, "Dynamics of Theory Change", p.373-408.
50. Ibid., p.374.
51. Ibid., p.388.
52. Ibid., p.404.
53. André Green, "Against Lacanism", *Journal of European Psychoanalysis*, 2, 1995-96, p.169-85.
54. Jacob Arlow e Charles Brenner, "The Future of Psychoanalysis", *Psychoanalytic Quarterly*, 57, 1988, p.13.
55. Paul E. Meehl, "Commentary: Psychoanalysis as Science", *Journal of the American Psychoanalytical Association*, 43, nº 4, 1995, p.1021.
56. Grünbaum, "'Meaning' Connections and Causal Connections in the Human Sciences"; e idem, *Validation in the Clinical Theory of Psychoanalysis*, cap.4.
57. Philip Holzman, "Hilgard on Psychoanalysis as Science", *Psychological Science*, 5, nº 4, julho de 1994, p.190.
58. Comunicação particular.

"Freud: Projeções atuais"

Peter D. Kramer

1. Há um relato dessa análise e desses anos em Peter D. Kramer, *Moments of Engagement*, Nova York, Norton, 1989; Penguin, 1994.
2. Lavinia Edmunds, "His Master's Choice", *Johns Hopkins Magazine*, abril de 1988, p.49-9.
3. W.H. Auden, "In Memory of Sigmund Freud", in *Collected Papers*, Nova York, Vintage, 1991, p.273-6.
4. Freud, "Extracts from the Fliess Papers; Draft H: Paranoia", *SE*, 1, p.206-12 ["Excertos dos documentos dirigidos a Fliess; Rascunho H: Paranóia", *ESB*, I]. Discuto esse caso num contexto diferente em Peter D. Kramer, *Should You Leave?*, Nova York, Scribner, 1997.
5. Freud, "Extracts", *SE*, 1, p.207-8.
6. Freud, "Further Remarks on the Neuro-Psychoses of Defence, III: Analysis of a Case of Chronic Paranoia", *SE*, 3, p.174-85 ["Observações adicionais sobre as neuropsicoses de defesa: Análise de um caso de paranóia crônica", *ESB*, III]. Também nesse caso, Freud desconhece a possibilidade de que esse "incidente entre crianças" tenha agido como um trauma externo, e tampouco se mostra inclinado a alimentar dúvidas sobre a lembrança de sua paciente.
7. Freud, "Psycho-Analytic Notes on an Autobiographical Account of a Case of Paranoia (Dementia Paranoides)", *SE*, 12, p.1-82 ["Notas psicanalíticas sobre um relato autobiográfico de um caso de paranóia (*Dementia paranoides*)", *ESB*, XII]. Ver também, por exemplo, Z. Lothane, *In Defense of Schreber: Soul Murder and Psychiatry*, Hillsdale, NJ, Analytic Press, 1992.
8. Lionel Trilling, *Sincerity and Authenticity*, Cambridge, Harvard University Press, 1972.
9. Martha Nussbaum, *The Therapy of Desire*, Princeton, Princeton University Press, 1994.
10. Auden, "In Memory of W.B. Yeats", in *Collected Poems*, p.247-9.

"Corações estranhos: Da ligação paradoxal entre a psicanálise e o feminismo"
Muriel Dimen

1. Sigmund Freud, "Fragment of an Analysis of a Case of Hysteria" (1905), *SE*, 7, p.7-124, 65 n.1 ["Fragmento da análise de um caso de histeria", *ESB*, VII].
2. Agradeço a Adrienne Harris, Natalie Kampen, Michael Roth e Sue Shapiro, que me ajudaram muito na preparação deste ensaio, mas não têm nenhuma responsabilidade por suas deficiências.
3. Numa carta de 1928, Freud disse a Ernest Jones que considerava a vida sexual da mulher adulta "uma espécie de 'continente negro'" (Peter Gay, *Freud: A Life for Our Time*, Norton, 1988, p.501 [*Freud: Uma vida para o nosso tempo*, São Paulo, Companhia das Letras, 1995]).
4. Houve várias tentativas recentes de remediar essa lacuna: Elizabeth Abel, "Race, Class, and Psychoanalysis? Opening Questions", in Marianne Hirsch e Evelyn Fox Keller (orgs.), *Conflicts in Feminism*, Routledge, 1990; Mary Ann Doane, *Femmes Fatales: Feminism, Film Theory, Psychoanalysis*, Routledge, 1991; Sander L. Gilman, *Freud, Race, and Gender*, Princeton, Princeton University Press, 1993; Claudia Tate, "Psychoanalysis as Enemy and Ally of African Americans", *Journal for the Psychoanalysis of Culture and Society*, 1, 1996, p.53-62; Jean Walton, "Re-placing Race in (White) Psychoanalytic Discourse: Founding Narratives on Feminism", *Critical Inquiry*, 21, 1995, p.775-804.
5. Freud, *Three Essays on the Theory of Sexuality* (1905), *SE*, 7, p.135-248, 221. [*Três ensaios sobre a teoria da sexualidade*, *ESB*, VII].
6. Thomas Laqueur, *Making Sex*, Harvard University Press, 1990, p.235.
7. Anne Koedt, "The Myth of the Vaginal Orgasm", in Anne Koedt, Ellen Levin e Anita Rapone (orgs.), *Radical Feminism*, Quadrangle, 1970, p.198-207.
8. Lynne Segal, *Straight Sex*, Virago, 1994, p.36.
9. Michel Foucault, *The History of Sexuality*, vol.1, trad. de R. Hurley, 1976; Vintage, 1980 [*História da sexualidade* — I. *A vontade de saber*, Rio de Janeiro, Graal, 6ª ed., 1985].
10. Kate Millet, *Sexual Politics*, Nova York, Doubleday, 1970.
11. William A. Masters e Virginia Johnson, *Human Sexual Response*, Boston: Little, Brown, 1966.
12. Karen Horney, "On the Genesis of the Castration Complex in Women", in Harold Kelman (org.), *Feminine Psychology*, Norton, 1967, p.37-53; "The Flight from Womanhood", p.54-70; "The Denial of the Vagina", p.147-61.
13. Ernest Jones, "Early Development of Female Sexuality", in *Papers on Psycho-Analysis*, Beacon, 1927, p.438-51; Melanie Klein, "Early Stages of the Oedipus Conflict", *International Journal of Psycho-Analysis*, 9, 1928, p.167-80.
14. Horney, "Denial of the Vagina", p.160 (grifo no original).
15. Freud, "On Femininity" (1933), in *New Introductory Lectures on Psycho-Analysis*, *SE*, 22, p.112-34, 118 [*Novas conferências introdutórias sobre psicanálise*, *ESB*, XXII]; *An Outline of Psycho-Analysis*, *SE*, 23, p.141-208, 154 nº 2 [*Esboço de psicanálise*, *ESB*, XXIII].
16. Zenia Fligel, "Women's Development in Analytic Theory: Six Decades of Controversy", in Judith L. Alpert (org.), *Psychoanalysis and Women: Contemporary Reappraisals*, Analytic Press, 1986, p.3-32.
17. Como é bem sabido atualmente, a famosa equação da anatomia com o destino não se refere ao gênero e ao caráter, mas à inibição sexual causada pelo fato de que "*inter urinas et faeces nascimur*" (nascemos entre a urina e as fezes), como observou Freud em *Civilization and its Discontents* (1930), *SE*, 21, p.106 n.3 [*O mal-estar na cultura*, op.cit.].
18. Que essa estratégia fracassou é uma outra história, que falta tempo para contar, da psicanálise contemporânea e do feminismo.
19. Freud em carta a Marie Bonaparte, citado em Ernest Jones, *The Life and Work of Sigmund Freud*, Nova York, Basic Books, 1953, vol. 2, p.421 [*A vida e a obra de Sigmund Freud*, Rio de Janeiro, Imago, 1988].
20. Freud, "Female Sexuality" (1931), *SE*, 21, p.221-45, 229. O fato de ser possível interpretar esse lapso, ainda que dubiamente, como representando o conteúdo da psique da criança não explica o que viria a se tornar a incapacidade de Freud distinguir seu ponto de vista do da criança.
21. Freud, "On Femininity", *SE*, 22, p.112-24, 116-7 ["Feminilidade", ESB, XX].
22. Freud, "The Psychogenesis of a Case of Homosexuality in a Woman", *SE*, 18, p.145-72, 158 nº 2 ["Psicogênese de um caso de homossexualismo numa mulher", *ESB*, XVIII].

23. Ibid., p.150-1. Ver, na avaliação incisiva desse caso feita por Adrienne Harris — "Gender as Contradiction", *Psychoanalytic Dialogues: A Journal of Relational Perspectives*, 1, 1991, p.197-224 —, uma interpretação desse ato falho.
24. Freud, "On Femininity"; Sarah Kofman, *The Enigma of Woman*, trad. Catherine Porter, Cornell University Press, 1985.
25. De acordo com Fliegel, "Women's Development", p.7ss, Freud tomou Horney como alvo em "Some Psychical Consequences of the Anatomical Distinction Between the Sexes" (1925), *SE*, 19, p.241-59 ["Algumas conseqüências psíquicas da distinção anatômica entre os sexos", *ESB*, XIX], e em "On Femininity".
26. Ann Jackowitz, "Anna O./Bertha Pappenheim and Me", in Carol Ascher, Louise DeSalvo e Sara Ruddick (orgs.), *Between Women*, Beacon, 1984, p.253-310.
27. Ver Harriet Anderson, "Psychoanalysis and Feminism: An Ambivalent Alliance; Viennese Feminist Responses to Freud, 1900-30", in Edward Timms e Ritchie Robertson (orgs.), *Psychoanalysis in Its Cultural Context; Austrian Studies III*, Edinburgh University Press, 1992, p.81-94.
28. Jessica Benjamin, "The Primal Leap of Psychoanalysis, from Body to Speech", in *Shadow of the Other*, Routledge, 1998, p.3.
29. Sally Alexander, "Feminist History", in Elizabeth Wright (org.), *Feminism and Psychoanalysis: A Critical Dictionary*, Blackwell, 1992, p.108-13, 109.
30. Anderson, "Psychoanalysis and Feminism", p.73.
31. Henri F. Ellenberger, *The Discovery of the Unconscious: The History and Evolution of Dynamic Psychiatry*, Basic Books, p.70ss.
32. Nancy Chodorow, *Feminism and Psychoanalytic Theory*, Yale University Press, 1989, p.175.
33. Gayle Rubin, "The Traffic in Women: Notes Toward the Political Economy of Sex", in Rayna Rapp Reiter (org.), *Toward an Anthropology of Women*, Monthly Review Press, 1975, p.157-210.
34. Num apêndice de seu importante livro, *Psychoanalysis and Feminism: Freud, Reich, Lang and Women* (Nova York, Pantheon, 1974), Juliet Mitchell observa a contemporaneidade da psicanálise e do feminismo na Viena de Freud. Em vez de vê-las como mutuamente influentes, no entanto, ela retrata a segunda como reagindo à primeira.
35. John Forrester, "Freud's Female Patients/Female Analysts", in *Feminism and Psychoanalysis*, p.134-9, 134.
36. Joan Riviere, "Womanliness as a Masquerade", *International Journal of Psycho-Analysis*, 10, 1929, p.303-13.
37. Rosalind Delmar, "What Is Feminism?", in Juliet Mitchell e Ann Oakley (orgs.), *What Is Feminism?*, Pantheon, 1986, p.8-33, 27.
38. Susie Orbach, *Fat Is a Feminist Issue*, Nova York, Berkley, 1978, p.3-23.
39. Jacqueline Rose, *Sexuality in the Field of Vision*, Verso, 1986, p.6, 8. Depois de haver proposto, independentemente, que o feminismo é o legado do projeto de Marx-Freud, fiquei contente em deparar com a elegante conceituação de Rose, que corrobora e complementa minha perspectiva.
40. A desavença de Freud com o psicanalista marxista Wilhelm Reich talvez se destaque, aqui, como a senha para esse debate.
41. Essa coincidência não é surpreendente, numa época de efervescência cultural e política em que, na verdade, muitos analistas de segunda geração estavam recebendo sua formação intelectual. Não apenas Sandor Ferenczi e Otto Fenichel, mas também figuras como Edith Jacobson, George Gero e Annie Reich estavam impregnados da política de esquerda. Enquanto alguns, como Wilhelm Reich e Erich Fromm, continuaram a lutar pela síntese, outros abandonaram sua política, numa concessão mais movida por sua fuga do Holocausto para a nação anticomunista que eram os Estados Unidos (com sua psicanálise medicalizada e anti-intelectual) do que por uma incompatibilidade intrínseca entre duas concepções estimadas e imaginativas do potencial humano. Ver Russell Jacoby, *The Repression of Psychoanalysis: Otto Fenichel and the Political Freudians*, Chicago, University of Chicago Press, 1983.
42. Rose, *Sexuality in the Field of Vision*, p.8.
43. Simone de Beauvoir, *The Second Sex*, trad. de H.M. Parshley (1949); Vintage, 1974 [*O segundo sexo*, Rio de Janeiro, Nova Fronteira, 2 vols., 1988].
44. Chodorow, *Feminism and Psychoanalytic Theory*, p.213. Se é possível dizer que uma única obra representa esse momento, trata-se de "Traffic in Women", de Gayle Rubin, onde Karl Marx, Sigmund

Freud, Claude Lévi-Strauss e Jacques Lacan são, todos eles, vítimas de suas próprias maquinações a serviço do esclarecimento e da convocação de uma nova teoria do que, na época, a autora chamou de sistema do "sexo/gênero". Situar a sexualidade entre a psique e a política, por outro lado, requer uma teoria, uma explicação psicanalítica de como a ideologia é psiquicamente transformada em comportamento e convicção pessoal. Contemporaneamente, Juliet Mitchell afirma que dispomos dessa teoria: Jacques Lacan forneceria o meio de indicar a rota de Marx por Freud para que a subordinação da mulher pudesse ser explicada. Mais tarde, em "Thinking Sex: Notes for a Radical Theory of the Politics of Sexuality", em Carole S. Vance (org.), *Pleasure and Danger: Exploring Female Sexuality*, Routledge, 1984, p.267-319, Rubin tornou a separar o sexo do gênero, clamando por teorias distintas ainda que com implicações mútuas sobre cada um.

45. Shulamith Firestone, *The Dialectic of Sex*, Nova York, Morrow, 1970.
46. Rose, *Sexuality in the Field of Vision*, p.7.
47. Julia Kristeva, *Tales of Love*, trad. de L.S. Roudiez, Columbia University Press, 1983; Janine Chasseguet-Smirgel, *Sexuality and Mind*, New York University Press, 1986; Joyce McDougall, *The Many Faces of Eros*, Norton, 1995.
48. Klein, atendendo ao desejo de Freud, escavou a camada "minóico-micênica" abaixo do chão edipiano, ali encontrando origens ainda mais primitivas do mal-estar da cultura do que Freud havia imaginado, numa argumentação que Dinnerstein retomou uma geração depois. Ver Freud, "Female Sexuality", *SE*, 21, p.226; Melanie Klein, "The Oedipus Complex in the Light of Early Anxieties"; Dorothy Dinnerstein, *The Mermaid and the Minotaur*, Harper, 1976.
49. D.W. Winnicott, *Da pediatria à psicanálise*, Rio de Janeiro, Francisco Alves, 1985.
50. Freud, *Civilization and its Discontents*, *SE*, 21, p.105 n.3 [*O mal-estar...*, op.cit.].
51. Adrienne Harris, "Bringing Artemis to Life: A Plea for Militance and Aggression in Feminist Peace Politics", in Adrienne Harris e Ynestra King (orgs.), *Rocking the Ship of State*, Westview Press, 1989, p.93-114; Carol Gilligan, *In a Different Voice*, Harvard University Press, 1982; Jean Baker Miller, *Toward a New Psychology of Women*, Beacon, 1976.
52. Irene Fast, *Gender Identity: A Differentiation Model*, Analytic Press, 1984; Ethel Person, "Sexuality as the Mainstay of Identity", *Signs*, 5, 1980, p.605-30.
53. Jessica Benjamin, "Discussion of Jordan's 'The Relational Self: A New Perspective for Understanding Women's Development'", *Contemporary Psychotherapy Review*, 7, 1992, p.82-96, 90.
54. Virginia Goldner, "Toward a Critical Relational Theory of Gender", *Psychoanalytic Dialogues*, 1, 1991, p.249-72.
55. Jessica Benjamin, *The Bonds of Love*, Pantheon, 1988; Nancy Chodorow, *The Reproduction of Mothering*, University of California Press, 1978.
56. Freud enunciou essa expressão clássica em "Preface to Aichhorn's *Wayward Youth*" (1925), *SE*, 19, p.272-5 ["Prefácio a *Juventude desorientada*, de Aichhorn", *ESB*, XIX]. Na *História da sexualidade*, Foucault teoriza a condição política e discursiva dessa impossibilidade. Barbara Ehrenreich, em *Fear of Falling*, Pantheon, 1989, levanta as raízes históricas e a estrutura socioeconômica das profissões impossíveis.
57. Esse é um prazer que podemos justificadamente chamar de sadomasoquista.
58. Rose, *Sexuality in the Field of Vision*, p.7.
59. Conforme a elaboração de Ferdinand de Saussure e Roman Jakobson, cuja obra, em seu conjunto, levou ao estruturalismo de Claude Lévi-Strauss em meados do século.
60. Judith Butler, "Gender", in *Feminism and Psychoanalysis*, p.140-5, 140. "Gênero" é um termo que Freud nunca usou e que as feministas lacanianas rejeitam; ver Juliet Mitchell, "Commentary on 'Deconstructing Difference: Gender, Splitting, and Transitional Space', by Muriel Dimen", *Psychoanalytic Dialogues*, 2, 1991, p.353-8.
61. Alexander, "Feminist History", p.109.
62. Judith Butler, "Melancholy Gender/Refused Identification", *Psychoanalytic Dialogues*, 5, 1995, p.165-80.
63. Rose afirma que essa suposta veracidade é a principal virtude de Lacan para o feminismo, em "Introduction II", in Juliet Mitchell e Jacqueline Rose (orgs.), *Feminine Sexuality: Jacques Lacan and l'école freudienne*, Pantheon, 1982, p.27-58.
64. Malcolm Bowie, *Lacan*, Harvard University Press, 1990, p.130.

65. Um símbolo "fundamental" é um fator de sentido (que incluiria o que os lacanianos chamam de "significante") que, numa visão etnográfica, simultaneamente expressa e cria as idéias centrais de uma cultura, descreve e prescreve seus valores e seu comportamento. Ver Sherry Ortner, "On Key Symbols", *American Anthropologist*, 75, 1973, p.1338-46.
66. Grosz, em "Phallus: Feminist Implications", em *Feminism and Psychoanalysis*, p.320-3, precede esse comentário com a insistência em que "as feministas não podem permitir-se ignorar o privilégio a priori do masculino na explicação [lacaniana], nem tampouco precipitar-se em aceitar a afirmação de Lacan de que o falo é um significante como qualquer outro" (p.322). Jane Flax defende uma tese semelhante em *Thinking Fragments: Psychoanalysis, Feminism, and Post-Modernism in the Contemporary West*, University of California Press, 1990. Usando imagens um tanto bizarras para acentuar a estranheza de seu alvo, ela diz: "As afirmações de Lacan de que o falo existe puramente num plano simbólico, de que não significa pênis e de que qualquer relação entre o significante e o significado é arbitrária são falsas. Porventura Lacan nos convenceria, se dissesse que falta à mãe, digamos, 'um rato', ou que o desejo que ela tem de um filho é de 'papel encerado'?" (p.322).
67. Lacan não apenas sustenta o patriarcado de Freud como o reforça ao eliminar o determinismo biológico que toldava a explicação freudiana. O falo não é o pênis, ou assim insiste ele. Rose parafraseia: "A importância do falo é que seu status no desenvolvimento da sexualidade humana é algo que a natureza não pode explicar" (*Feminine Sexuality*, p.40).
68. "Somente o conceito de uma subjetividade discordante de si mesma restitui à mulher o direito a um impasse na questão da identidade sexual sem nenhuma nostalgia de sua possível ou futura integração numa norma" (Rose, *Sexuality in the Field of Vision*, p.15).
69. A inconstância do desejo bem pode ser simbolizada pelo que Bowie, um intérprete arguto mas simpático de Lacan, chama de "incertezas cotidianas que cercam o membro masculino". Ele se pergunta por que Lacan não percebe que a imprevisibilidade do pênis "faz dele um dialético por excelência, um nexo de oportunidades significantes, um belo exemplo, em todas as suas formas, do *fort/da* freudiano" (*Lacan*, p.125).
70. A idéia de paradoxo, tão bem exposta nos últimos tempos por Winnicott e por aqueles a quem ele influenciou, revela quão inesperadamente polarizador pode ser, vez por outra, não apenas o pensamento de Lacan, mas também o de Foucault. David Harvey, em *The Condition of Postmodernity*, Blackwell, 1989, fez-me lembrar a teoria marxista das "relações internas", elaborada por Bertell Ollman em *Alienation: Marx's Conception of Man in Capitalist Society*, 2ª ed., Cambridge University Press, 1976, que sugere um modo de se pensar paradoxalmente em termos marxistas.
71. Teresa Brennan, "Introduction", em idem (org.), *Between Feminism and Psychoanalysis*, Routledge, 1989, p.1-24, 8.
72. Naomi Scheman, *Engenderings*, Routledge, 1993, p.3.
73. Valerie Traub, "The Psychomorphology of the Clitoris", *GLQ*, 2, 1995, p.100.
74. Luce Irigaray, *This Sex Which Is Not One*, trad. C. Porter e C. Burke, Cornell University Press, 1985.
75. Eve Kosofsky Sedgewick, *Epistemology of the Closet*, University of California Press, 1990, p.29.
76. Beverly Whipple e B.R. Komisaruk, "The G-spot, Orgasm and Female Ejaculation: Are They Related?", in P.Kohari (org.), *Proceedings: First International Conference on Orgasm*, VRP Publishers, 1991, p.27-237.
77. Daniel Odier, mestre do Tantra, fala em "orgasmos do globo ocular", em *Tantric Quest*, trad. Jody Gladding, Inner Traditions, 1997, p.156.
78. Bowie, *Lacan*, p.196; Rose, *Sexuality in the Field of Vision*, p.15.
79. Ellenberger, *Discovery of the Unconscious, passim*.
80. Ver, por exemplo, Philip Bromberg, "'Speak! That I May See You': Some Reflections on Dissociation, Reality, and Psychoanalytic Listening", *Psychoanalytic Dialogues*, 4, 1994, p.517-48. Ver também Jody Messler Davies e Mary Gail Frawley, "Dissociative Processes and Transference-Countertransference Paradigms in the Psychoanalytically Oriented Treatment of Adult Survivors of Childhood Sexual Abuse", *Psychoanalytic Dialogues*, 2, 1992, p.5-36.
81. Lynne Layton, "Reply to Judith Butler", *Gender and Psychoanalysis*, 2, 1997, p.521-4, 523.

SELETA BIBLIOGRÁFICA

Abel, Elizabeth, "Race, Class, and Psychoanalysis? Opening Questions", in Marianne Hirsch e Evelyn Fox Keller (orgs.), *Conflicts in Feminism*, Nova York, Routledge, 1990, p.184-204.

Abraham, Karl, "A Short Study of the Development of the Libido, Viewed in the Light of Mental Disorders", 1924, in Ernest Jones (org.), *Selected Papers on Psycho-Analysis*, Nova York, Brunner/Mazel, 1927, p.184-204 ["Breve estudo do desenvolvimento da libido, visto à luz das perturbações mentais", in *Teoria psicanalítica da libido — Sobre o caráter e o desenvolvimento da libido*, Rio de Janeiro, Imago, 1970].

Alexander, Sally, "Feminist History", in Elizabeth Wright (org.), *Feminism and Psychoanalysis: A Critical Dictionary*, Oxford, Blackwell, 1992, p.108-13.

Anderson, Harriet, "Psychoanalysis and Feminism: An Ambivalent Alliance; Viennese Feminist Responses to Freud, 1900-30", in Edward Timms e Ritchie Robertson (orgs.), *Psychoanalysis in Its Cultural Context; Austrian Studies III*, Edimburgo, Edinburgh University Press, 1992, p.81-94.

Anthony, J. e T. Benedek, *Parenthood, Its Psychology and Psychopathology*, Boston: Little, Brown, 1970.

Didier Anzieu, *A auto-análise de Freud e a descoberta da psicanálise*, Porto Alegre, Artes Médicas, 1989.

Appignanesi, Lisa e John Forrester, *Freud's Women*, Nova York, Basic Books, 1992.

Santo Agostinho, *Omnia opera*, vol. 8, Paris, Gaume, 1836.

Barthelemy, Anthony, *Black Face, Maligned Race: The Representation of Blacks in English Drama from Shakespeare to Southerne*, Baton Rouge, Louisiana State University Press, 1987.

Beauvoir, Simone de, *O segundo sexo*, Rio de Janeiro, Nova Fronteira, 1988.

Benjamin, Jessica, *The Bonds of Love*, Nova York, Pantheon, 1988.

———,"Discussion of Jordan's 'The Relational Self: A New Perspective for Understanding Women's Development'", *Contemporary Psychotherapy Review*, 7, 1992, p.82-96.

———,*Shadow of the Other*, Nova York, Routledge, 1998.

Blum, H.P., "The Curative and Creative Aspects of Insight", *Journal of the American Psychoanalytical Association* (supl.), 27, 1979, p.41-69.

———,"The Maternal Ego Ideal and the Regulation of Maternal Qualities", in George Pollock e Stanley Greenspan (orgs.), *The Course of Life*, vol.3, *Adulthood and the Aging Process*, p.91-114, Washington, National Institute of Mental Health, 1981.

Bowie, Malcolm, *Lacan*, Cambridge, Harvard University Press, 1991.

Brennan, Teresa (org.), *Between Feminism and Psychoanalysis*, Nova York, Routledge, 1989.
Breuer, Josef e Sigmund Freud, *Studies on Hysteria*, *SE*, 2, 1895 [*Estudos sobre a histeria*, *ESB*, II].
Bromberg, Philip, "'Speak! That I May See You': Some Reflections on Dissociation, Reality, and Psychoanalytic Listening", *Psychoanalytic Dialogues*, 4, 1994, p.517-48.
Butler, Judith, "Gender", in Elizabeth Wright, *Feminism and Psychoanalysis: A Critical Dictionary*, Oxford, Blackwell, 1992, p.140-5.
———, "Melancholy Gender/Refused Identification", *Psychoanalytic Dialogues*, 5, 1995, p.165-80.
Chasseguet-Smirgel, Janine, *Sexuality and Mind*, Nova York, New York University Press, 1986.
Chodorow, Nancy, *The Reproduction of Mothering*, Berkeley, University of California Press, 1978.
———, *Feminism and Psychoanalytic Theory*, New Haven, Conn., Yale University Press, 1989.
Cioffi, Frank, *Freud and the Question of Pseudo-Science*, Chicago, Open Court, 1998.
———, *Wittgenstein on Freud and Frazer*, Nova York, Cambridge University Press, 1998.
Crews, Frederick, *Skeptical Engagements*, Nova York, Oxford University Press, 1986.
———, *The Memory Wars: Freud's Legacy in Dispute*, Nova York, *New York Review of Books*, 1995.
——— (org.), *Unauthorized Freud: Scholars Confront a Legend*, Nova York, Viking Penguin, 1998.
Dalbiez, Roland, *The Method and Doctrine of Freud*, Londres, Longman, 1941.
Davies, Jody Messler e Mary Gail Frawley, "Dissociative Processes and Transference-Countertransference Paradigms in the Psychoanalytically Oriented Treatment of Adult Survivors of Childhood Sexual Abuse", *Psychoanalytic Dialogues*, 2, 1992, p.5-36.
Decker, Hannah S., *Freud, Dora and Vienna 1900*, Nova York, Free Press, 1991.
De Lauretis, Teresa, *The Practice of Love: Lesbian Desire and Perverse Sexuality*, Bloomington, Indiana University Press, 1994.
Delmar, Rosalind, "What Is Feminism?", in Juliet Mitchell e Ann Oakley (orgs.), *What Is Feminism?*, Nova York, Pantheon, 1986, p.8-33.
Dimen, Muriel, *Surviving Sexual Contradictions*, Nova York, Macmillan, 1986.
———, "Power, Sexuality, and Intimacy", in Alison M. Jaggar e Susan Bordo (orgs.), *Gender/Body/Knowledge: Feminist Reconstructions of Being and Knowing*, New Brunswick, NJ, Rutgers University Press, 1989, p.34-51.
Dinnerstein, Dorothy, *The Mermaid and the Minotaur*, Nova York, Harper & Row, 1976.
Doane, Mary Ann, *The Desire to Desire: The Woman's Film of the 1940s*, Bloomington, Indiana University Press, 1987.
———, "Dark Continents: Epistemologies of Racial and Sexual Difference in Psychoanalysis and the Cinema", in Mary Ann Doane (org.), *Femmes Fatales*, Nova York, Routledge, 1991, p.209-48.
Earman, J. et al. (orgs.), *Philosophical Problems of the Internal and External Worlds: Essays on the Philosophy of Adolf Grünbaum*, University of Pittsburgh Press e University of Konstanz Press, 1993.
Edelman, Gerald M., *Bright Air, Brilliant Fire: On the Matter of the Mind*, Nova York, Basic Books, 1992.
Ehrenreich, Barbara, *Fear of Falling*, Nova York, Pantheon, 1989.
Ellenberger, Henri, *The Discovery of the Unconscious: The History and Evolution of Dynamic Psychiatry*, Nova York, Basic Books, 1970.
Esterson, Allen, *Seductive Mirage*, Chicago, Open Court, 1993.
Farrell, Brian, *The Standing of Psychoanalysis*, Nova York, Oxford University Press, 1981.
Fast, Irene, *Gender Identity: A Differentiation Model*, Hillsdale, NJ, Analytic Press, 1984.
Firestone, Shulamith, *The Dialectic of Sex*, Nova York, Morrow, 1970.
Flax, Jane, *Thinking Fragments: Psychoanalysis, Feminism, and Post-Modernism in the Contemporary West*, Berkeley, University of California Press, 1990.

Fliegel, Zenia, "Women's Development in Analytic Theory: Six Decades of Controversy", in Judith L. Alpert (org.), *Psychoanalysis and Women: Contemporary Reappraisals*, Hillsdale, NJ, Analytic Press, 1986, p.3-32.

Forrester, John, *Language and the Origins of Psychoanalysis*, Nova York, Columbia University Press, 1980 [*A linguagem e as origens da psicanálise*, Rio de Janeiro, Imago, 1983].

———,"Freud's Female Patients/Female Analysts", in Elizabeth Wright, *Feminism and Psychoanalysis: A Critical Dictionary*, Oxford, Blackwell, 1992, p.134-9.

———,*Dispatches from the Freud Wars: Psychoanalysis and Its Passions*, Cambridge, Harvard University Press, 1997.

———,*The Seductions of Psychoanalysis: Freud, Lacan and Derrida*, Nova York, Cambridge University Press, 1991.

Foucault, Michel, *História da sexualidade* — I. *A vontade de saber*, Rio, Graal, 6ª ed., 1985].

Freud, Sigmund, *The Standard Edition of the Complete Psychological Works of Sigmund Freud*, org. e trad. de James Strachey, 24 vols., Londres, Hogarth Press e Institute of Psycho-Analysis, 1953-74 [*Edição Standard Brasileira das Obras Psicológicas Completas de Sigmund Freud (ESB)*, Rio de Janeiro, Imago, 1ª ed., 1977-78, 2ª ed. (revista até o vol.VII), 1987-89.]

———,*Gesammelte Werke*, Frankfurt, Fischer, 1945.

———,*Letters of Sigmund Freud, 1873-1939*, org. E. Freud, Londres, Hogarth Press, 1961.

———,*The Complete Letters of Sigmund Freud to Wilhelm Fliess, 1887-1904*, org. e trad. Jeffrey Moussaieff Masson, Cambridge, Harvard University Press e Belknap Press, 1985 [*A correspondência completa de Sigmund Freud para Wilhelm Fliess, 1887-1904*, Rio de Janeiro, Imago, 1986].

———,*A Phylogenetic Fantasy: Overview of the Transference Neuroses*, org. de Ilse Grubrich-Simitis, Cambridge, Harvard University Press, Belknap Press, 1987 [*Neuroses de transferência: uma síntese*, Rio de Janeiro, Imago, 1987].

———,*Psychoanalysis and Faith: The Letters of Sigmund Freud and Oskar Pfister*, org. H. Meng e E. Federn, Londres, Hogarth Press, 1963.

———,*A Psychoanalytic Dialogue: The Letters of Sigmund Freud and Karl Abraham, 1907-1926*, org. H. Abraham e E. Freud, Londres, Hogarth Press, 1965.

———,*Cocaine Papers*, org. R. Byck, Nova York, New American Library, 1974.

———,*The Letters of Sigmund Freud to Eduard Silberstein, 1871-1881*, org. Walter Boehlich, Cambridge, Harvard University Press, 1990.

———,*The Complete Correspondence of Sigmund Freud and Ernest Jones, 1908-1939*, Cambridge, Harvard University Press, 1993.

———,*The Correspondence of Sigmund Freud and Sandor Ferenczi*, org. E. Brabant, E. Falzeder e A. Haynal, Cambridge, Harvard University Press, 1994.

———,"The Psychogenesis of a Case of Homosexuality in a Woman" (1920), in Philip Rieff (org.), *Sexuality and the Psychology of Love*, Nova York, Collier, 1963 ["Psicogênese de um caso de homossexualismo numa mulher", *ESB*, XVIII].

———,"Creative Writers and Daydreaming" ["O autor literário e o devaneio", *ESB*, IX] e "Family Romances" ["Romances familiares", *ESB*, IX], in Philip Rieff (org.), *Sexuality and the Psychology of Love*, Nova York, Collier, 1963.

———,*On Aphasia*, trad. E. Stengel, Londres, Imago Press, 1953.

Gabbard, Krin e Glen O. Gabbard, *Psychiatry and the Cinema*, Chicago, University of Chicago Press, 1987.

Gay, Peter, *Freud: A Life for Our Time*, Nova York, Norton, 1988 [*Freud: Uma vida para o nosso tempo*, São Paulo, Companhia das Letras, 1995].

Geiger, Lazarus, *Der Ursprung der Sprache*, Stuttgart, Cotta'sche Buchhandlung, 1869.

Gellner, Ernest, *The Psychoanalytic Movement*, Londres, Paladin, 1985.

Gilligan, Carol, *In a Different Voice*, Cambridge, Harvard University Press, 1982.

Gilman, Sander L., *Freud, Race, and Gender*, Princeton, NJ, Princeton University Press, 1993.

Goldner, Virginia, "Toward a Critical Relational Theory of Gender", *Psychoanalytic Dialogues*, 1, 1991, p.249-72.

Granoff, Wladimir, *Filiations*, Paris, Editions de Minuit, 1975.

Grosz, Elizabeth, "Phallus: Feminist Implications", in Elizabeth Wright (org.), *Feminism and Psychoanalysis: A Critical Dictionary*, Oxford, Blackwell, 1992, p.320-3.

Gruber, H., *Darwin on Man*, 2ª ed., Chicago, University of Chicago Press, 1982.

Grubrich-Simitis, Ilse, *Zurück zu Freuds Texten: Stumme Dokumente sprechen machen*, Frankfurt-am-Main, S. Fischer, 1993 [*De volta aos textos de Freud*, Rio de Janeiro, Imago, 1995].

Grünbaum, Adolf, *The Foundations of Psychoanalysis: A Philosophical Critique*, Berkeley, University of California Press, 1984.

———,"Is Freud's Theory Well-Founded?", *Behavioral and Brain Sciences*, 9, 1986, p.266-81.

———,*Validation in the Clinical Theory of Psychoanalysis: A Study in the Philosophy of Psychoanalysis*, Madison, Conn., International Universities Press, 1993.

———,"One Hundred Years of Psychoanalytic Theory and Therapy: Retrospect and Prospect", in Martin Carrier e Peter Machamer (orgs.), *Mindscapes: Philosophy, Science, and the Mind*, University of Pittsburgh Press e University of Konstanz Press, 1997, p.340-3.

Handelman, Susan, *The Slayers of Moses: The Emergence of Rabbinic Interpretation*, Albany, State University of New York Press, 1982.

Harris, Adrienne, "Bringing Artemis to Life: A Plea for Militance and Aggression in Feminist Peace Politics", in Adrienne Harris e Ynestra King (orgs.), *Rocking the Ship of State*, Boulder, Colo., Westview Press, 1989, p.93-114.

———,"Gender as Contradiction", *Psychoanalytic Dialogues: A Journal of Relational Perspectives*, 1, 1991, p.197-224.

Horney, Karen, "On the Genesis of the Castration Complex in Women" (1924), in Harold Kelman (org.), *Feminine Psychology*, Nova York, Norton, 1967, p.37-53.

———,"The Flight from Womanhood" (1926), in Kelman (org.), *Feminine Psychology*, p.54-70.

———,"The Denial of the Vagina" (1933), in Kelman (org.), *Feminine Psychology*, p.147-61.

Irigaray, Luce, *This Sex Which Is Not One*, trad. de Catherine Porter e Carolyn Burke, Ithaca, NY, Cornell University Press, 1985.

Jackowitz, Anne, "Anna O./Bertha Pappenheim and Me", in Carol Ascher, Louise DeSalvo e Sara Ruddick (orgs.), *Between Women*, Boston, Beacon Press, 1984, p.253-310.

Jackson, John Hughlings, *Selected Writings, 1931-1932*, org. James Taylor, Gordon Holmes e F.M.R. Walshe, 2 vols., Nijmegen, Holanda, Arts & Boeve, 1996.

Jacoby, Russell, *The Repression of Psychoanalysis: Otto Fenichel and the Political Freudians*, Chicago, University of Chicago Press, 1983.

Jelliffe, Smith Ely, "Sigmund Freud as a Neurologist", in *Journal of Nervous and Mental Diseases*, 85, 1937, p.696-97.

Jones, Ernest, "Early Development of Female Sexuality", in *Papers on Psycho-Analysis*, Boston, Beacon, 1927, p.438-51.

———,*The Life and Work of Sigmund Freud*, 3 vols., Nova York, Basic Books, 1953-57 [*A vida e a obra de Sigmund Freud*, 3 vols., Rio de Janeiro, Imago, 1988].

Kaplan, E. Ann (org.), *Psychoanalysis and Cinema*, Nova York, Routledge, 1990.

———,*Motherhood and Representation: The Mother in Popular Culture and Melodrama*, Nova York, Routledge, 1992.

———,"The Couch Affair: Gender and the Transference in Hollywood Film", in *American Imago*, 50 (inverno de 1993), p.481-514.

———,*Looking for the Other: Feminism, Film and the Imperial Gaze*, Nova York, Routledge, 1997.

Kernberg, O., *Love Relations: Pathology and Normality*, New Haven, Conn., Yale University Press, 1995.

Klein, Melanie, "Early Stages of the Oedipus Conflict", *International Journal of Psycho-Analysis*, 9, 1928, p.167-80.

Koedt, Anne, "The Myth of the Vaginal Orgasm", in Anne Koedt, Ellen Levin e Anita Rapone (orgs.), *Radical Feminism*, Nova York, Quadrangle, 1970, p.198-207.

Kofman, Sarah, *The Enigma of Woman: Women in Freud's Writings*, trad. Catherine Porter, Ithaca, NY, Cornell University Press, 1985.

Kovel, Joel, *White Racism: A Psychohistory*, Nova York, Pantheon, 1970.

Kramer, Peter, *Moments of Engagement: Intimate Psychotherapy in a Technological Age*, Nova York, W.W. Norton, 1989.

———,*Listening to Prozac*, Nova York, Viking, 1993.

———,*Should You Leave?*, Nova York, Scribners, 1997.

Kristeva, Julia, *Tales of Love*, trad. L.S. Roudiez, Nova York, Columbia University Press, 1983.

Kurzweil, Edith, *Freudians and Feminists*, Boulder, Colo., Westview Press, 1995.

———,*The Freudians: A Comparative Perspective*, New Brunswick, NJ, Transaction Publishers, 1996.

Lacan, Jacques, *Feminine Sexuality*, org. Juliet Mitchell e Jacqueline Rose, trad. Jacqueline Rose, Nova York, Norton, 1982.

Lane, Christopher (org.), "The Psychoanalysis of Race", *Discourse: Theoretical Studies in Media and Culture* (edição especial), 19, inverno de 1997.

Laqueur, Thomas, *Making Sex*, Cambridge, Harvard University Press, 1990.

Le Bon, G., *The Crowd: A Study of Popular Mind*, Londres, 1920 (originalmente publicado como *Psychologie des foules*, 1895).

Luria, A.R., *Psychoanalysis in Light of the Principal Tendencies in Contemporary Psychology* (em russo), Moscou, Kazan, 1922.

———,*The Making of Mind: A Personal Account of Soviet Psychology*, org. Michael e Sheila Cole, Cambridge, Harvard University Press, 1990.

Macmillan, Malcolm, *Freud Evaluated*, Cambridge, Mass., MIT Press, 1997.

Mahony, P.J., *Freud on the Rat Man*, New Haven, Conn., Yale University Press, 1986.

———,*Psychoanalysis and Discourse*, Londres, Methuen & Tavistock, 1986.

———,*Freud as a Writer*, 2ª ed. rev., New Haven, Conn., Yale University Press, 1987.

———,*On Defining Freud's Discourse*, New Haven, Conn., Yale University Press, 1989.

———,"Freud's Cases: Are They Valuable Today?", in *International Journal of Psychoanalysis*, 74, 1993, p.1027-35.

———,"Psychoanalysis — the Writing Cure", in A. Haynal e E. Falzeder (orgs.), *One Year of Psychoanalysis*, Genebra, Cahiers Psychiatriques, 1994, p.101-19.

———,*Les Hurlements de l'homme aux loups*, 2ª ed. rev., Paris, Presses Universitaires de France, 1995.

———,"Freud: Man at Work", in C. Socarides e S. Kramer (orgs.), *Work and Its Inhibitions: Psychoanalytic Essays*, Madison, International Universities Press, 1996.

———,*Freud's Dora: A Psychoanalytical, Historical, and Textual Study*, New Haven, Conn., Yale University Press, 1997.

Moussaieff Masson, Jeffrey, *Final Analysis: The Making and Unmaking of a Psychoanalyst*, Nova York, Addison-Wesley, 1990.

———,*Against Therapy*, Monroe, Maine, Common Courage Press, 1994.

Masters, William H. e Virginia Johnson, *Human Sexual Response*, Boston, Little, Brown, 1966.

McDougall, Joyce, *The Many Faces of Eros*, Nova York, Norton, 1995.

Metz, Christian, *The Imaginary Signifier: Psychoanalysis and Cinema*, trad. Celia Britton et al., Bloomington, Indiana University Press, 1981.

Millett, Kate, *Sexual Politics: A Surprising Examination of Society's Most Arbitrary Folly*, Nova York, Doubleday, 1970.

Mitchell, Juliet, *Psychoanalysis and Feminism: Freud, Reich, Lang and Women*, Nova York, Pantheon, 1974.

———,"Commentary on 'Deconstructing Difference: Gender, Splitting, and Transitional Space', by Muriel Dimen", *Psychoanalytic Dialogues*, 2, 1991, p.353-8.

Modell, Arnold, *Other Times, Other Realities: Towards a Theory of Psychoanalytic Treatment*, Cambridge, Harvard University Press, 1990.

———,*The Private Self*, Cambridge, Harvard University Press, 1993.

Nietzsche, F., *The Philosophy of Nietzsche*, Nova York, Modern Library, 1954.

Nunberg, H. e E. Federn (orgs.), *Minutes of the Vienna Psychoanalytic Society*, vol.2, Nova York, International Universities Press, 1967.

Orbach, Susie, *Fat Is a Feminist Issue*, Nova York, Berkley, 1978.

Ortner, Sherry, "On Key Symbols", *American Anthropologist*, 75, 1973, p.1338-46.

Person, Ethel, "Sexuality as the Mainstay of Identity", *Signs*, 5, 1980, p.605-30.

Pribram, Karl H. e Merton M. Gill, *Freud's "Project" Reassessed*, Nova York, Basic Books, 1976.

Ricoeur, Paul, *Freud and Philosophy*, New Haven, Conn., Yale University Press, 1970.

Rieff, Philip, *Freud: The Mind of the Moralist*, Nova York, Viking, 1959.

———,*The Triumph of the Therapeutic*, Londres, Chatto & Windus, 1966.

Riviere, Joan, "Womanliness as a Masquerade", *International Journal of Psycho-Analysis*, 10, 1929, p.303-13.

Roazen, Paul e Bluma Swerdloff, *Heresy: Sandor Rado and the Psychoanalytic Movement*, Northvale, NJ, Jason Aronson, 1995.

Robinson, Paul, *Three Critics of Freud*, Berkeley, University of California Press, 1995.

Rose, Jacqueline, *Sexuality in the Field of Vision*, Londres, Verso, 1986.

Roth, Michael S., *Psycho-Analysis as History: Negation and Freedom in Freud*, Ithaca, NY, Cornell University Press, 1995.

———,"Freud's Use and Abuse of the Past", in *The Ironist's Cage: Memory, Trauma and the Construction of History*, Nova York, Columbia University Press, 1995.

Rubin, Gayle, "The Traffic in Women: Notes Toward the Political Economy of Sex", in Rayna Rapp Reiter (org.), *Toward an Anthropology of Women*, Nova York, Monthly Review Press, 1975, p.157-210.

———,"Thinking Sex: Notes for a Radical Theory of the Politics of Sexuality", em Carole S. Vance (org.), *Pleasure and Danger: Exploring Female Sexuality*, Nova York, Routledge, 1984, p.267-319.

Said, Edward, *Culture and Imperialism*, Nova York, Knopf, 1992.

Scheman, Naomi, *Engenderings*, Nova York, Routledge, 1993.

Schor, Naomi, "Female Paranoia: The Case for Psychoanalytic Feminist Criticism", in *Yale French Studies*, 62, 1981, p.204-19.

Schorske, Carl E., *Fin-de-siècle Vienna: Politics and Culture*, Nova York, Knopf, 1981.

Sedgewick, Eve Kosofsky, *Epistemology of the Closet*, Berkeley, University of California Press, 1990.

Segal, Lynne, *Straight Sex: The Politics of Pleasure*, Londres, Virago, 1994.

Shohat, Ella e Robert Stam, *Unthinking Eurocentrism*, Nova York, Routledge, 1995.

Solms, Mark e Michael Saling, "On Psychoanalysis and Neuroscience: Freud's Attitude to the Localizationist Tradition", *International Journal of Psycho-Analysis*, 67, 1986, p.397-415.

Sulloway, Frank, *Freud, Biologist of the Mind: Beyond the Psychoanalytic Legend*, Cambridge, Harvard University Press, 1992.

Tate, Claudia, "Psychoanalysis as Enemy and Ally of African Americans", *Journal for the Psychoanalysis of Culture and Society*, 1, 1996, p.53-62.

Traub, Valerie, "The Psychomorphology of the Clitoris", *GLQ*, 2, 1995, p.81-114.

Waelder, Robert, *Basic Theory of Psychoanalysis*, Nova York, International Universities Press, 1960.

Walker, Janet, *Couching Resistance: Women, Film and Psychoanalytic Psychiatry*, Minneapolis, University of Minnesota Press, 1993.

Walton, Jean, "Re-placing Race in (White) Psychoanalytic Discourse: Founding Narratives on Feminism", *Critical Inquiry*, 21, 1995, p.775-804.

Webster, Richard, *Why Freud Was Wrong*, Nova York, HarperCollins, 1995.

Whipple, Beverly e B. R. Komisaruk, "The G-spot, Orgasm and Female Ejaculation: Are They Related?", in P. Kohari (org.), *Proceedings: First International Conference on Orgasm*, Bombaim, VRP Publishers, 1991, p.27-237.

Wilcocks, Robert, *Sigmund Freud and the Rhetoric of Deceit*, Londres, Rowan & Littlefield, 1994.

Wittels, F., *Freud and His Time*, Nova York, Horace Liverwright, 1931.

Wollheim, Richard, *Sigmund Freud*, Nova York, Cambridge University Press, 1989.

Wright, Elizabeth (org.), *Feminism and Psychoanalysis: A Critical Dictionary*, Oxford, Blackwell, 1992.

Young, Lola, *Fear of the Dark: "Race", Gender and Sexuality in Cinema*, Nova York, Routledge, 1995.

AGRADECIMENTOS

Não me faltaram conselhos enquanto eu montava esta coletânea, e quero agradecer por aqueles que tiveram um verdadeiro impacto, mesmo que o resultado nem sempre tenha sido o pretendido. Nos primeiros estágios da preparação, Frederick Crews e Peter Swales fizeram sugestões úteis, o mesmo havendo feito Inge Scholz-Strasser e Lydia Marinelli. Carl Schorske foi um orientador generoso durante todo o processo de planejamento. Ralph Eubanks e Iris Newsom, do Escritório de Publicações da Biblioteca do Congresso, ajudaram a transformar a idéia deste livro numa realidade concreta. O trabalho criterioso e inteligente de Cheryl Regan e Irene Chambers, ambas do Escritório de Projetos Interpretativos da Biblioteca do Congresso, foi fundamental para o planejamento da exposição e deste volume que a acompanha. Sua perseverança e criatividade foram cruciais.

Iniciei este projeto durante uma licença como Bolsista Getty do Getty Research Institute for the History of Art and the Humanities. Chego ao término dele como diretor associado desse Instituto. O Instituto Getty foi um lugar hospitaleiro para a pesquisa e o debate, e sou grato pela assistência ali recebida para este livro, especialmente de Elizabeth Garrett. Minha mulher, Kari Weil, deu mais do que um grande apoio durante os conflitos que cercaram a criação deste livro e da exposição. Sua visão inteligente e sensata foi quase tão valiosa quanto seu carinho e atenção.

Este livro é dedicado a meus filhos.

M.S.R.

COLABORADORES

HAROLD P. BLUM, médico, é diretor dos Sigmund Freud Archives, professor de psiquiatria clínica na New York University, antigo editor-chefe do *Journal of the American Psychoanalytical Association* e autor de *Reconstruction in Psychoanalysis: Childhood Revisited and Recreated*.

JOSÉ BRUNNER é conferencista sênior da Buchmann Faculty of Law e do Cohn Institute of the History and Philosophy of Science and Ideas, na Universidade de Tel Aviv, bem como autor de publicações sobre a história e a política da psicanálise e sobre a teoria política contemporânea. Seu livro *Freud and the Politics of Psychoanalysis* foi publicado pela Blackwell, em Oxford, em 1995.

FRANK CIOFFI é pesquisador sênior de filosofia na Universidade de Kent, em Canterbury. É autor de *Freud and the Question of Pseudo-science* e de *Wittgenstein on Freud and Frazer*.

ROBERT COLES, psiquiatra infantil na Faculdade de Medicina de Harvard, é autor de numerosos livros, entre eles *The Spiritual Life of Children* e *The Moral Intelligence of Children*, além de biografias de Anna Freud e Erik Erikson.

HANNAH S. DECKER é professora de história da Universidade de Houston, professora adjunta de história da medicina no Departamento de Psiquiatria da Faculdade Baylor de Medicina, em Houston, e membro adjunto do corpo docente do Instituto de Psicanálise de Houston-Galveston. Grande autoridade na vida e na época de Freud, ela escreveu *Freud in Germany: Revolution and Reaction in Science*, e *Freud, Dora, and Vienna 1900*.

MURIEL DIMEN é psicanalista, professora de psicologia clínica do Programa de Pós-Doutoramento em Psicoterapia e Psicanálise da Universidade de Nova York, autora de *Surviving Sexual Contradictions*, co-editora de *Gender in Psychoanalytic Space*, e membro do Instituto de Humanidades de Nova York, na Universidade de Nova York. Trabalhou na direção editorial dos *Psychoanalytic Dialogues* e dos *Studies on Gender and Sexuality*.

JOHN FORRESTER, conferencista do Departamento de História e Filosofia da Ciência da Universidade de Cambridge, é co-autor de *Freud's Women* e autor de *Language and the*

Origins of Psychoanalysis, de *The Seductions of Psychoanalysis*, de *Dispatches from the Freud Wars* e de *Truth Games, Lies, Money, and Psychoanalysis*.

PETER GAY, Professor emérito de história na Universidade Yale, é autor de uma biografia de Freud e historiador fecundo, cujas obras incluem o inspirador estudo *Freud: Uma vida para o nosso tempo*, e ainda *Freud for Historians, Reading Freud* e uma obra histórica em cinco volumes, *A experiência burguesa: da rainha Vitória a Freud*.

ILSE GRUBRICH-SIMITIS é psicanalista e editora de textos de Freud, inclusive do importante *Sigmund Freud: His Life in Pictures and Works* (com os co-editores Ernst e Lucie Freud) e de *Neuroses de transferência: uma síntese*. É ainda autora de dois estudos recentes, *De volta aos textos de Freud* e *Early Freud and Late Freud*.

ADOLF GRÜNBAUM, catedrático de filosofia da ciência na cadeira Andrew Mellon, professor pesquisador de psiquiatria e presidente do Centro de Filosofia da Ciência da Universidade de Pittsburgh, é autor de doze livros, entre eles *Philosophical Problems of Space and Time, The Foundations of Psychoanalysis: A Philosophical Critique*, e *Validation in the Clinical Theory of Psychoanalysis: A Study in the Philosophy of Psychoanalysis*. Suas funções incluem a presidência da Associação Americana de Filosofia (Divisão Leste) e da Associação de Filosofia da Ciência, bem como a posição de membro da Academia Norte-Americana de Artes e Ciências e da Associação Norte-Americana para a Promoção da Ciência e a de Laureado da Academia Internacional de Humanismo.

E. ANN KAPLAN é professora de inglês e estudos comparados da Universidade Estadual de Nova York, em Stony Brook, e diretora do Instituto de Humanidades. Escreveu e lecionou internacionalmente sobre a mulher no cinema, o pós-modernismo, a psicanálise, a teoria feminista, os canais de música na televisão [MTV] e estudos culturais. Seus muitos livros incluem *Women in Film: Both Sides of the Camera*, *Psychoanalysis and Cinema, Motherhood and Representation: The Mother in Popular Culture and Melodrama* e *Looking for the Other: Feminism, Film and the Imperial Gaze*.

PETER D. KRAMER exerce a psiquiatria em Providence, Rhode Island, onde é professor de psiquiatria clínica da Brown University. É autor de *Should You Leave?*, *Moments of Engagement*, e do best-seller internacional *Listening to Prozac*. Seus ensaios foram publicados na *New York Book Review*, na *New York Times Magazine*, no *Washington Post Book World*, no *Times Literary Supplement* de Londres e em outras publicações.

EDITH KURZWEIL é editora da *Partisan Review* e catedrática da Adelphi University. É autora, entre outros livros, de *The Age of Structuralism: Lévi-Strauss to Foucault*, de *The Freudians: A Comparative Perspective*, e de *Freudians and Feminists*.

PATRICK J. MAHONY é professor emérito da Universidade de Montreal, supervisor e analista didata do Canadian Institute of Psychoanalysis e membro da Royal Society of Canada. Laureado com diversos prêmios e honrarias internacionais, é autor de muitos livros e artigos sobre a obra de Freud, inclusive *Freud as a Writer, Freud and the Rat Man* e *Freud's Dora: A Psychoanalytic, Historical and Textual Study*.

MICHAEL MOLNAR é diretor de pesquisas do Freud Museum, em Londres, última residência da família Freud. Traduziu e editou a *Kürzeste Chronik* de Freud — publicada como *The*

Diary of Sigmund Freud, 1929-1939 — e contribuiu para *Reading Freud's Reading*, organizado por Sander L. Gilman.

MICHAEL S. ROTH é diretor associado do Getty Research Institute for the History of Art and the Humanities. É autor de *The Ironist's Cage: Memory, Trauma, and the Construction of History*, *Psycho-Analysis as History: Negation and Freedom in Freud* e de *Knowing and History: Appropriations of Hegel in Twentieth-Century France*. Entre os livros que organizou incluem-se *History and...: Histories Within the Human Sciences* e *Rediscovering History: Culture, Politics, and the Psyche*.

OLIVER SACKS nasceu em Londres e estudou em Londres, em Oxford e na Califórnia. É professor de neurologia do Albert Einstein College of Medicine, na cidade de Nova York, e autor de sete livros, entre eles os best-sellers *Awakenings*, *O homem que confundiu sua mulher com um chapéu*, e *Um antropólogo em Marte*. Mora em City Island, em Nova York, onde pratica natação e cria cicadáceas e samambaias.

ART SPIEGELMAN, artista *freelance* e cartunista cômico, foi fundador da Raw Books and Graphics (com Françoise Mouly), criador de *Maus* e *Maus II*, e é um dos colaboradores freqüentes da revista *The New Yorker*.

JOHN E. TOEWS, professor de história e diretor do Programa de História Comparada das Idéias na Universidade de Washington, é autor de *Hegelianism: The Path Toward Dialectical Humanism*, assim como de numerosos artigos sobre a história da psicanálise e a teoria e prática da redação de textos de história.

[illegible] 1927/1930 [illegible] contribuiu [illegible] comunicação para [illegible]

ÍNDICE REMISSIVO

Agradecimentos pela reprodução de textos

Somos muito gratos às seguintes fontes pela permissão de reproduzir material já publicado:

Basic Books e *The Hogarth Press*: trechos de *The Interpretation of Dreams*, de Sigmund Freud. Direitos fora dos Estados Unidos sobre *The Standard Edition of the Complete Psychological Works of Sigmund Freud*, com tradução e organização de James Strachey, administrada por The Hogarth Press, editora da Random House UK Limited, Londres. Reproduzidos com a permissão da Basic Books, filial da Perseus Books LLC, e de The Hogarth Press, dos Sigmund Freud Copyrights e de The Institute of Psycho-Analysys.

Harvard University Press: Excertos de *The Complete Letters of Sigmund Freud to Wilhelm Fliess, 1887-1904*, tradução e organização de Jeffrey Moussaieff Masson (Cambridge, Mass., Harvard University Press), copyright © 1985 da Sigmund Freud Copyrights Ltd. E copyright © 1985 de J.M. Masson pela tradução e material editorial. Reproduzidos com a permissão da Harvard University Press.

W.W. Norton & Company, Inc. e *The Hogarth Press*: trechos de *Civilization and Its Discontents*, de Sigmund Freud, tradução de James Strachey, direitos de tradução © 1961 de James Strachey, renovados em 1989 por Alix Strachey. Direitos fora dos Estados Unidos sobre *The Standard Edition of the Complete Psychological Works of Sigmund Freud*, com tradução e organização de James Strachey, administrada por The Hogarth Press, editora da Random House UK Limited, Londres. Reproduzidos com a permissão da W.W. Norton & Company, Inc. e de The Hogart Press, da Sigmund Freud Copyrights e de The Institute of Psycho-Analysis.

Este livro foi composto por Textos & Formas, em Times New Roman, e impresso por Cromosete Gráfica Editora em agosto de 2000.